精品教材

经贸类通用系列

客户服务管理

（含活页练习册）

主　编　相聪姗　张丽华
副主编　王璐瑶　姜璐璐　王恩明

KEHU FUWU
GUANLI

中国人民大学出版社
·北京·

图书在版编目（CIP）数据

客户服务管理 ：含活页练习册 / 相聪姗，张丽华主编. -- 北京 : 中国人民大学出版社，2025. 1. --（新编 21 世纪高等职业教育精品教材）. -- ISBN 978-7-300-33040-2

Ⅰ. F274

中国国家版本馆 CIP 数据核字第 2024PL3187 号

新编 21 世纪高等职业教育精品教材·经贸类通用系列

客户服务管理（含活页练习册）

主　编　相聪姗　张丽华

副主编　王璐瑶　姜璐璐　王恩明

Kehu Fuwu Guanli

出版发行	中国人民大学出版社		
社　　址	北京中关村大街 31 号	**邮政编码**	100080
电　　话	010－62511242（总编室）		010－62511770（质管部）
	010－82501766（邮购部）		010－62514148（门市部）
	010－62515195（发行公司）		010－62515275（盗版举报）
网　　址	http://www.crup.com.cn		
经　　销	新华书店		
印　　刷	中媒（北京）印务有限公司		
开　　本	787 mm × 1092 mm　1/16	**版　　次**	2025 年 1 月第 1 版
印　　张	19.75	**印　　次**	2025 年 1 月第 1 次印刷
字　　数	456 000	**定　　价**	49.00 元

前言

PREFACE

党的二十大报告指出，“构建优质高效的服务业新体系，推动现代服务业同先进制造业、现代农业深度融合”，为服务业高质量发展指明了方向。随着市场竞争的加剧，企业之间的产品同质化现象越来越严重，当产品和价格已经不能成为企业的竞争优势时，客户服务水平的高低就成为企业能否吸引客户、留住客户的重要因素。树立以客户为中心的经营理念，建立一个完善的客户管理体系，做好客户服务与管理工作正成为企业重要的经营战略。

本书主要有以下特色：

1. 全面贯彻党的教育方针，落实立德树人根本任务

本书汲取职业教育学科建设的积极成果，立足中国职业教育实践的实际，注重学习知识与道德教育相结合，构建知识目标、能力目标、素养目标的三维学习目标，开发素质提升栏目，在传授知识、培养能力的过程中始终以社会主义核心价值观为引领，培养以人为本、匠心服务、责任担当的服务意识，使学生在学习知识和掌握技能的过程中坚定理想信念，达到潜移默化、润物细无声的教学效果。

2. 校企合作编写，强化应用，注重实践

本书由具有丰富经验的一线教师与相关企业人员讨论后组织编写，以“项目导向、任务驱动”为主线，注重内容体系与工作任务相结合、理论阐述与实际操作相结合，结合当前企业客户服务相关岗位要求，在理论学习的基础上设计相应的任务训练，指导学生运用理论知识完成实训任务，实现课程教育的“学做练”需要。

3. 体系完整，逻辑清晰，内容全面

本书的总体设计理念是从客户服务工作过程实际出发，以客户服务职业能力为主线，对接职业技能标准，结合客户服务职业发展现状和发展趋势，共包含十个项目，分别是走进客户服务、客户服务礼仪和技能、客户开发管理、客户信息管理、客户沟通、客户业务处理、客户投诉处理、客户满意度管理、客户忠诚度管理、智能客服。通过系统学习，学生能够了解客户服务的专业前景，明确客服人员应具备的素质和工作职责，掌握客户服务基础知识和技能，并遵循工作过程完成工作任务。

本书由辽宁经济职业技术学院相聪姗、张丽华担任主编，辽宁经济职业技术学院王璐瑶、姜璐璐及开原市人力资源和社会保障事

务服务中心王恩明担任副主编，具体编写分工如下：相聪姗、张丽华负责拟定全书的编写大纲、设计框架以及最后的统稿工作，相聪姗编写项目一、项目二、项目六、项目七，张丽华编写项目三、项目四，王璐瑶编写项目八、项目九、项目十，姜璐璐编写项目五，王恩明负责案例筛选与审校。本书由辽宁经济职业技术学院赵阔教授主审，在此特别致谢。

在本书的编写过程中，编者借鉴和吸收了大量国内外专家和学者的研究成果，参阅了大量的文献资料，在此向被参考和引用文献的原作者表示衷心感谢。本书的出版得到了中国人民大学出版社的大力支持，在此一并向参与本教材编写、编审和编辑的人员致以衷心的感谢。

由于编者的水平和经验有限，教材中难免存在疏漏不妥之处，恳请读者批评指正！

编　者

目录
CONTENTS

01

项目一

走进客户服务

任务一　认识客户服务

任务二　客户服务意识

学习目标

知识目标

1. 了解服务、客户、客户服务等概念的内涵；
2. 理解服务和客户服务的特征；
3. 理解客户服务的内容、分类和类型；
4. 理解优质客户服务意识的重要性。

能力目标

1. 能够根据客户需求开展客户服务工作；
2. 能够树立良好的客户服务意识。

素养目标

以客户需求为出发点，坚持以人为本，树立正确的服务思想和强烈的服务意识，在爱岗敬业中强化责任意识和奉献精神。

导入案例

构建优质高效的服务业新体系

服务业发展水平是衡量一个地区、一个城市经济发展程度的重要指标。党的二十大报告提出，“构建优质高效的服务业新体系，推动现代服务业同先进制造业、现代农业深度融合”。这为进一步提升服务业水平，推进我国现代服务业高质量发展指明了方向和道路。

服务业加快发展是国民经济发展到一定阶段的一般规律，经济发展的进程必然伴随着产业结构的演进升级。党的十八大以来，党和国家高度重视服务业发展，先后出台了一系列政策措施鼓励、支持和培育服务业经济，服务业呈现稳步扩张的良好态势，逐步擎起国民经济的“半壁江山”，成为支撑和拉动经济发展的主动力。

2013—2021 年，我国服务业增加值年均增长 7.4%，2021 年服务业对经济增长的贡献率达 54.9%，信息传输、软件和信息技术服务业，金融业，租赁和商务服务业等现代服务业加速崛起，成为促进生产生活方式转变、带动产业转型升级和协调发展的重要力量。

迈上全面建设社会主义现代化国家新征程，我国正加快构建以国内大循环为主体、国内国际双循环相互促进的新发展格局，亟须建设更加优质高效、充满活力的现代化产业体系。其中，现代服务业具有高附加值、高技术等特点，在新一轮科技革命和产业革命深入推进的背景下，加快发展现代服务业、提升现代服务业发展能级，有助于提高经济运行质量和效益。

具体来说，推动现代服务业高质量发展，关键要提高服务供给对需求升级的适配性，使专业化生产性服务业、高品质生活性服务业较快增长，占整个服务业的比重不断提高。

生产性服务业是与制造业、农业直接相关的配套服务业，贯穿于价值链的诸多增值环节，是一二三产业加速融合的引擎和介质。我们要促进生产性服务业向专业化和价值链高端延伸，推动现代服务业同先进制造业、现代农业深度融合，促进研发、金融、物流、农村电商、信息技术等现代服务业繁荣发展、做大做强，从而实现制造业、农业中间投入成本有效降低、产品附加值大幅增加，提高全产业链综合运行效率。

另外，我们要促进生活性服务业向高品质和多样化升级，聚焦居民消费升级需要，扩大健康、体育、文化等满足居民身心健康需要的升级类服务业的有效供给，助力提升百姓生活品质。

构建优质高效的服务业新体系，要继续向改革开放要动能，充分发挥市场在资源配置中的决定性作用，着力破除制约服务业高质量发展的深层次体制机制障碍，持续深化“放管服”改革，充分激发服务业企业创新创造潜能，大力培育服务业新产业、新业态、新模式，扩大服务业对外开放的广度和深度，用好两个市场、两种资源，以高水平改革开放促进服务业高质量发展。

我们相信，随着政策支持体系进一步完善，我国服务业发展将迎来更大市场和更多机遇，服务业质量和效率有望继续提升，更加优质高效、结构合理、竞争力强、包容开放的服务业将继续为我国经济高质量发展提供更坚实的支撑。

资料来源：罗珊珊．人民财评：构建优质高效服务业新体系 [EB/OL]. 人民网—观点频道，2022-11-15.

【分析提示】

党的二十大报告指出，“构建优质高效的服务业新体系，推动现代服务业同先进制造业、现代农业深度融合”。作为以现代科学技术为支撑且建立在新的商业模式、服务方式和管理方法基础上的业态，现代服务业既包括随着技术发展而产生的新兴服务模式，也包括运用现代技术对传统服务业的改造和提升。现代服务业已成为带动产业转型升级、公共服务体系建设的新引擎和改善民生、促进生产生活方式转变的新支撑。

任务一

认识客户服务

一、服务

伴随着人类社会进入后工业阶段，出于工业化进程的需要、人口的增加和物质产品的大量消费以及人民对文化生活需求的增加，服务业得到了空前的发展，全球范围内迎来了服务经济的崛起和发展。

（一）服务的含义

世界知名市场营销专家、当代市场营销学泰斗菲利普·科特勒根据服务在有形产品中所占比重，将产品分成以下五种类型：

纯粹的有形产品，如日用百货、生鲜水果等；

伴随服务的有形产品，如汽车、电脑等；

有形产品与服务的混合，如医院、餐饮等；

以服务为主，伴随少量有形产品，如美容美发、旅游等；

纯粹的服务，如心理咨询、法律咨询等。

产业的微笑曲线

要严格地将有形产品和无形服务区分开来，显然是一件比较困难的事情。现如今，服务已经不只是服务业所特有的供给。传统观念认为，制造就是生产加工。实际上，生产并不等于制造，制造包括生产和服务两部分，也就是说，制造 = 生产 + 服务。

菲利普·科特勒给服务下的定义是："一方提供给另一方的不可感知且不导致任何所有权转移的活动或利益，它在本质上是无形的，它的生产可能与实际产品有关，也可能无关。"

服务是个人或社会组织直接或凭借某种工具、设备、设施、媒体向消费者个人或企业提供的，旨在满足对方某种特定需求的活动和好处，其生产可能与物质产品有关，也可能无关，是区别于一般有形商品的、对其他经济单位的个人、商品或服务的增加价值，并主要以活动形式表现的使用价值或效用。

（二）服务的特征

尽管服务无处不在、类型多样，但是与有形的实体产品相比，服务具有无形性、不可分离性、易逝性和异质性四大特征。

1. 无形性

服务的无形性是服务与产品之间最主要的区别。服务是由一系列活动所组成的过程，而不是实物，所以不能像实体产品那样被看到或者被触摸到。在大多数情况下，购买服务不等于拥有其所有权。例如：到电影院看电影，购买了电影票并不代表你就是电影院的所有者了；购买了飞机票，航空公司为乘客提供服务，也不意味着乘客就拥有了一架飞机。

相比较而言，纯粹的产品都是高度有形的，纯粹的服务则是高度无形的，但它们在现实世界中都是非常少见的。在现实中，许多企业实际向客户提供的，往往也都是产品和服务的“综合体”。在更多情况下，有形产品可能是作为无形服务的载体而存在的，而无形服务则是有形产品价值或功能的重要延伸。

案例链接

海尔智家：因您而变，真诚不变！

从20世纪80年代起，海尔就一直是“好服务”的代名词。一句“真诚到永远”，在不同的时代谱写着不同的感动与担当。

进入物联网时代，海尔服务又有了新的升级和变化。

1985——真诚是规范化，无序→有序

海尔智家率先制定了“不喝用户的水、不抽用户的烟、不吃用户的饭、不收用户的礼物”的“上门四不准”标准，自此开启家电服务元年。

1995——真诚是标准化，首创多个行业服务标准

针对行业没有标准的现状，海尔智家首创“无搬运”服务，解决了大家电运货难问题，创行业送货上门先例。不仅如此，海尔智家还树立了“五个一”标准，即递上一张名片、穿上一副鞋套、配备一块垫布、自带一块抹布、提供一站式通检服务，推进服务向标准化转变。

2002——真诚是增值化，家电服务→家电周边服务

当行业对服务的理解还停留在送装检修时，海尔智家已经为用户带来更多人性关怀，以增值化创感动，为用户提供了安全测电、保养、回收、以旧换新等家电之外的增值服务。

其间，海尔智家首建用户档案，为用户提供“按季提醒”“家电生日”等主动服务。此外，海尔智家还践行“一站式”通检，对用户家所有电器逐一通检、保养，不仅“服务到社区”，更把服务做到用户身边。

2007——真诚是成套化，单一家电→成套家电

当成套消费需求开始萌发时，针对多个家电多次服务为用户带来的不便，海尔智家又首创一站到位、一次就好的成套服务。

以“1+5”成套服务为例，其中“1”是指一次就好，“5”是指安全测电服务、讲解指导使用服务、产品维护保养服务、一站式产品通检服务、现场清理服务。全流程一站到位的成套服务，让成套家电的消费过程变得轻松快速。

2018——真诚是生态化，家电服务→家生活服务

随着消费升级，用户对服务的需求从家电扩展到整个家庭生活，海尔智家的服务也进行再一次的升级，推出家电之外涵盖家居、家装、家生活的服务。

如建立量子小店，从服务家电到服务家庭，提供全屋智装、局改微装、衣物护理等服务。围绕用户需求持续迭代，量子小店衍生出可提供家庭生活全方位服务的大生态。

2022——真诚是数字化，服务师与用户上平台交互

针对物联网时代家电服务行业普遍存在的不便捷、不及时、不专业等问题，海尔智家通过服务平台数字化转型，将标准、流程、模式、机制全面升级优化，实现用户在线交互、智能排程派单、服务全程可视及用户随手评，让服务更便捷、更及时、更专业，以全流程数字化服务保障用户最佳体验。

回顾 40 年来海尔服务的探索历程，时代在变，用户需求在变，但海尔智家以用户为中心的真诚始终不变。如今，海尔智家正为服务插上数字化“翅膀”，让真诚服务飞入更多家庭，让智慧生活惠及每位用户。

资料来源：海尔官网，2023-2-27.

【分析提示】

近年来，随着消费认知不断提升，消费者在注重产品品质的同时，对服务的关注度也越来越高。对于消费者来说，好的产品和优质的服务缺一不可。只有以用户需求为核心不断探索和创新，才能获得行业与用户的双重认可。

2. 不可分离性

不可分离性是指服务作为系列活动或过程，企业生产和顾客消费过程是同时进行的，即服务人员提供服务的同时顾客在消费服务，两者在时间上不可分离。例如：一名沈阳的乘客要乘高铁到北京，首先要向铁路部门购买车票后才能乘车，而这位乘客接受乘车服务的过程也就是铁路部门提供运输服务的过程。

3. 易逝性

服务不能够被储存以供晚些时候销售或使用。服务的无形性和过程性导致服务无法像有形产品那样可以存储起来以备未来出售。如果生产或者制造出来的服务没有被及时地消费掉，那么服务就被浪费了，这就是服务的易逝性。例如：飞机或火车上的座位，如果在当时没有被售出，那么是不可能被储存起来并在今后使用或者卖出的。

4. 异质性

中国服务业的发展

在生产行业中，同类产品或者同批次产品大多是同质的，即同类的产品特征、品质、效用等大多相同或相似，甚至不同的公司提供的同类产品也高度同质化，也就是所谓的同质化竞争。但在服务行业中，服务是有个体差异的，没有统一的标准。服务的异质性是指服务质量存在一定的差异性。世界上没有两种服务会完全一样，同一服务供应商某一次提供的服务与另一次提供的服务也有可能不一致。异质性主要是由员工与顾客之间的相互作用及与之相关的其他因素造成的。不同的服务人员有不同的性格和服务经验，提供的服务会存在差异。顾客的个性和需求偏好也各不相同，对同样服务的感受也会不一样。人们在不同时间可能会表现出不一样的行为，服务人员在不同时段提供的服务也会不同。在服务过程中，服务人员与顾客的心情会出现波动，精力与体力也在不断变化，这些因素都会影响服务的质量。由于服务是由人来创造并提供的，很难实现服务质量的一致性，因此，异质性是服务生产过程中固有的特性。

二、客户

服务的价值完全取决于客户的需求，为了弄清楚客户的需求，必须先了解客户，认识客户。

（一）客户的含义

现代客户管理中的客户是指任何接受服务或者可能接受服务的个人或组织。只要有服务关系的存在，就有客户关系的存在。为了更好地理解客户的含义，我们要注意以下几点：

1. 顾客不等同于客户

顾客是由买卖关系决定的，顾客可以由任何人或机构来提供产品和服务，顾客可以说是没有名字的；而客户是由服务关系决定的，客户的资料应详尽地记录在组织的数据库中，并由专门的人员来提供服务。

2. 客户不一定是产品或服务的用户

处于供应链下游的企业是处于供应链上游的企业的客户，它们可能是一级批发商、二级批发商、零售商，而最终的接受者是消费产品或服务的个人或机构，直接消费或使用这些产品或服务的是用户。用户和客户的区别在于客户包括购买了产品或服务的个人或机构，还包括了那些尚未购买但有可能购买的个人或机构。

3. 客户不一定在组织之外

股东、员工是企业的基本客户，企业各职能部门间亦互为客户，甚至不同工序之间也是一种典型的客户关系。企业内部虽然没有直接的产品流动、不存在直接的买卖关系，但它们总是相互提供服务，通过服务完成企业内部的协作关系，一线员工为客户服务，中层主管为一线员工服务，高层主管又为中层主管服务。

企业的客户涵盖了各种行业和商业形态，企业每时每刻都在和客户打交道。在现代商业社会，客户已经成为企业最重要的组成部分，每个企业都在竭力为客户提供服务。

（二）客户的分类

不同的客户由于与企业的关系不同、对企业的价值不同，要求的服务内容和方式也有所差异。企业要根据客户的特点为不同的客户提供不同的优质服务。

1. 按照客户的价值进行分类

按照客户的价值进行分类，客户可分为关键客户和普通客户。

关键客户指的是一个企业中最重要、最有价值的客户。这些客户通常对企业的销售额和利润做出了重要的贡献，同时也对企业的长期发展具有重要的战略意义。80/20 原理认为，企业 80% 的收入是由 20% 的大客户带来的，因此，可以说少数大客户创造了企业收入的绝大部分，关键客户的价值支撑了企业的价值。各个行业都可以看到关键客户的身影，但是衡量一个客户价值的标准不只是看其社会地位和身份，更重要的是其对公司利润贡献的大小。

普通客户是指除去关键客户后剩下的 80% 的客户，其消费额占企业总消费额的 20% 左右。由于他们数量众多，具有“点滴汇集成大海”的增长潜力，企业应控制在这方面的服务投入，按照“方便、及时”的原则，提供大众化的基础性服务，或将精力重点放在发掘有潜力的“明日之星”上，使其早日升级为关键客户。

2. 按照客户所处的位置进行分类

按照客户所处的位置进行分类，客户可分为内部客户和外部客户。

内部客户是相对于外部客户而言的，即指企业内部结构中相互有业务交流的人，包括股东、经营者、员工。在企业内部，各部门之间分工协作，每个员工既是服务者又是客户。内部客户按照相互关系的不同分为三类：职级客户，由组织内部的职务和权利演变而来的客户关系，如公司内上下级之间就是一种职级客户关系；职能客户，岗位职能部门或人员之间存在相互提供服务的关系，构成客户关系；工序客户，在工作或作业中存在产品加工或服务的提供与被提供的关系，构成工序客户。

大体上讲，凡是不属于企业内部人员的客户都可以被称为外部客户。一般情况下，我们所说的客户大都指的是外部客户。外部客户既可以是个人，也可以是团体或者企业。

3. 按照客户所处的时间状态进行分类

按照客户所处的时间状态进行分类，客户可分为潜在客户、目标客户、现实客户、流失客户。

潜在客户是指对企业的产品或服务有需求和购买动机，有可能购买但还没有产生购买的人群。

目标客户是企业经过挑选后确定的，力图开发为现实客户的人群。潜在客户与目标客户有可能重叠或者部分重叠。

现实客户是指已经购买了企业的产品或服务的人群。根据客户与企业之间关系的疏密，现实客户可以分为初次购买客户、重复购买客户和忠诚客户三类。

流失客户是指曾经是企业的客户，但由于种种原因，现在不再购买企业的产品或服务的客户。

以上几种客户状态之间是可以相互转化的。例如：潜在客户或目标客户一旦采取购买行动，就变成企业的初次购买客户，初次购买客户如果经常购买同一企业的产品或服务，就可能发展成为企业的重复购买客户，甚至成为忠诚客户；但是，初次购买客户、重复购买客户、忠诚客户也会因其他企业更有诱惑的条件或因为对企业不满而成为流失客户，而流失客户如果被成功挽回，又可以直接成为现实客户。

4. 按照客户在供应链中所处的位置进行分类

按照客户在供应链中所处的位置进行分类，客户可分为中间客户、最终客户、公利客户。

中间客户购买企业的产品或服务，但并不是产品或服务的直接消费者，他们将购买来的产品或服务附加到自己的产品或服务上，再进行销售。企业的产品或者服务在流通过程中存在相当多的中间环节，意味着企业中间客户经常存在；任何一个中间环节既是前一个环节的客户，又是下一个环节的供应商；对企业来说，既不能忽视中间客户，也不能忽视最终客户；所有的中间客户一旦作为供方，都应把客户满意特别是最终客户满意作为自己工作的出发点，而不应把此任务推给企业。

企业产品或者服务的直接消费者，又称最终客户。该类客户数量众多，但消费额一般不高。一旦失去了他们的满意，无论中间客户的满意度如何高也是没有意义的。在一般情况下，客户满意本质上就是指最终客户的满意。

公利客户代表公众利益，是指向企业提供资源，然后直接或者间接地从企业获利中收取一定比例费用的客户，如政府、行业协会、媒体等。

三、客户服务

随着市场经济的发展和竞争的日益激烈，企业力图在产品上寻求某种竞争优势越来越困难，为客户尽可能地提供周到、满意的服务逐渐成为企业竞争的焦点。

（一）客户服务的含义

客户服务就是企业在适当的时间和地点，以适当的方式和价格，为目标客户提供适当的产品和服务，满足客户的需求，使企业和客户的价值都得到提升的活动过程。

开展客户服务工作必须考虑客户在时间和地点上的便利性；提供的服务必须以客户能接受的方式进行；收取的服务费用必须是客户能接受的、公开的；为客户提供的产品或服务必须能满足客户实际和适当的需要，最终通过为客户提供优质的、令客户满意的服务使企业和客户的价值都得到提升。

客户服务不是简单的微笑，而是一项复杂的系统工程，需要硬件的支撑和软件的推动，更需要“价值”的提升。客户服务包含四个层次，如表 1-1 所示。

表 1-1　客户服务的四个层次

层次	内涵
“硬”服务	一个企业要为客户提供更好的“硬”服务就需要拥有一些优越的物质设施，购置一些技术先进的硬件。
“软”服务	“软”服务是指客服人员服务时的态度、技巧，提供服务的多样化、便利化等。
价值服务	价值服务是企业通过基本服务活动和辅助服务活动创造价值的动态过程，即能给用户带来经济、文化、生活、社会价值的服务。价值服务是服务的真正核心所在。在同类产品质量与性质大体相同或类似的情况下，企业向消费者提供的附加服务越完备，产品的附加价值越大，消费者从中获得的实际利益就越大，从而购买的总价值也越大；反之，则越小。
超额服务	超额服务是指根据不同客户的需求提供不同的服务，做到服务与需求相匹配，做到以客户需求为中心、为导向，从而改变传统的以产品需求为导向的服务。

（二）客户服务的特征

1. 双向互动性

一方面，企业和客服人员要主动了解和掌握客户的实际需要，在客户没有提出要求之前主动为客户提供满意的服务；另一方面，在客户主动提出服务要求时，企业和客服人员要尽可能地满足客户的需求，令客户满意。

2. 无形性

企业提供的服务贯穿于售前、售中和售后的全过程，它是无形的。但是，客户在获得服务的过程中可以感受到它的存在，客户会通过自身的感受对企业的服务质量进行评价。优质的客户服务能使客户得到精神上的满足。

3. 不可分性

区别于有形产品，服务的提供与接受是同时进行的。服务质量与服务提供者的素质密切相关。

4. 不确定性

服务的不确定性包括两个方面：一方面指客户向企业提出的其所需要的服务项目和程度、时间、地点等具有不确定性；另一方面指企业客服人员的服务态度、服务技术水平以及服务人员的调配等方面存在不确定性。服务的不确定性会导致客户产生不安全感，因此，企业一方面要精心选拔和严格培训客服人员，提高客服人员的服务意识、服务水准；另一方面要针对客户需求，在时间、地点等方面消除客户的不安全感。如各个银行的人工客户服务电话 24 小时为客户提供服务，无论何时何地，客户都可以通过拨打电话享受到银行一系列方便、快捷的金融服务。

5. 时效性

服务具有一定的时效性，不可储存、容易消失，必须及时享用，如保修期内的各项服务。企业应该在服务的有效期内，主动为客户提供其应享受的各项服务，从而使客户得到最大限度的满足。

6. 有价性

服务的有价性表现在两个方面：一方面指客户获得的服务是有代价的，包括购买商品、服务时的一次性付出和购买商品、服务后享受各项服务时的费用支出；另一方面指服务人员通过为客户提供服务能够提升客户和企业的价值。

7. 独特性

服务的独特性也包括两个方面：一方面指不同的企业为客户提供的服务具有不同的特色；另一方面指不同的客户对企业的服务要求具有独特的个性特征。

8. 广泛性

所有的客户在购买商品或服务的前、中、后期都需要企业为其提供各种各样的服务；所有的企业也都要为其客户提供力所能及的服务。

（三）客户服务的分类

客户服务的方式多种多样，依照不同的划分标准，可对客户服务进行不同的分类。

1. 按客户服务的时序进行分类

按客户服务的时序进行分类，客户服务可以分为售前客户服务、售中客户服务、售后客户服务。

售前客户服务是指产品（服务）销售前为客户提供的服务，包括市场调研、客户需求分析、介绍与咨询、宣传和展示等。

售中客户服务是指产品（服务）销售过程中为客户提供的服务，包括客户接待、产品（服务）介绍与咨询、确认客户需求、为客户提供完整的解决方案等。

售后客户服务是指在客户购买产品（服务）后，为客户提供旨在使产品（服务）发挥其作用、方便客户使用或享受的服务，包括送货、安装与维修、技术培训、退换货、意见反馈与投诉处理等。

2. 按客户服务的性质进行分类

按客户服务的性质进行分类，客户服务可以分为技术性服务和非技术性服务。

技术性服务是指与产品的技术和效用有关的服务，一般由专门的技术人员提供，主要包括产品的安装、调试、维修，技术咨询，技术指导，技术培训等。

非技术性服务是指与产品的技术和效用无直接关系的服务。非技术性服务包含的内容比较广泛，如广告宣传、送货上门、信息支持、分期付款等。

3. 按服务的地点进行分类

按服务的地点进行分类，客户服务可分为定点服务和巡回服务。

定点服务是指通过在固定地点建立或委托其他部门设立服务点来提供服务。该地点一般设立在客户密集、交通方便的地区，便于尽可能多的客户可以就近享受服务，如生产企业在全国各地设立维修服务网点。定点服务的优点是：客户能就近找到服务网点；服务网点服务人员集中、技术力量强、服务全面周到且服务费用低。其缺点是机动性差，不易为住地分散、距离偏远的客户服务。

巡回服务是指没有固定地点，由销售人员或专门派出的维修人员定期或不定期地按客户分布的区域巡回提供服务，如流动货车、上门销售、巡回检修等。巡回服务适合在企业的销售市场和客户分布区域比较分散的情况下采用。

4. 按服务的费用进行分类

按服务的费用进行分类，客户服务可分为免费服务和收费服务。

免费服务是指提供不收取费用的服务，一般是附加的、义务性的服务。售前服务、售中服务、售后服务的大部分工作都是免费的。

收费服务是指除产品价值之外的加价，只有少数大宗服务项目才收取费用。这类服务一般也不以营利为目的，只为方便客户，因此收取的费用也比较合理。

5. 按服务的次数进行分类

按服务的次数进行分类，客户服务可分为一次性服务和经常性服务。

一次性服务是指一次提供完毕的服务，如送货安装、产品安装等。经常性服务是指需要多次提供的服务，如产品的维修服务等。

此外，客户服务还可以按服务时间的长短分为长期服务、中期服务和短期服务等；按服务的方式分为文字客户服务、视频客户服务和语音客户服务等。

（四）客户服务的内容

对于任何一个企业来说，只要存在产品或服务的销售行为，那么就需要在销售前、销售中以及销售后为客户提供相应的服务。所以下面我们主要从售前服务、售中服务、售后服务三方面来分析客户服务的内容。

1. 售前服务

售前服务一般是指通过进行广泛的市场调查来研究分析客户的需求和购买心理的特点，在向客户销售之前，采用多种方法来吸引客户的注意力和兴趣，激发客户的购买欲望而提供的一系列服务。

随着市场上产品的日益丰富，企业之间的竞争不断加剧，客户选择商品的范围不断扩大，对企业及其商品的要求也随之提高。要在纷繁复杂的商品中，让客户对自己企业的产品产生兴趣，进而产生购买欲望，售前服务充当着重要的角色。

售前服务的方式多种多样，但是目的都十分明确，即以提供客户乐于接受的服务为手段，让客户体验和感知产品的性能特点以及能够带给顾客的价值，从而激发客户的购买兴趣。

常见的售前服务方式及内容主要有以下几种：

（1）广告宣传。

广告已经成为人们生活中的一个重要组成部分，广告宣传实际上是一种售前服务的方式。它通过向客户传递有关产品的功能、用途、特点等信息，使客户了解产品并能诱发客户的购买欲望，有利于扩大企业的知名度，树立企业的良好形象。

（2）销售环境布置。

干净、整洁、舒适的销售环境在给客户留下深刻印象的同时也让身处其中的商品价值倍增。场地卫生、通道设计、铺面风格、招牌设计、内部装饰、标识设置、灯光色彩、商品摆放、营业设备等因素综合构成的购物环境，不仅令客户心情舒畅，还能提升商品价值，有利于树立产品和企业形象。不同的购物环境会引发客户不同的情绪感受，从而影响客户的购买决策。

（3）提供多种方便。

随着现代生活节奏的不断加快，人们希望在有限的闲暇时间内获得最大限度的自由和放松。商家是否提供了足够的便利，往往成为消费者做出最终购买决策的重要依据。例如：工厂为客户提供技术培训、免费咨询指导，商店和医院设立问询处、服务台，商场设立试衣间、休息室、存包处，免费供应开水等。

（4）开通业务电话。

企业能直接触及的市场领域毕竟是有限的，企业只能在有限的地区设立分销处或派遣销售人员，对有些地区则鞭长莫及，因此丧失了许多销售机会。开通业务电话、提供电话订货等服务，可以使企业的触角延伸到原本未进入或难以进入的市场，挖掘潜在客户，扩大企业占据的市场份额，并增加产品的销量，拥有更多的销售机会。

（5）提供咨询。

客户在购买产品前一般都会收集尽可能多的产品信息和资料，在此基础上权衡得失，从而做出购买决策。一般来说，客户不会购买不甚了解的产品。为了向潜在客户宣传介绍产品的性能、质量、用途，企业用宣传介绍产品的方式回答客户提出的疑难问题就显得尤为重要。企业应派遣有专业知识的人员在销售场所开设咨询服务台，或在外出销售时为客户提供各种咨询服务，以加深客户对产品的了解，并增强客户对产品和销售人员的信任。

（6）公关活动与公益服务。

公关活动与公益服务对现代社会的影响很大，可以大大提高企业的知名度和美誉度。企业协助举办大型歌舞晚会或体育比赛，赞助希望小学、为灾区捐款、创办社会福利机构等，不仅可以促进企业产品的销售，还可以为企业树立良好形象。

售前服务的方式多种多样，发展和创新的空间也是无限的。企业应开拓创造性思维，不断创新，以适应整个市场的变化和消费者的需求。售前服务居于整个企业服务流程的第一环节，做好这一环节的工作对于企业以后各项活动的开展具有重要作用。

2. 售中服务

当企业通过各种方式的售前服务将客户吸引了过来，客服人员要通过向客户提供高效、准确和友好的服务，增强客户的满意度和忠诚度。

（1）与客户进行充分沟通。

客服人员在销售过程中，必须与客户进行充分的信息沟通。客服人员一方面要向客户介绍产品性能、质量、用途、造型、品种、规格等方面的知识；另一方面在沟通的过程中要营造良好的销售氛围，形成和谐的人际关系，有促进销售的作用。

（2）帮助客户挑选商品，当好参谋。

客户在购买产品时的心态不仅受自身因素（如客户的需求、社会地位、文化程度、购买习惯、消费知识和经验等）的影响，还受外部因素（产品的价格、质量、用途、广告、购物环境等）的影响。客服人员如能根据客户的心理需求进行介绍，正确引导客户，当好参谋，就会有利于交易的最终促成。

（3）满足客户的合理要求。

客服人员应尽量满足客户的合理要求，这样不仅可以提高客户的满意度，还会增加客户的重复购买率，提高企业的声誉。

（4）提供代办业务。

企业可以向中间商客户提供包括代办托运、代购零配件、代办包装、代办邮寄等服务，从而为客户带来更大的便利，不仅可以密切产需关系，而且能增强客户的信任感，提高企业的竞争力。

（5）操作示范表演。

操作示范表演可以真实展现出产品在性能、用途等方面的特点，使客户直观地看到产品的使用效果，从而激起客户的购买欲望，增强客户的信任。

3. 售后服务

售后服务是指在产品售出以后所提供的服务。售后服务既是一种促销手段，又是扩大企业影响、树立企业良好形象的方法，必须予以足够的重视。随着商品经济的发展，多种经济形式出现，企业之间的竞争日益激烈，售后服务已发展成为关系到企业生死存亡的大事。

售后服务有着广泛的内容和未被开拓的领域。就当前发展来看，其主要包括以下几个方面：

（1）送货上门。

对购买较笨重、体积庞大、不易搬运的产品或一次性购买量过多、携带不便或有特殊困难的客户，有必要提供送货上门服务。其形式可以是自营送货，即企业用自己的设备送货，也可以采取代管送货的形式，由企业代客户委托有固定关系的运输单位统一送货。送货上门服务对于企业来说并不是很困难的事，却为客户提供了极大的便利，从而提高了客户的重复购买率。

（2）安装服务。

随着科学技术的发展，产品中的技术含量越来越高，一些产品的使用和安装也极其复杂，客户依靠自己的力量很难完成，因此就要求企业提供上门安装、调试的服务，以保证出售产品的质量。客户一旦购买就可以安心使用，非常方便。

（3）包装服务。

产品包装不但使产品看起来美观，还便于客户携带。许多大中型和有声望的企业在包装物上印刷本企业的名称、地址、标识，起到了广告宣传的作用。产品包装也是客户服务中不可缺少的项目。

（4）维修和检修服务。

企业如果能为客户提供良好的售后维修和检修服务，就可以使客户安心地购买、使用产品，从而减轻客户的购买压力。有能力的企业应通过在各地设立维修网点或采取随叫随到的上门维修方式为客户提供维修服务。企业也可抽样巡回检修，及时发现隐患，并予以排除，让客户感到放心、满意。

（5）电话回访和人员回访。

客户购买产品以后，企业应按一定频率以打电话或派专人上门服务的形式进行回访，及时了解客户使用产品的情况，解答客户提出的问题。

（6）提供咨询和指导服务。

客户在购买产品后，还不熟悉产品的操作方法，或不了解产品一旦出现故障应如何予以排除，因此企业应为客户提供指导和咨询服务，帮助客户掌握使用方法和简单的维修方法。

（7）建立客户档案。

建立客户档案的目的是与客户保持长期的联系。企业通过这种方式，一方面可以跟踪客户所购买的产品的使用和维修状况，及时主动地给予相应的指导，以确保产品的使用寿命；另一方面还可以了解客户的喜好，在出现新产品后，及时地向可能感兴趣的客户推荐。除此之外，客服人员还可以利用客户档案，以上门拜访、打电话、寄贺年卡等形式，与客户保持长期的联络，提高客户的重复购买率。

（8）妥善处理客户投诉。

由于客户需求的差异，产品和服务不可能做到让所有客户都满意，因此投诉或者异议的处理对每一家企业都非常重要。客服人员应该通过努力尽可能减少客户投诉，如果出现投诉，也要及时响应、妥善处理，尽可能让客户满意。

（五）客户服务的类型

综合客户服务在流程上的表现和员工个人表现两方面因素，客户服务可分为冰冷型、工厂型、友好型、高质型四种类型（见表 1-2）。

表 1-2　客户服务的类型

类型	服务流程上的表现	员工个人表现
冰冷型的客户服务	缓慢、心不在焉、无序、混乱、令客户感觉不便	冷淡、疏远、对客户请求不感兴趣
工厂型的客户服务	及时、有效、规范	麻木、毫无兴趣、冷淡
友好型的客户服务	缓慢、心不在焉、无序、混乱	友好、可亲、得体、关心客户
高质型的客户服务	及时、有效、规范	友好、可亲、关心、得体

案例链接

多批“双 11”快递已送货上门 顺丰为客户打造优质服务体验

2022 年 10 月 31 日晚 20 时，“双 11”预售启动。与此同时，四川顺丰如意人家业务部一派忙碌景象，1 000 多件前置件整齐码放在网点中，等待客户支付尾款后，前置件派送任务开始下发。10 月 31 日晚 20 时 23 分，四川顺丰如意人家业务部快递小哥联系客户：“您好，顺丰快递！您‘双 11’购买的包裹到了，马上为您派送，您现在方便签收吗？”快递小哥跟客户确认好上门送件信息后，带上包裹立刻出发为客户派送。

18 分钟后，20 时 41 分，快递小哥为客户送上快递，顺丰完成四川“双 11”首单派件。客户表示“顺丰的速度非常快，完全没有想到在付尾款十几分钟就收到了”。

2022 年“双 11”，顺丰末端派送的能力进一步提升，更为多个平台完成了储备运力保障，在以往优质的极效前置服务上也不断升级，并充分运用科技的力量，为客户打造“双 11”优质服务体验。

【分析提示】

高质型的客户服务是最卓越的服务，在服务流程上一定是及时、有效、规范的，同时在员工表现上是友好、可亲、关心、得体的。在 2022 年“双 11”期间，顺丰通过储备运力、极效前置升级、加大科技力量等系列举措，全面提升客户服务体验。高品质的客户服务是顺丰深受消费者喜爱的重要原因。

任务二

客户服务意识

一、什么是客户服务意识

客户服务意识是指企业全体员工在与一切与企业利益相关的人或企业的交往中所表现的为其提供热情、周到、主动的服务的欲望和意识。客户服务意识是一种态度的表现，对客户服务行为产生直接影响。服务意识是服务人员发自内心的一种本能和习惯，可以通过培训、教育、训练形成。客户服务意识有强烈与淡薄、主动与被动之分。

客户服务人员树立了良好的客户服务意识，可以在工作中发现更多的乐趣，可以轻松地在工作中发掘更多、更好的方式方法，从而更好、更有效率地完成工作任务。服务意识解读如表 1-3 所示。

表 1-3 服务意识解读

首字母	项目	解读
S	Smile（微笑）	给每个需要服务的人提供微笑，即使是用文字或语音沟通，也可以表达出客服人员的情绪。
E	Excellent（出色）	将每项细小的服务工作都做得出色。
R	Ready（准备好）	要随时准备好为客户服务。
V	Viewing（看待）	用心观察并把每位需要服务的人看作需要给予特殊照顾的贵宾。
I	Inviting（邀请）	在每次服务结束时都要邀请客户再次光临。
C	Creating（创造）	要精心创造出使客户能享受热情服务的氛围。
E	Eye（眼光）	始终要用热情好客的目光关注客户，预测客户的需求并为其提供服务，使客户感受到客服人员在关心自己。

二、树立客户服务意识的重要性

提供优质的客户服务不仅对企业具有重要意义，对员工自身也具有重要的意义。

（一）优质客户服务意识对企业的意义

1. 优质客户服务意识能树立企业品牌

优质的客户服务对企业的意义不仅仅是提高其销售量，而且会对创立企业品牌发挥更大的作用，使企业具有超强的竞争力。

2. 优质客户服务意识能为企业带来财源

客户都是有一定黏性的。良好的客户服务意识会让客户有一种宾至如归的感觉，让企业客户与潜在客户感到企业在为他们着想，从而使客户产生忠诚度并成为企业潜在的推广人员。

3. 优质客户服务意识是“以客户为中心”

优质客户服务意识能防止客户流失。设定“以客户为中心”的管理流程与管理标准可以促使企业良性发展。

（二）优质客户服务意识对服务人员的意义

在具有优质客户服务意识的企业或工作岗位上，服务人员对工作的热情与行为往往是由内而发的，而意识决定行为，行为决定结果。

（1）优质的客户服务意识使员工对工作抱有热爱之情与自豪之心。

（2）优质的客户服务意识规范着员工的行为，使之积累良好的客户服务经验，在职业生涯中不断提升自身价值，为未来更好的发展奠定坚实的基础。

（3）优质的客户服务意识在不同的客户服务中得到实践，使员工对挫折的容忍度得到有效提升，使个人人际关系与沟通能力得到改善与提高，从而实现自我素质能力的提升。

三、优质客户服务意识评价的关键因素

企业在树立优质客户服务意识方面，要关注一些关键评价因素。这些关键评价因素主要有：

（1）对服务对象的评价。比如商品具有吸引力、有物美价廉的感觉，能提供售前、售中、售后服务等。

（2）对交流或沟通的评价。比如耐心倾听，有效沟通，让客户感到亲切和受尊重，表现出前后一致的待客态度。

（3）对环境或界面的评价。比如环境清洁或界面温馨，客户方便到达或使用。

（4）对服务效果的评价。比如能让客户感到满足并感兴趣；能站在客户的角度看问题，没有刁难客户的陷阱制度；能全心全意地处理个别客户的问题，有合理的、可以迅速处理顾客抱怨的渠道。

素质提升

客服专员岗位与能力要求

客服专员岗位描述：

通过提供产品和服务满足客户的需要，完成交易，并对交易现场的客服活动的执行人员及相关事宜实施管理。

客服专员岗位职责：

1. 负责应对客户咨询、受理投诉，收集、整理分析客户投诉，并且按照公司的要求进行分类、存档等；

2. 根据公司的要求及时联系客户，及时跟进客户意见的处理状态，处理后要及时进行客户回访；

3. 及时将各类客户投诉以公司要求的形式报告给相关部门；

4. 对客户进行满意度调查和售后满意度调查等；

5. 协调市场、销售等其他部门的工作，提供客服工作的支持；

6. 及时完成领导交办的其他任务。

客服专员职业能力要求：

在为客户服务的过程中，必须体现“专业、敬业、尊重、包容、理解”五个方面。这些也是衡量一个客服专员是否合格的重要指标。具体来讲，客服专员任职要求包括：拥有良好的服务态度与意识；拥有专业的服务形象与礼仪；具有较强的语言表达、沟通能力；具有较强的理解能力和临场应变能力；具有把握客户心理，并加以指导的能力；具有良好的心理素质，能够进行自我调适；具有团队合作意识；熟练掌握计算机操作技能等。

知识巩固与技能提升

扫码练习

02

项目二

客户服务礼仪和技能

- 任务一　客户服务基本礼仪
- 任务二　客户接待
- 任务三　压力管理

学习目标

知识目标

1. 掌握客服人员仪容、仪表、仪态的基本要求；
2. 掌握微笑服务的内容；
3. 熟悉客户接待礼仪和客户接待的主要内容；
4. 了解客服人员压力的来源及压力管理的方法。

能力目标

1. 能够以规范的客户服务仪容、仪表、仪态为客户提供服务；
2. 能够恰当运用微笑进行服务；
3. 能够撰写简单的客户接待方案并完成接待客户的任务；
4. 学会进行压力管理。

素养目标

践行社会主义核心价值观，弘扬爱岗敬业精神，培养正确的价值观、职业观；在工作中塑造良好的个人礼仪形象，展示礼仪文化自信；培育健康的心理素质，增强承受挫折和压力的能力。

导入案例

志愿者是冬奥最温暖的光

正如国际奥委会主席托马斯·巴赫所说："从我们抵达的第一刻起，你们就给了我们宾至如归的感受。你们的微笑温暖着我们的心。"作为直接参与冬奥会、冬残奥会的服务群体，青年志愿者们为两项重要赛会的成功举办贡献了巨大的力量。同时，青年志愿者们也在冬奥会、冬残奥会的舞台上展现了新时代青年群体的形象，成为家国形象有机塑造和生动展现的个体细胞。

一、青年群体是冬奥会、冬残奥会志愿服务的主力军

北京冬奥会、冬残奥会作为世界重大的体育赛事，广大志愿者的热情支持与积极参与是保证其成功举办的重要力量。有关资料显示，"北京冬奥会志愿者报名人数超过 100 万，其中 18～35 岁人群占比超过 95%"。经过层层筛选和各类形式的系统化学习培训以及考核，坚决遵照"培训不合格不上岗"的要求，最终，来自各大高校的近两万名赛会志愿者被安排到各个岗位，为办成一届精彩、卓越、非凡的奥运会提供了队伍保障。

二、展现新时代青年自信向上的形象

在国家富强、民族振兴时代背景下成长起来的新时代青年，站在世界舞台上时展现出更加自信、向上和平和的形象，成为"平视世界"的一代新青年。这种自信形象的生成，是一种发自内心的对家国未来和对个人发展充满信心与期待的精神内化，也是一种正视自身、正视其他国家的优点与不足的谦逊从容、开放自信心态的外在表现。这种自信心态的展现，建立在对中国特色社会主义道路、理论、制度和文化的坚定自信上，借助冬奥会这个重要契机，青年志愿者向世界展现出中国特色社会主义文化的独特魅力。从给外国运动员表演五步拳，到教外籍人士包饺子、做一道中国菜，分享中国美食文化，再到给外国友人介绍北京文化、中国历史，都展现出了青年志愿者热情、好客、开放和谦和的东道主姿态。

三、展现新时代青年创新专业的形象

在冬奥会志愿服务工作中，青年志愿者不仅充分发挥出敢于打破常规、求新进取的精神，敢于创新、善于创新，同时，也以其过硬的专业技能为冬奥会提供了更加专业化的志愿服务，展现出“鸟巢新生代”创新专业的新形象。在科技冬奥之路上，不少直接服务于冬奥会项目训练的“黑科技”都出自高校师生之手。台前幕后，青年志愿者都充分发挥各自的专业优势，助力科技冬奥，展现出青年一代的专业水平和创新精神。

四、展现新时代青年爱国担当的形象

冬奥会期间，正值中国农历新年，面对层层审查、闭环管理、严格培训、无法与家人团聚等考验，青年志愿者仍旧踊跃报名，申请人数超百万。对国家的认同与热爱，空有豪情壮志是远远不够的，更应投身于忠于国家、报效国家的具体实践中。可以说，冬奥会、冬残奥会与青年志愿者形成了一种双向互动。在这种互动中，冬奥会、冬残奥会因青年志愿者的加入而使其内涵变得愈加丰富和深刻。青年志愿者在冬奥会、冬残奥会志愿服务实践中，践行了对人民的感情、对社会的责任、对国家的忠诚，也充分展现了当代青年群体的风貌和奉献社会、报效祖国的情怀。

资料来源：张晓红，凌伟强 . 冬奥会、冬残奥会志愿服务展现新时代青年形象 [EB/OL]. 中国青年报客户端，2022-4-14.

【分析提示】

北京冬奥会志愿服务工作是根据当时的特殊需要，在充分借鉴、吸收以往我国大型赛会志愿服务工作经验以及其他国家奥运会经验的基础上，科学有序开展的。北京冬奥会虽已闭幕，但志愿精神永不落幕。志愿者用热情、专业的服务赢得了赞誉，这段难得的经历将使他们受益一生，而奉献、有爱、互助、进步的志愿精神也将会一直延续下去。

任务一

客户服务基本礼仪

一、规范仪容仪表

（一）着装

服装是人们审美的一个重要方面，着装大方整洁会形成一种无形的魅力。得体的服饰与装扮可以将人体的曲线美、协调美、韵律美衬托得更加光彩照人。作为客服人员，得体规范的着装可以更好地表现其对服务对象的尊重，便于客户辨认，同时也能反映出客服人员的良好素质和修养，进而展示出企业良好的精神面貌和管理水平。

在现代社会中，服装是一个人社会地位、经济状况、内在修养及气质的集中体现，客户可能会根据客服人员的衣着风格来判断其可信度和能力。

1. 着装的 TPO 原则

着装的 TPO 原则是目前世界通行的着装打扮最基本的原则，是指服饰应符合 Time（时间）、Place（地点）、Object（目的）的要求。T 表示穿衣要根据年代、季节以及一天的早、中、晚等时间的不同而有所区别；P 表示穿衣要适合不同的场所、环境和地点；O 表示穿衣要考虑交往的目的。具体要求如下：

（1）着装要合体，不同季节、不同地点、不同职业的人着装各不相同。服饰应该符合年龄、身份、气质和形体条件。

（2）服饰要协调，符合本岗位的需要，要与本岗位的工作性质和环境相一致。男生穿西装配领带最好价格不要太贵，但要烫得平整。

（3）要有职业特点，应该选择庄重、素雅、大方的服装，以显示稳重、文雅、严谨的职业形象。

（4）着装不随便，正式场合穿着不能过于随便（男性一般不能穿运动服、牛仔服、夹克衫之类的休闲服装），质地要好一些。

2. 制服穿着要求

大多数行业的客服人员都有统一的制服（工作服）。整洁大方的制服可以体现其对服务对象的尊重和重视，有助于塑造与维护企业的形象。制服一般都有既定的款式和固定的搭配，在穿着上应注意以下几点。

（1）整齐。

合身的制服必须做到“四长”“四围”。“四长”是指袖长至手腕、衣长至虎口、裤长至脚面、裙长至膝盖；“四围”是指领围以插入一指大小为宜，上衣的胸围、腰围及裤裙的臀围以穿一套羊毛衣裤的松紧为宜。另外，不能缺少纽扣，领带、领结、飘带不能系歪，与衬衫领口的吻合性要紧凑。

（2）清洁。

衣裤无污垢、油渍和异味，领口和袖口尤其要保持干净。清洁的制服会给人留下健康的印象。

（3）挺括。

制服还要求衣裤不起皱，穿前要熨平，穿后要挂好，做到上衣平整、裤线笔挺。这样不仅美观，还能衬托出客服人员良好的风度和气质。

（4）规范。

只要是制服，不论是西装套装（裙）还是旗袍、连衣裙，都应按既有样式穿着，不要别出心裁，随意搭配甚至“再加工”，也不要任意卷挽袖口、裤腿等。

没有制服的实习生或者刚入职的客服人员在选择服装时要注意服饰的合理搭配，应选择与工作性质相符合的服装。

3. 胸卡佩戴规范

胸卡又称工牌、身份牌，是工作人员在工作岗位上佩戴的，用以说明本人具体身份，经由所在单位统一制作，有着一定规格的、专用的标志牌。在工作岗位上佩戴胸卡，有利于工作人员表明自己的身份，进行自我监督，同时也方便服务对象更好地寻求帮助或对其进行监督。

佩戴胸卡的常规方法有三种：一是将其别在左侧胸前；二是将其挂在胸前；三是将其先挂在颈上，然后再将它夹在左侧上衣兜上。客服人员在使用胸卡时，要力争规格统一、内容标准、佩戴到位、完整无缺。

4. 领带的打法

领带是上装领部的服饰件，系在衬衫领子上并在胸前打结，两端向下直垂。领带通常与西服搭配使用，是男士日常生活中最基本的装饰品。凡是参加正式交际活动，穿西装应系领带，领带长度以到皮带扣处为宜。如果穿马甲或毛衣，领带应放在它们后面，领带夹一般夹在衬衫的第四至第五个纽扣之间。

领带的打法很多，包括温莎结、四手结、双环结、交叉结、亚伯特王子结、浪漫结、平结等。其中，使用最广泛的是温莎结和四手结。

（1）温莎结。

温莎结是一种形状对称、尺寸较大的领带结，因温莎公爵的喜爱而得名。温莎结是最正统的领带系法，打出来的结呈正三角形，饱满有力，给人一种踏实可信、成熟稳重的感觉，适合搭配宽领衬衫，如图 2-1 所示。

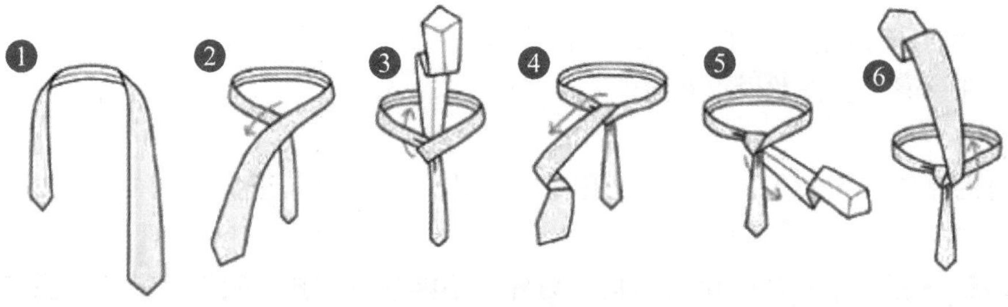

图 2-1　温莎结

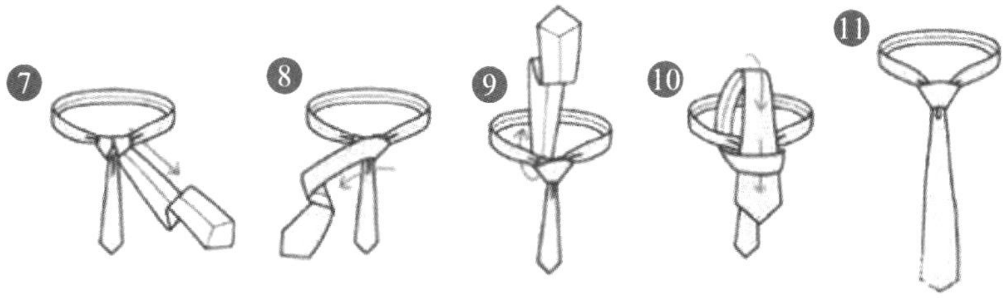

图 2-1　温莎结（续）

（2）四手结。

四手结是所有领结中最容易上手的，适用于各种款式的衬衫及领带，通常适合比较休闲一点的场合，如图 2-2 所示。

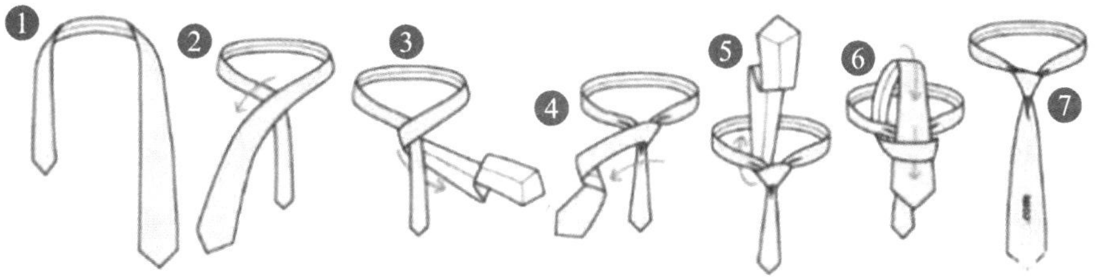

图 2-2　四手结

（二）化妆

对于客服人员来说，化妆可以有效地修饰面容，让自己“锦上添花”。一般而言，女性客服人员上岗必须化工作妆，部分行业如酒店行业要求男性客服人员也应对仪容进行适当的修饰。端庄的仪容加上恰到好处的修饰，既能显示出对客户的尊重，还能给客户以信任感和愉悦感。化妆的基本要求有以下几个方面。

1. 符合审美标准

化妆时，必须根据自己的面容特征、性格特点来确定化妆的风格，应讲究整体性、和谐性和自然性，给人以美的感受。客服人员化妆时，重要的是要自然大方、朴实无华、素净雅致。客服人员一般要求化淡妆。

2. 注重科学合理

化妆前必须了解各种化妆品的性质和特点，合理选择和使用。要根据自己皮肤的性质来选择化妆品，在不同环境、不同季节，应随皮肤性质的改变更换不同的化妆品。

3. 修饰适度得体

对于客服人员来说，外貌修饰是很有必要的。适当的外貌修饰可以扬长避短，使自己容光焕发，充满活力。但过分的浓妆艳抹、刻意追求打扮是不适宜的。客服人员过分的修饰会给客户留下不良印象，从而影响客户的心理情绪，所以客服人员的外貌修饰应适度得体。

4. 坚持避人修饰

在众目睽睽之下化妆或整理妆容是非常失礼的，这样做既不尊重别人，也不尊重自己。客服人员的工作妆一般应该在上岗之前完成，不允许在工作岗位上进行。需要补妆或化妆时应到房间或洗手间去，切勿当众操作。

二、体态礼仪训练

（一）站姿

站姿又称立姿，是站立姿势的简称，是一种静态的身体造型，是客服人员通常采用的最基本的姿势。优美的站姿是展现人体动态美的起点，是培养一个人仪态美的基础。

1. 站姿的基本要求

标准的站姿，从正面观看，全身笔直、精神饱满、两眼正视、两肩平齐、两臂自然下垂、两脚跟并拢、两脚尖分开 60° 、身体重心落于两腿正中；从侧面看，两眼平视、下颌微收、挺胸收腹、腰背挺直、手中指贴裤缝、整个身体庄重挺拔。好的站姿不只是为了美观，对于健康也是非常重要的。

2. 站姿的分类

不同的工作岗位对站姿有不同的要求，但任何一种形式的站姿都是在标准站姿的基础上变化的，客服人员在实际工作中应选择适合的站姿来为客户服务。客服工作中常见的站姿有以下几种。

（1）侧放式站姿。

侧放式站姿是男女通用的站立姿势，其要领是：两脚分开呈“V”字形，脚跟靠拢，两腿并立直，双臂放松，自然下垂于体侧，虎口向前，手指自然弯曲。

（2）前腹式站姿。

前腹式站姿是女性常用的站立姿势，可以是两脚分开呈“V”字形，脚跟靠拢，两腿并拢直，两手交握于腹前；也可以是两脚脚尖向外略展开，一脚在前，将一脚跟靠于另一脚内侧端，形成斜写的一个“丁”字，两手握指交于腹前。

（3）后背式站姿。

后背式站姿是男性常用的站立姿势，其要领是：两脚打开，略窄于肩，两脚平行，身体立直，身体重心放在两脚上，两臂肘关节自然内收，两手相握放在后背腰处。这种站姿比较适合在迎宾时使用。

（二）坐姿

坐姿是一种静态的身体造型，是人们在工作和生活中最常采用的姿势之一。不同的坐姿传达不同的意义与情感，规范的坐姿可以展现人体静态美。坐姿不仅包括坐的静态姿势，还包括入座和离座的动态姿势。

1. 静态的坐姿

静态的坐姿要求：头正目平，双目平视前方或注视对方，下颌向内微收，两肩放松，挺胸收腹，腰背挺直，嘴微闭，面带微笑，两手相交放在腹前双腿上，两脚平落地面。两膝间的距离，男子以一拳为宜，女子则以不分开为佳。入座后，手臂的摆放要合乎标准，不可随意搭放。一般来说，入座后手臂摆放的位置有：手臂摆放在两条大腿上，双手呈八字各放于左右腿或者叠放在一条腿上。

2. 动态的坐姿

（1）入座时讲究轻、稳、缓。女士着裙装时可用手将裙摆稍稍合拢。落座时，应面带微笑向周围人点头致意，动作要轻，速度不要太快，避免让座椅发出声音。离座时，右脚先向后迈半步，站起身，向前走一步离开座位。根据礼仪的要求，入座、离座时最好在左侧，左进左出是入座、离座时的基本礼仪之一。如遇到椅子位置不合适，可轻轻地将椅子移至欲就座处再入座。

（2）入座时双肩放平并放松，双臂自然弯曲放在腿上、椅子或沙发的扶手上，掌心向下，整体坐姿以自然得体为宜。

（3）入座时应保持神态从容自如，面容平和自然，立腰，挺胸，上身自然挺直。

（4）女士双膝自然并拢，双腿正放或侧放，双脚并拢或交叠成小“V”字形。男士两膝间可分开一拳左右的距离或并拢，双脚可呈小“八”字形或稍分开以显自然洒脱之美。

坐姿的不同形式

（5）入座时，应坐满椅子的 2/3，若为宽座沙发，则坐 1/2。落座后至少 10 分钟左右不要依靠椅背。时间久了可以轻靠椅背。

（三）走姿

站姿、坐姿相对来说属于静的仪态，走路的姿态属于富有动态美的仪态。掌握正确的走姿，克服走姿的不良习惯，练就矫健轻快、大方自然、从容不迫的优美走姿，显得尤为重要。

1. 走姿的基本要求

走姿是以文雅、端庄的站姿为基础的。规范的走姿应该是从容不迫、平稳有力的，要求有如下几点。

（1）重心前落，摆臂自然。当前脚落地、后脚离地时，膝盖不要弯曲，脚踩下时再稍微松弛，使重心始终在前移。双臂一前一后有节奏地自然摆动，摆动幅度以 30° 左右为宜，不宜过大或过小。

（2）全身协调，匀速前进。行走时，双目平视，面朝行进方向，头部端正。在一个阶段的行进过程中，应尽量保持匀速，全身各部位相互协调、配合。

（3）直线行进。男士行走时，脚步应稳重大方，两脚行走轨迹成两条平行线；女士行走时，脚步应从容平稳，步幅适中，两脚行走轨迹成一条直线。

2. 特定情况走姿的标准

在具体的实践工作中，客服人员的走姿在不同情况下有着不同的要求和规范，需要给予特别关注。

（1）与客户迎面相遇时。

在行进过程中，当客户迎面走来，客服人员应放慢脚步，目视客户，面带微笑，轻轻点头致意，并且伴随礼貌问候语言。在走廊等路面较窄的地方或是在楼道上与客户相遇时，应停下脚步并面向客户，让客户先行，坚持“右侧通行”原则。

（2）陪同引导客户时。

与客户同行时，应遵循“以右为尊”的原则，客服人员应处在左侧。若双方单行行进时，客服人员应走在客户侧前方两三步的位置。行进速度须尽量与客户的步幅保持一致，并应及时给客户以关照和提醒。客服人员陪同引导客户上下楼梯时先行在前。

（3）进出升降式电梯时。

陪同客户乘坐升降式电梯时通常有两种情况：一是乘坐无人值守的电梯时，一般宜请客户后进先出，客服人员先进后出；二是乘坐有人值守的电梯时，则应请客户先进先出，客服人员后进后出。

（4）出入他人房间时。

在进入他人房间时，一定要先叩门或按门铃，在得到允许后，方可用手轻轻开门。出入房间，特别是较小的房间，房内又有自己熟悉的人时，最好是反手关门、反手开门，始终面向对方。与他人一起出入房间时，客服人员一般应后进后出，请客户先进先出，并且替客户开门、关门。

（5）搀扶他人时。

在搀扶他人时要注意步速，应主动和对方的步调保持一致。同时，考虑对方的身体因素和身体状况，在行进过程中适当地暂停几次，以使被搀扶者得以暂时休息。

（四）鞠躬

在客户服务过程中，客服人员会经常使用鞠躬礼。施鞠躬礼时，身体挺直，五指并拢自然垂下，身体从头顶到脚下成一条线，双目要注视受礼者，然后上身弯腰前倾，头跟随向下，并致问候语。一般来说，男士双手放在两侧裤线处，女士双手下垂搭放在腹前。

不同情况下，鞠躬的幅度不同，具体如下：

（1）当与客户交错而过时，应面带笑容，可行 15° 的鞠躬礼，以表示对客户的礼貌及打招呼。

（2）当迎接或相送客户时，可行 30° 的鞠躬礼。

（3）当感谢客户或初次见到客户时，可行 45° 的鞠躬礼以表示礼貌。

（五）目光

眼睛是心灵的窗户，眼神是人类最明确的情感表现和交际信号。在人际交往中，眼睛能够反映出人们内心世界微妙的变化，恰当有效地运用眼神进行交流会取得意想不到的效果。

1. 注视的部位

注视他人不同的部位，不仅反映自己的态度和双方不同的关系，而且会直接影响双方交流的效果。

（1）公务凝视区。

公务凝视区适用于洽谈公务的正式场合，如磋商、谈判和小型会议等。凝视时目光停留的区域在对方脸部，以双眼为底线，上到前额的三角部分。谈话时适时自然地注视对方这个区域会显得严肃、认真、友好而有诚意。

（2）社交凝视区。

社交凝视区适用于各种社交场合，如会见同学和朋友、与熟悉的同事谈轻松或非正式的话题等。凝视时目光停留的区域为对方双眼到唇心之间的倒三角部分，谈话时注视对方这个区域会使对方感到轻松自然。

（3）亲密凝视区。

亲密凝视区适用于亲人之间、恋人之间、家庭成员之间的交流，凝视时目光停留的区域为对方双眼到胸部之间。如果非亲密关系凝视此区域，对方会觉得受到了冒犯甚至侮辱，是很不礼貌的行为。

2. 注视的时间

在人际交往中，注视对方时间的长短往往十分重要。在交谈中，听的一方通常应多注视说的一方。

（1）表示友好。若对对方表示友好，注视对方的时间应占全部相处时间的 1/3 左右。

（2）表示关注。若对对方表示关注，比如听报告、请教问题时，注视对方的时间应占全部相处时间的 2/3 左右。

（3）表示轻视。若注视对方的时间不到全部相处时间的 1/3，往往意味着对其瞧不起并没有兴趣。

（4）表示敌意。若注视对方的时间超过了全部相处时间的 2/3，眼神流露出不友好，往往表示可能对对方抱有敌意，或是为了寻衅滋事。

（5）表示兴趣。若注视对方的时间长于全部相处时间的 2/3，且面带微笑地注视对方，表示对对方很感兴趣。

此外，在注视对方时，不要不停地眨眼或移动眼神，别人会认为你不礼貌、不真诚。

三、微笑服务

（一）微笑的定义

微笑是不出声、不显著的一种笑容，是人与人之间透过面部表情和肢体语言的配合，表示愉悦、欢乐、幸福或乐趣，给人以热情友好的表达方式。微笑服务是指服务行业从业人员在服务过程中，以真诚的笑容和友好的态度向客人提供服务，并将微笑贯穿于接待服务的各个环节，是全面展示对客户提供优质服务的基础。

（二）微笑的要求

微笑是个人自信的表现，是心地坦诚的象征。在客服工作中，微笑的使用要注意如下几个方面。

（1）微笑要真诚。只有发自内心的情感流露才能赢得客户的心，不能表现出故作笑颜、假意奉承。

（2）微笑要适度。虽然微笑在人际交往中是最常用的面部表情，但不能随心所欲，要加以节制。

（3）微笑要合乎规范。微笑时要做到“四个结合”，即口眼结合，笑与神情、气质结合，笑与语言结合，笑与仪表、举止结合。

（4）微笑要区分场合。在下列情况下，面含微笑往往是不合适的：进入气氛庄严的场所时；服务对象满面哀愁时；服务对象具有某种先天的生理缺陷时；服务对象出了洋相而感到极其尴尬时。

（三）微笑的标准

（1）微笑要得体，面含笑意，嘴角微微上翘，嘴略呈弧形，不牵动鼻子，不发出笑声，不露牙齿。

（2）微笑需要面部各个部位的相互配合，眉头应自然舒展，眉头微微上扬，同时特别要注意眼神的配合。

（3）微笑要表里如一，要避免皮笑肉不笑，要调整自己的情绪，使微笑发自内心，自然舒畅。

在国际上，有一个公认的微笑标准：三米八 / 六齿。意思是说，当别人离你三米远的时候，就能看到你绝对标准迷人的微笑，面容祥和，嘴角微微上翘，露出自然、整洁的八颗或六颗牙齿。

任务二

客户接待

一、客户接待礼仪

（一）客户接待的准备

在接待任务开始前，客服人员首先要详细地掌握到访客户的基本情况，一般包括姓名、性别、职务、人数、来访目的、日程安排等，并提前做好接待准备。

1. 接待环境的准备

接待环境一般分为硬件环境和软件环境。硬件环境包括室内通风、采光、色彩、办公设备及接待室的布置等外观环境；软件环境包括接待室所体现出来的氛围、接待人员的个人素养等内在环境。

2. 接待人员的准备

接待人员应注意个人形象及接待心理方面的准备。接待人员在接待过程中应做到谦和有礼、和蔼可亲、举止大方，待人接物有礼、有节、有度。

3. 接待方案的准备

接待方案的准备是为了使本企业的接待工作有章可循，也是为了在接待过程中出色地完成接待任务，提高本企业的社会地位和社会影响力。

（二）会务座位安排

正式会议，一般都应提前安排好座次，方便与会者入座时井然有序，同时也体现了对客人的尊敬。非正式会议，参会者可以自由选择座位，不必提前安排座次，但入座时也要体现上下之分。正式会议座位安排如图 2-3 所示。

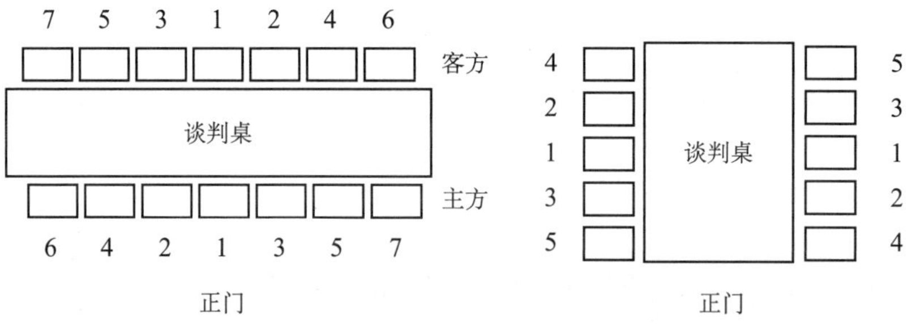

图 2-3　正式会议座位安排（按照中国惯例）

遵循中国惯例，客服人员安排座位时应考虑以下几点：

（1）以主人的位置为中心。以靠近主人者为上，依次排列。

（2）把主宾安排在最主要的位置。遵循国际惯例，以右为上；按照中国惯例，通常是以左为上，即主人的左手边是最主要的位置。离门最远的、面对着门的位置是上座，离门最近的、背对着门的位置是下座，以此类推。

（3）在遵从礼宾次序的前提下，尽可能使相邻者便于交谈。

会议进行过程中，客服人员应注意维护好现场状态。例如：保持现场周边环境的安静；注意观察会议过程中参会人员的动向，准确领会参会人员的需求，及时提供解决方案；遇到突发状况应采取紧急措施等。

二、客户接待的内容

（一）客户接待的要求

首先，以亲切的态度迎接客户。见到客户的第一面，应该马上做到以下表情与动作：Stand up（站起来）、See（注视对方）、Smile（微笑），简称 3S 服务。

其次，热情接待客户。热情是一种姿态，目的是让客户感受到被重视和关注。

最后，礼貌送客。“出迎三步，身送七步”是迎送宾客最基本的礼节。一般情况下，送别握手时，地位高者先伸手，客服人员可一边与之握手一边说“请走好”“欢迎下次再来”。

（二）接待工作的规格

接待工作的规格一般分为三种。

第一种是高规格接待，即主要陪同人员比客户（即来宾）的等级、职位更高的接待规格。在上级领导下派工作人员来本企业了解企业经营情况时、兄弟企业来本企业进行商务洽谈或合作经营时，都可使用这种接待规格。

第二种是对等接待，即主要陪同人员的等级、职位与来宾或客户的等级、职位对等。这也是最常见、最常用的接待规格。

第三种是低规格接待，即主要陪同人员的等级、职位与来宾或客户的等级、职位相比较低。这主要应用于上级领导或主管部门到基层进行视察，只能用低规格接待。

（三）接待工作的基本流程

接待工作的基本流程如图 2-4 所示。

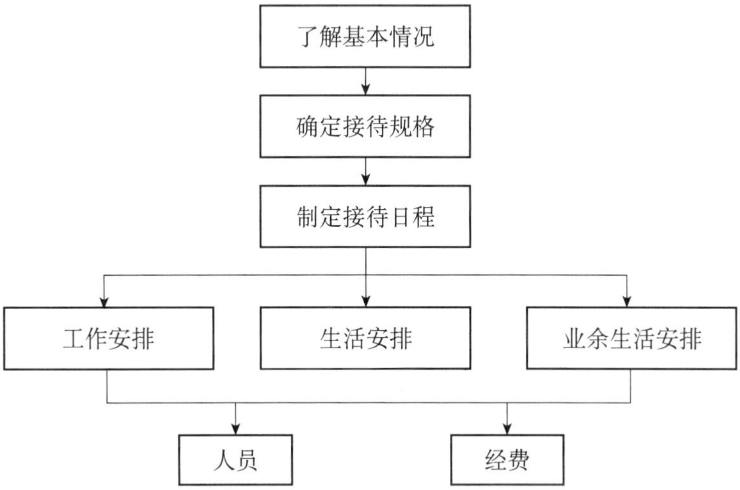

图 2-4　接待工作的基本流程

（四）接待工作的具体步骤

接待工作的具体步骤及要求如表 2-1 所示。

表 2-1 接待工作的具体步骤及要求

具体步骤		要求
第一步	了解来宾基本情况	了解来宾的基本情况，包括所在单位、姓名、性别、职务、级别及一行人数，以及到达的日期和地点；同时填报请示报告卡片，将来宾情况和意图向有关领导报告，并根据对方意图和实际情况拟订接待计划和日程安排的初步意见，一并报请领导批示。
第二步	确定陪同人员名单	根据来宾的工作内容，事先拟订出各个项目陪同人员名单，报请领导批准后，即通知有关人员不要外出，并做好准备。
第三步	确定活动日程表	与来宾商定具体的活动日程，尽快将日程安排印发有关领导和部门并按此执行。
第四步	安排好接站	根据来宾的身份和抵达的日期、地点，安排有关领导或工作人员到车站、机场、码头迎接。
第五步	预订返程票	事先征询来宾意见，预订、预购返程车船票或飞机票。
第六步	安排住宿	根据来宾的身份和其他实际情况，通知具体接待部门安排好住宿。
第七步	安排领导拜访来宾	在合适的时机，按照大体对等的礼仪原则，安排有关领导拜访来宾，并事先安排好地点及陪同人员。
第八步	安排餐饮及宴请	在国家规定标准的范围内，尽可能周到地安排好来宾的饮食。
第九步	安排工作用车	根据实际工作需要，安排好来宾用车和接待工作用车。
第十步	安排会谈	根据来宾的工作内容，安排好具体的会谈时间和地点，并通知有关人员事先做好准备。如来宾要进行参观学习，应根据对方的要求，事先安排好参观点，并通知有关部门或单位准备汇报材料，组织好有关情况介绍、现场操作和表演、产品或样品陈列等各项准备工作。若在会场，应该做好会议准备工作，具体物品包括样本、纸杯、便笺纸、笔、礼品、横幅（或其他欢迎物品）。在大多数情况下，会谈时间较久，为了防止饥渴也需要准备以下物品：小瓶矿泉水、咖啡、茶、水果（便于食用）、小袋饼干、坚果等。如果气温过高或过低，需要在与会人员进场之前，提前 15 分钟将空调等设备打开。
第十一步	安排参观游乐活动	根据领导指示或来宾要求，做好游览当地风景区和名胜古迹的安排；在条件许可的情况下，为来宾安排一些必要的文化娱乐活动，如观看地方戏剧、参加晚会、参观展览等；根据来宾要求，安排好体育活动，通知体育场馆做好场地、器材等准备，并安排陪同人员。
第十二步	安排新闻报道工作	如来宾身份重要，或活动具有重要意义，则应通知有关新闻单位派人进行采访、报道，负责介绍情况，安排采访对象谈话，并受领导委托对稿件进行把关。
第十三步	做好接待经费结算	活动结束后，应及时结清有关费用，并完成财务报销手续。
第十四步	安排送行事宜	来宾离去时，安排有关领导或工作人员到住处或去车站、码头、机场为来宾送行。

案例链接

×× 接待工作方案

为做好 2021 年 ×× 接待工作，确保各项工作圆满顺利完成，特制定本接待工作方案。

一、接待安排

（一）确定具体行程

1. 时间：待定。

2. 事宜：与 ×× 负责人联系确认此次工作的具体安排、行程安排、来访人数、性别比例、到达地点、具体时间等。

（二）迎接安排（略）

（三）住宿安排（略）

（四）就餐安排（略）

（五）车辆安排时间（略）

（六）行程安排

1. 座谈会

（1）会议主题：待定。

（2）会议时间：待定。

（3）会议地点：大会议室。

（4）参加人员：待定。

2. 企业参观

（1）时间：待定。

（2）地点：待定。

（3）陪同人员：待定。

（4）司机（车辆）：待定。

（七）送客时间

1. 时间：待定。

2. 送到地点：待定。

3. 司机（车辆）：待定。

二、任务分工

（一）由 ×× 负责组织此次接待任务，接待通知由 ×× 传达，联系来访单位负责人，确认来访人数、行程安排。

（二）由 ×× 负责联系安排来访人员的酒店预订、饭店预订，车辆安排及司机确定。

（三）由 ×× 负责会议室的安排、会议室的检查（空调、投影仪、线路）、参会人员的签到并负责布置会议室（会议前后的打扫、横幅的悬挂、桌牌的摆放、水果的准备）。

（四）由 ×× 负责会议材料的准备、会议记录、会议后的材料收集及整理工作。

（五）由 ×× 负责安排全程的摄像、录音及整理工作。

落款（企业名称）

日期

【分析提示】

客户接待是企业形象的展示，也是客户了解企业的门户。客户接待活动，尤其是大型接待活动，离不开科学合理、周密细致的计划安排，因此，客户接待方案是做好接待服务工作的基本原则和重要依据。理想的接待效果取决于规范的接待方案。因此，服务方式的设计、接待行为的确定、接待过程中涉及的方方面面，都要突出重点、通盘谋划；活动日程、食宿安排、安全警卫、新闻报道、交通保障、考察参观、座谈汇报等内容，务必周全，不能遗漏。

三、客户接待实施步骤

根据客户接待方案，接待人员要做好充分的准备和完善的物资准备。

（一）人员调配

接待人员在了解会议基本情况后，要明确服务中的要求、注意事项以及分工，根据工作的整体安排，各自进行准备工作。

（二）会场布置

接待人员首先应根据会场的具体情况进行整体布局，按照接待要求调整室内的各种装饰品、宣传用品，做好会场清洁工作等；其次应认真检查照明、空调等设备，也可根据接待要求增添新的设备，注意调整好室温及通风；最后，如有需要，还应通知信息技术部门事先调整好音响、话筒、投影仪等需要使用的设备。

（三）物资准备

1. 茶具、水具的准备

茶具要求：茶具须干净，不得有破损。茶具要按接待人数配放，每人一套，还要准备适量备用杯。

水具要求：检查饮水机、咖啡机、保温瓶是否完好，在接待开始前 30 分钟将饮水机、咖啡机、保温瓶的水灌满备用。

2. 茶叶要求

根据接待要求，放置不同的茶叶。如果是散装茶叶，应先放入杯中，待来宾就座后直接冲泡开水，也可在来宾就坐前 5 分钟冲泡开水。

（四）接待过程中的注意事项

接待过程中，应讲究奉茶礼仪，按照规范的奉茶和续水礼仪为客户服务。续水服务一般在活动（会议）15 ～ 20 分钟后进行，最长不超过 30 分钟；接待人员要随时观察会场用水情况，遇到天热的情况时就要随时加倒水；活动（会议）进行过程中，接待人员应细心观察会议室的动静，如发现客户有事招呼，要随时应承，如客户的要求暂时无法满足，要及时通知上级协助解决，确实无法满足的，应向客户解释。

（五）接待结束后的工作

客户全部离开会场后，接待人员要检查会场有无客户遗忘的物品。如发现客户遗忘的物品，要及时与会务负责人联系，尽快转交失主。接待人员要注意清理会场，不留死角，避免安全隐患；同时将桌椅归位，撤下会议所用之物，分类码放整齐，关闭电源、关好门窗，再巡视一遍，确认无误后撤出关门。

任务三

压力管理

一、认识压力

（一）什么是压力

从物理层面看，我们赖以生存的大气层就是空气和物体撞击所产生的压力产物，一个健康个体的生存离不开压力。

当人们去适应由周围环境引起的刺激时，人们的身体或者精神上的生理反应，可能对人们心理和生理健康状况产生积极或者消极的影响。作为一个心理学及生物学的术语，心理压力的概念可以从以下几点来理解：

1. 心理压力是一种心理状态

现代心理学一般把人的心理现象分为三大范畴，即心理过程、心理状态和个性心理。心理状态是指心理活动在一段时间内出现的相对稳定的持续状态，是介于心理过程和个性心理之间的中间状态，是心理活动和行为表现的一种心理背景。事实上，心理压力既不可能是一种独立的心理过程，也不可能是个性心理，而只能是一种心理状态。只不过心理压力作为一种心理状态，是个体对压力事件反应所形成的一种综合性的心理状态。

2. 心理压力是对压力事件的反应

心理压力与压力事件密切联系，个体有心理压力必有压力事件存在。心理压力是个体对压力事件的反应而形成的一种综合性心理状态，没有压力事件，个体心理压力无法形成。人的心理产生的基本方式是反射，是有机体对一定刺激的反应活动。人并非对任何刺激的反应都会形成心理压力，一般心理过程并不一定形成心理压力。只有当个体意识到他人或外界事物对自己构成威胁，即对压力事件进行主观反映时，才可能形成心理压力。

3. 心理压力表现为认知、情绪、行为的有机结合

心理压力是个体的一种综合性心理状态，表现为认知、情绪、行为三种基本心理成分的有机结合。

（1）个体心理压力是意识的产物，是建立在一定认知基础上的。人在无意识状态下和无认知能力时不会有心理压力存在；当人有认知能力但对威胁性的刺激情境失察而没能认识到其对自己生活的威胁时，也不会产生心理压力；如果刺激情境本身不会对个体造成威胁，但个体由于错误的认知，以为它具有威胁性却又无法应对，则会产生心理压力。

（2）心理压力伴有持续紧张的情绪、情感体验。通常个体有心理压力时，容易出现消极的情绪，如惊慌、害怕、愤怒等。

（3）心理压力会引发行为反应。个体有心理压力时会引发一定的行为反应，要么积极应对，要么消极应对。

（二）面对压力时的反应

实现有效的压力管控，要有识别压力的能力，个体必须清楚地知道自己的身体能够承受的上限是多少，面对压力自己的身体会产生什么反应。

当面对巨大的压力时，身体会采用战斗或逃离的方式做出反应。

在面对压力时，一些人会进入战斗状态。例如：当一个人遇到棘手的学习或工作任务时，他会加班加点、一丝不苟地完成任务，倾尽全力地达成目标。这种应对模式，能够帮助我们化压力为动力，最终战胜困难，获得自己想要的结果。

人们在面对压力时，也可能会选择放弃或逃离。例如：同样是遇到棘手的学习或工作任务时，有的人会主动选择放弃接受挑战的机会。我们通常会认为这样的人意志力不足、不求上进，但是这样的选择也确实会让他们避开压力、避免承受失败的痛苦。

当压力来临的时候，我们会启动身体的应战系统，而压力结束后我们的身体就会恢复平静，当我们的身体达到应对压力上限的时候，动态平衡系统就会失衡，没有办法正常工作，从而导致一系列的生理和心理疾病。

二、客服人员压力的来源

（一）来自工作环境的压力

职场压力是指人们在职场中感受到的压力。职场压力是工作本身、人际关系、环境因素等诸多因素造成的一种紧张感。国奥心理健康数据中心对四类职场人士进行了抽样测试，通过精神压力分析仪及压力自查量表统计得出了如下数据（供参考）：创业者、管理层、销售人员、技术人员的职场压力约占其个体总压力的比例依次为 90%、82%、76%、63%。对企业而言，重要岗位的员工离职会造成不可预估的损失，甚至直接影响企业在行业中的竞争力。国奥心理健康数据中心对北京不同行业的离职员工进行了抽样调查统计，最终归因在职场压力方面而离职的员工占比高达 83% 以上。

1. 工作条件

因工作条件而导致客服人员产生工作压力的情况包括：工作复杂程度、工作超负荷、倒班工作。工作复杂程度是指待完成工作的固有难度，包括工作量的大小和工作的难易程度；工作超负荷是指完成工作所要求的体力和智力超过客服人员的承受能力；倒班工作在客服行业比较常见，是指由于工作需要几个班次进行轮流更替工作。客服人员长期倒班工作会对睡眠产生干扰，导致生物钟紊乱。科学研究表明，倒班工作不同的人适应期是不同的，较快的适应者大约一星期可以调整到位，而较慢的人则需要三个星期才能勉强适应，个别人根本不能适应。

2. 职业角色

职业角色是指社会和职业规范对从事相应职业活动的人所形成的一种期望行为模式，也可以说是人们在一定的工作单位和工作活动中所扮演的角色。角色模糊对团队的影响包括以下几个方面：角色不清可能导致团队成员不知道自己应该承担什么责任和任务，工作可能就会被遗漏或重复，影响团队整体的效率和表现；没有明确的角色分工，会让团队成员无法充分发挥自己的专业技能和能力，个人成就感降低，甚至对个人职业发展产生负面影响；角色不清还有可能导致团队内部出现不和谐的现象，如缺乏协作精神、团队意识等，进而影响团队稳定和发展。

3. 人际关系

良好的人际关系有助于团队成员更好地沟通和协作，增强员工满意度和忠诚度，促进个人职业发展。例如：在一个充满信任和尊重的团队中，成员彼此之间乐意分享各自的想法和知识，相互帮助，共同解决问题，团队工作效率会更高。同时，个人专业能力和技能水平也可以有更好的提升，进而促进个人职业发展，员工在这样的工作环境下归属感和忠诚度自然也会更高。

4. 职业发展

由于国内规范标准的客户服务行业发展时间不长，很多人按照传统的认知把客户服务人员的工作形象简单想象成接线员、招待员。这会使客服人员对自己的职业缺乏自信，从而产生寻求更好的职业发展的压力。同时，由于客服部门属于一般公司重要但非核心的幕后部门，其社会知名度和价值衡量水平远不如开发部、销售部，客服人员也会考虑投身更有价值的部门。另外，客服部门相对扁平的管理模式，同级竞争者人数过多也使客服人员产生职业发展压力。以上因素都是客服人员职业发展的障碍，其导致的工作压力不言而喻。

5. 组织结构

公司组织结构不健全或组织结构的“人为调整”也可能给客服人员带来工作压力。员工对死板的汇报流程、办公室政治、无时不在的监督和考核普遍感到烦心；另外，公司决策的随意性和不民主也容易让客服人员感受到额外的工作压力，他们担心自己的权利没法得到合理保障。以上压力使员工不能全身心投入工作中，严重影响团队建设成效。

（二）来自服务对象的压力

1. 客户期望值的提升

在外部压力或自身成长激励的推动下，企业服务水平得到了极大提升，但是产品、服务的价格却随着行业竞争的加剧而不断下降。同行竞争使客户得到的越来越多，但客户的满意度却没有相应提升，甚至还会下降，原因就在于客户对服务的期望值越来越高，自我保护意识也在加强。

2. 不合理的客户需求

客户的一些不合理需求也是客户服务工作面临的挑战之一。企业界定客户的需求是否合理时，参考的标准应该是行业的标准，而不应该是企业自己的标准。客户需求只有超出企业标准的期望值，即竞争对手也无法满足的期望值，才能被称为不合理的客户需求。

对于客服人员而言，其不可能满足客户的所有要求，有的时候，拒绝客户的次数甚至超过满足客户的次数。还有些时候，可能满足了客户一百次的要求，但是只要拒绝客户一次，客户就会对所有服务都变得不满意。当无法满足客户期望值的时候，如何向客户做出合理的解释，并且让客户接受，是客服人员目前所面临的一大挑战。

案例链接

揭秘 12306 客服中心：每人每天解答问题近 800 个

152 名客服代表，平均年龄 25 岁，每人每天解答问题近 800 个，每天要说 2 000 多句话；多种班制，8 种作息时间，24 小时不间断服务，电话接通率达到 99.6%，两通电话间隔不足 4 秒；上岗前要做的第一件事是把自己的手机锁起来……这里就是上海铁路 12306 客服中心（见图 2-5），承担着江苏、安徽、浙江、上海三省一市铁路客运咨询、求助等服务，是全国成立最早、席位最多、电话接入量最高、服务功能最广的客服平台之一。

图 2-5　上海铁路 12306 客服中心现场

客服中心的监控系统融合了视频监控、席位监控、数据监控等功能。通过大屏监控，中心管理人员和班长能实时掌握中心运转情况，做好现场指挥调度。大屏左上角是对语音平台的分类统计，下半部分是对超长、超短电话的监控。有时一个咨询电话需要客服代表反复耐心解释，甚至有时长超过两小时的咨询电话。

有一次，一通超长电话耗时 3 717 秒，原来一位旅客由于操作失误，把已购车票在手机上办理了退票，客服代表解释已办理退票的车票无法恢复，可重新购票，但旅客并不满意，要求客服代表阅读相关规定一个多小时……

客服中心规定，只有旅客在电话中出现了多次辱骂客服代表，或提出超出铁路规定的无理要求时，须申请组长接听确认后，才能挂机。他们每个月都要接受培训、考试，以提高业务水平，键盘上的便利贴时刻提醒自己温习工作要点。一位客服代表笑着说："以前害怕接到骂人的电话，但工作时间长了看待事情的角度和心态会有一些转变，我能理解旅客的焦急，也许发泄一下能让他们心里痛快点。"

12306 客服中心每天都在发生着形形色色的事情。面对所有旅客，客服代表们都用热情饱满的声音，为其提供帮助，默默承受着旅客的情绪宣泄。每一个假期，他们都坚守在岗位，为旅客平安顺利出行贡献自己的一份力量。

【分析提示】

紧张繁忙的工作让客服人员处于高负荷工作状态，为此应该时刻关注客服人员的心理状态和情绪变化。企业领导可以每天在班前会和下班总结会上鼓舞士气，同时对有情绪波动苗头的员工进行一对一心理辅导，不断加强团队建设，提高团队凝聚力，激发员工工作潜能，从而更高效地完成客服工作。

3. 客户服务需求的波动

服务的质量和服务的数量是密切相关的，几乎所有的行业都会有服务的高峰期，在每一天、每个月甚至每一年都会出现一些服务的高峰期。当高峰期出现的时候，往往会有排队等候、服务迟缓的情况，并且服务人员服务热情的下降、体力的透支、精神的疲惫和服务失误的增加都会导致服务质量的下降。而这种客户需求的波动是企业很难控制的。因此，如何在客户需求的高峰时间提供令客户满意的服务也是客服人员必须面临的挑战。

例如：2018 年东北地区夏季的气温一度飙升到 38℃，并出现了罕见的桑拿天。在这种极端气候下，很多以往没有空调也能度夏的家庭都忙着去买空调，还有一些单位大量加装空调，使得整个东北地区空调安装需求激增。空调销售具有明显的季节性，盛夏旺季的销量往往是淡季的数倍，尤其是每年最热的几天里销售量能占到全年的大部分比例。这种销售特征决定了空调安装行业有大量的季节工，即很多工人在夏季旺季到来前受雇于空调厂家或商家，旺季过去就又转行。这种用工特点也导致空调安装服务质量良莠不齐、空调需求量大时因人手短缺导致安装不及时等衍生问题。一直以来，这些都是消费者对于空调安装的投诉重点。

（三）来自自身的压力

1. 服务技能不足

客服人员的服务能力主要体现在快速了解客户的需求并解决客户提出的问题等方面。但有些客服人员因为技巧缺失而不能真正了解客户的需求，更不要说帮助客户解决问题了。服务技能不足会使客服人员不能从工作中获得满足感，而失望、沮丧感的产生会给客服人员造成很大的心理压力。

2. 服务失误导致的投诉

在客户服务过程中，有些投诉可以得到很好的解决，比如在饭店吃饭，客户点的菜上错了，可以重新上一份。但有些投诉却非常难解决，比如航空公司弄丢了客户的行李，尽管航空公司会根据规定赔偿客户，但是给客户带来的诸多不便和麻烦却是航空公司不能弥补的。这个时候，客服人员就只能道歉了，但并不是所有的客户都会接受道歉，在客服人员致歉时导致的二次投诉时有发生，客服人员又将面临由于自己服务不能获得客户认可的投诉压力。

3. 来自家庭的压力

当员工家庭在面对重大病情、子女上学或是较重的赡养负担等问题时，对于一些家庭经济条件不太好的员工来说，生活就会使他们举步维艰，成为主要的压力源。还有一些个人因素，比如婚姻家庭、子女教育、个人身体状况和心理困扰等方面，这些虽然是员工的个人问题，但却是影响员工心理压力和情绪的重要因素。

三、缓解和控制压力

（一）企业压力管理

1. 打造良好的工作环境

相关研究表明，员工工作环境在一定程度上会影响员工的情绪，而情绪不仅会影响工作效率，还会给员工心理造成一定的负面影响，企业应该努力为员工创造良好的环境，让员工享受工作环境带来的愉悦和动力。领导者或管理者力求创造高效率的工作环境并严格控制干扰，如关注噪声、光线、舒适、整洁、装饰等，给员工提供一个舒心悦目的工作空间，有利于达到员工与工作环境相适应，提高员工的安全感和舒适感，减轻其压力。此外还要确保员工拥有做好工作的工具、设备，如及时更换陈旧的电脑、复印机、传真机等。

2. 积极进行心理辅导

企业可以从企业文化氛围上鼓励并帮助员工提高心理保健能力，学会缓解压力、放松心情。企业要向员工提供压力管理的信息、知识，如可为员工征订有关心理健康与卫生的杂志，让员工免费阅读；或者开设专题讲座和宣传专栏，普及心理健康知识、压力自我调适方法等。

3. 加强过程管理

企业应在人力资源选拔聘用环节中严格遵守管理与考核规定，选拔出在职业经验和专业技能等方面最适合的人才，力求人与事的最佳配置，以减轻客服人员的工作压力。例如：客服人员的选拔必须与工作要求相符合，避免其上岗后因无法胜任而产生心理压力；人员配置中，因岗设人，明晰岗位职责，减轻客服人员因岗位冲突而引发的心理压力；定期进行岗位技能培训和时间管理培训，消除客服人员因技能不足和时间控制失误而造成的压力。

4. 加强对员工的关怀

企业管理者应定期公布企业的活动事记，让员工更多地了解企业情况，并尽可能让他们参加部分决策制定，使其产生主人翁的责任感。通过以上方式，企业能够增加与员工的交流，从而增强对员工的了解，减轻其工作不确定的压力。企业还应完善员工的各项保障制度，提高员工的归属感和安全感，以减少其心理压力。

案例链接

胖东来 8 页报告调查顾客与员工争执

胖东来，这个名字在河南许昌乃至周边地区，早已成为品质和服务的代名词。

2023 年 6 月，针对一起顾客与员工之间的争执事件，胖东来公开了一份 8 页的详细调查报告，进行了深入的调查和反思。

这起事件引起了群众广泛的关注和讨论，公开的调查报告显示了胖东来对顾客服务的高度重视和对员工尊严的维护。

首先，胖东来承认了服务存在问题的责任，并将管理人员全部降级 3 个月，以示对问题的重视和反思。此外，胖东来还向顾客致歉，并送上礼物和服务投诉奖，以表达对顾客的尊重和关心。

然而，顾客坚决拒绝了 500 元投诉奖，这表明顾客更看重胖东来对事件的处理态度和解决问题的诚意，而不是仅仅给予金钱补偿。

另外，胖东来给予员工 5 000 元精神补偿费，这是对员工尊严和人格的保护。在任何争执中，个人的尊严和人格都是应该受到尊重和保护的，这是胖东来作为一家企业秉持的价值观。

总的来说，这个事件反映出胖东来在管理和服务上的认真态度和处理问题的诚意。胖东来公开调查报告并采取了明确的处理方案，向公众展示了一个积极的态度和负责任的做法。这样的做法不仅有利于解决问题，也有助于维护企业的形象和声誉。

在整个事件中，胖东来并没有选择逃避或者忽视问题，而是采取了非常积极的应对措施。胖东来不仅对事件进行了深入的调查，还公开了一份详细的调查报告，向公众展示了企业对问题的认真态度和解决问题的决心。这样的做法不仅让顾客感受到了胖东来的重视和尊重，也让员工感受到了企业的关心和保护。

在调查报告中，胖东来明确指出了服务存在的问题，并对管理人员进行了降级处理。这种自我反思和修正的勇气，不仅展示了胖东来的管理能力和责任意识，更让公众看到了一个企业的进步和发展。同时，胖东来还为顾客送上了礼物和服务投诉奖，以表达对顾客的尊重和关心。这种真诚的道歉方式，不仅让顾客感受到了胖东来的诚意，更让人们看到了胖东来的服务理念和品质追求。

更值得称赞的是，胖东来在处理员工和顾客之间的争执时，不仅考虑了问题的实际解决，更注重对个人尊严和人格的保护。在争执中，员工和顾客都可能受到情感上的伤害，胖东来给予员工 5 000 元精神补偿，是对员工尊严和人格的尊重和保护。这样的做法不仅让员工感受到了企业的温暖和关怀，更让公众看到了胖东来以人为本的管理理念。

胖东来的这一做法充分展示了企业责任意识和服务理念。胖东来通过公开调查报告和处理方案的方式，向公众传递了企业的透明度和诚信，让顾客和员工都能感受到企业的真诚和负责任。这样的做法不仅有助于解决问题、维护企业形象和声誉，更有助于提升企业的品牌价值和竞争力。

【分析提示】

一个企业要想在竞争激烈的市场中立足并发展壮大，不仅要有过硬的产品和服务质量，更要有尊重、关心顾客和员工的意识和行动。只有这样才能真正赢得市场的信任和尊重，实现企业的长期发展。

（二）客户服务人员自身压力管理

1. 正确认识压力导致的心理问题

（1）提高心理健康意识，追求身心共同健康。

每个人一生中都有可能会遇到多种心理健康问题，我们可以主动学习和了解心理健康知识，科学认识心理健康与身体健康之间的相互影响，保持积极健康的情绪，避免持续消极情绪对身体健康造成的伤害。在身体疾病的治疗中，要重视心理因素的作用。自我调适不能缓解时，可选择寻求心理咨询与心理治疗，及时疏导情绪，预防心理行为问题和精神障碍发生。

（2）正确认识抑郁、焦虑等常见情绪问题。

出现心情压抑、愉悦感缺乏、兴趣丧失，伴有精力下降、食欲下降、睡眠障碍、自我评价下降、对未来感到悲观失望等表现，持续存在 2 周以上，可能患有抑郁障碍；突然或经常莫名其妙地感到紧张、害怕、恐惧，常伴有明显的心慌、出汗、头晕、口干、呼吸急促等躯体症状，严重时有濒死感、失控感，如频繁发生，可能患有焦虑障碍。一过性的或短期的抑郁、焦虑情绪，可通过自我调适或心理咨询予以缓解和消除，不用过分担心。抑郁障碍、焦虑障碍可以通过药物、心理干预或两者相结合的方式治疗。

2. 压力管理

（1）压力评估。

工作绩效和压力呈倒“U”形曲线关系，适度的压力能够提高工作效率；高负荷的压力极有可能导致压力危机。科学的认知自我是压力管理的前提，客服人员要全面了解自身压力的具体来源，以便获得科学、专业、有针对性的压力调节方案。

压力评估分为压力水平评估和压力源评估两部分。客服人员可以全面测查个体的压力状况，并进一步明确自己当前压力的来源。通过压力评估，个体可以及时掌握自己的压力水平，在对自己的压力水平进行即时监控的同时，全面了解自身压力的具体来源，以便获得科学、专业、有针对性的压力调节方案，从而有效维护和促进自身的身心健康。

（2）提升抗压能力。

每个人对压力的耐受性不同，表现也不同，所以想要在压力面前应付自如，就得知道自己的压力极限在哪里，而不是盲目给自己加压，使得自己的身体或心理出现不可忽视的问题。按照基因编码、大脑构造、生活经历各不相同，人们可以分为压力易感人群和压力耐受人群。压力易感人群通常说话语速偏快，倾听能力比较弱，没有耐心听别人好好说话，只关心自己希望关注的部分，并且控制欲强，以自我为中心，有极强的支配他人的欲望，喜欢将外部环境的所有因素视为竞争。而压力耐受人群通常会比普通人具有更强的压力耐受性，生活更从容自如，也不太容易受外界因素影响。其实对待压力的耐受性，并非完全由基因决定，我们可以通过对自己性格特征的训练，如保持积极心态、学会换位思考等，提升自己的抗压能力。

3. 缓解压力的方法

（1）采取有效的时间管理办法。

良好的时间管理是缓解压力的必要手段。首先，制订计划是解决压力问题的基础，在计划中可以设置一些优先级，确保重要任务的优先权，进而最大限度地提高工作效率；其次，可以为某项任务设置完成时限并尽力在时限内完成，从而有效减少拖延和浪费时间；最后，集中注意力，在工作期间关闭社交媒体和电子邮件通知，专注于任务的完成，可以避免分散注意力和浪费时间。

（2）重视睡眠健康。

良好的睡眠是调适压力的良药，睡眠对缓解压力带来的生理负担和心理负担都非常重要。每天保证充足的睡眠时间，工作、学习、娱乐、休息都要按作息规律进行，注意起居有常。如果有睡眠障碍，要在专业指导下用科学的方法改善睡眠，服用药物须遵医嘱。

人人争当
事业闯将

（3）培养科学运动的习惯。

适当的运动可以增加身体的含氧量，对于情绪控制助益大，因为吸气时会让脑部细胞充满能量，头脑清晰，思考能力就能自然达到正向效果。每天一小时的运动，不仅能锻炼身体，还可以缓解一天工作的压力，改善睡眠质量。锻炼可诱发积极的思维和情感，这些积极的思维和情感对抑郁、焦虑和困惑等消极心理具有抵抗作用。

（4）分担压力。

每个人承担压力的能力是有限的，在面对压力或挫折的时候，分担会让压力降低到我们可以接受的范围。倾诉是舒缓压力的最好方法之一，当我们在生活、工作、学习过程中遇到压力时，要学会与上级、同事、朋友、家人进行沟通、交流，必要情况下也可以寻求专业人士的帮助，使自己的压力得到一定程度的缓解。

素质提升

湖北省旅游景区微笑服务规范

湖北省旅游景区首个微笑服务地方标准《湖北省旅游景区微笑服务规范》自

2020年12月1日起正式实施。该标准结合三峡人家等景区旅游接待服务多年实践经验，对全省旅游景区的岗位微笑服务要求及常用文明用语等内容提出了具体规范和指导要求。

…………

4. 具体要求

4.1 基本原则

旅游景区从业人员在职业活动中应遵循以下基本原则：

a）真诚原则：把游客当“家人”，用心、热忱服务，让游客有归属感；

b）一致原则：对客服务流程统一规范，权益平等、价格平等、服务平等；

c）主动原则：咨询、解答及时，服务接待及时，文明引导及时，排忧解难及时；

d）合宜原则：了解游客需求，了解游客风俗习惯，了解游客不同消费需求，尽量满足游客期待。

4.2 具体要求

4.2.1 微笑服务

4.2.1.1 面部表情

面部表情应包括但不限于以下内容：

a）面部应自然、放松，嘴角微微向上翘；

b）应真诚微笑、亲切自然，微笑时应牙齿微露。

4.2.1.2 目光

目光交流应包括但不限于以下内容：

a）在问询、解答过程中须有目光交流，正视游客的眼睛或“T”形部位，传递出对游客的尊重和友善；

b）目光应和善、真诚、有神；

c）神情专注，平视游客，不可长时间盯视游客。

4.2.1.3 语音语调

语音语调应包括但不限于以下内容：

a）应使用普通话，亲切自然；

b）语调高低有序，语速快慢适中；

c）基本文明用语，详见附录A（略）。

知识巩固与技能提升

扫码练习

03

项目三

客户开发管理

- 任务一　客户选择
- 任务二　客户开发
- 任务三　客户资格审查

学习目标

知识目标

1. 了解客户选择的必要性；
2. 理解客户选择考虑的因素和实施策略；
3. 了解客户开发的含义和战略；
4. 掌握寻找客户的方法；
5. 理解客户资格审查的内容。

能力目标

1. 能够熟练掌握客户开发的方法并对目标客户进行有效开发；
2. 能够对客户的需求状况、支付能力、购买资格进行全面审查。

素养目标

全面深入分析目标客户，坚持知己知彼，具备改革创新、开拓进取的时代精神，深入践行以实力服务客户的职业价值观。

导入案例

招商银行零售客户的开发模式

招商银行 1987 年成立于深圳，是中国境内第一家完全由企业法人持股的股份制商业银行，也是国家从体制外推动银行业改革的第一家试点银行。

在零售业务上，招商银行一直是行业内的佼佼者，早在 20 世纪 90 年代，招商银行便率先开启零售业务的转型之路。1995 年，招商银行推出了“一卡通”，发行国内首张借记卡。2002 年，招商银行开始发行信用卡，随即成为国内信用卡发行量最多的银行。这段时期，招商银行将零售业务确定为企业发展的主要战略，并建立了完整的零售产品和服务体系。

招商银行零售业务的增长源于客户规模的不断扩大，招商银行零售客户数量在 2017 年末突破 1 亿户，截至 2022 年末零售客户总数达 1.84 亿户，零售业务收入达到 3 447.83 亿元，同比增长 4.08%。

通过对招商银行零售客户的构成、资产规模、收入产出比进行分析，我们可以看到招商银行对零售客户的定位如下：

地理细分：从城市选择方面看，招商银行网点主要集中在经济较发达的国内一二线大中城市；从城市内区域选择来看，主要集中在城市商业集中地区。

人口细分：招商银行零售客户主要分布在 25 ～ 40 岁、受教育程度和经济收入水平都较高的人群。

心理细分：招商银行的零售客户主要是对银行服务水平要求较高的人士。

行为细分：招商银行的零售客户忠诚度较高。

招商银行的零售优势归根结底在于较早地抓住了零售市场，获得大量零售客户，正是这些客户支撑招商银行逐渐发展壮大。

招商银行客户开发（客户获取）模式主要有以下几种：

1. 自然到店

自然到店是指客户未经银行特定营销，自行选择到银行申请开展业务。这类客户一般对银行与自身居住地或工作地的物理距离较为敏感，当有金融业务需求时，往往选择离自己较近的银行。在区域内银行网点较为集中时，则会根据银行的品牌美誉度进行选择。自然到店的客户无须银行主动营销，客户开发成本较低，但因客户选择具有随机性且对银行网点建设的密度有一定要求，客户黏性一般较差。

2. 客户转介

客户转介是指银行通过对存量客户进行营销，使其产生裂变而吸引到新客户。近几年招商银行大力开展的 MGM（Member Get Member）活动，就是充分运用存量的客户资源，举办各种线上线下活动，给予客户一定的营销奖励，促使存量客户主动向银行介绍新客户。客户转介这种获客模式节约营销成本且营销效果立竿见影。此类客户开发模式因其客户黏性较好且客户资产质量较好，常应用于中高端客户开发中。

3. 银行主动营销

银行主动营销是指银行针对目标客户，通过点对点、点对面的方式主动开展营销活动，通过对目标客户宣传银行的优势产品或服务吸引客户。此种客户开发模式需要银行投入较大的人力和物资成本，因此主要针对高价值客户。比如招商银行对零售金葵花客户的营销中，一般采取主动营销的方式，通过对特定群体进行贵宾登机、少儿高尔夫等特色权益的宣传，促使潜在客群使用招商银行产品。

4. 传统批量获客

传统批量获客是指银行通过对 B 端（企业）开展营销，从而批量获客。较常见的应用场景有工资代发、水电费代缴、财政非税收入代缴等。此类客户开发模式客户质量较好，且开发和维护成本都较低，也正因如此，往往是各大商业银行竞争的焦点，市场机会较少。

5. 场景获客

场景获客是指银行通过不同的生活应用场景，从需求的角度出发开发客户资源。比如 2019 年交通运输部提出高速公路收费实行 ETC 模式后，各大商业银行纷纷加入 ETC 通行车主的客户资源争夺中。场景获客可以使银行较快速地大批量获取零售客户，虽然前期在与平台进行系统对接时需要投入一定资源，但总体来说客户开发的综合成本较低。这也是在互联网金融挑战下，各大商业银行争夺的蓝海。

资料来源：乔秋月 . 互联网金融挑战下的招商银行零售客户开发策略优化研究 [D]. 成都：西南财经大学，2020.

【分析提示】

招商银行的客户开发营销模式以客户为中心进行营销，客户开发立足于“客户需求”，并能够对资源进行充分利用，形成客户获取的循环动态体系，以此保证整个零售体系的生态成长。

任务一

客户选择

一、客户选择的作用

企业实施客户选择是为了寻找和发现需要企业的产品或服务并且企业有能力为其提供产品或服务的客户，从而让企业获得最大的收益，让企业的资源发挥最大的价值。

进行客户选择是企业在开展客户服务与管理过程中争取主动权的一种策略，是企业成功建立和维护客户关系的基础，是企业对客户进行有效管理的前提条件。

具体来说，客户选择的作用主要表现在以下四个方面：

（一）有利于企业定位，树立鲜明的企业形象

客户之间是有差异的，企业如果没有选择自己的客户，就不能确定自己的目标客户，也就不能为客户开发恰当的产品或者提供恰当的服务。另外，各式各样的客户共同存在于同一家企业中，也可能导致企业定位不明，从而导致客户对企业形象认识不清或认识混乱的情况发生。主动选择客户是企业定位的表现，是一种化被动为主动的思维方式，有利于彰显企业的个性，甚至可能影响一家企业的命运。

（二）有利于减少企业资源浪费

首先，每个客户的需求不同，那么客户想要购买的产品也就有所不同。任何企业的产品或服务不可能满足所有购买者的需求，任何企业也都不可能为所有的购买者提供令其满意的产品或服务。换句话说，任何企业都不可能把所有的客户作为自己的服务对象。

其次，企业每增加一个客户就需要耗费一定的资源，然而企业的各项资源都是有限的，这就决定了企业不可能什么都做。也就是说，没有哪家企业能提供市场需要的所有产品或服务。

最后，竞争对手的客观存在也决定了任何一家企业都不可能服务所有的客户，不可能为所有的客户提供产品或服务。

总之，由于客户需求的差异性、企业资源的有限性，以及竞争对手的客观存在，每家企业所能服务的客户的类别和数量是有限的，市场中只有一部分客户能成为企业产品或服务的实际购买者，其余则是非客户。

企业如果不能有效地进行客户选择，在那些不愿意购买企业的产品或服务的客户身上花费时间、精力，只会造成企业资源的浪费。企业精准地选择了属于自己的客户，可以避免在非客户身上浪费资源，而将资源花费在企业真正的客户身上，让客户为企业带来更大的价值。

（三）有利于提高开发客户及客户忠诚度的成功率

企业如果没有选好客户或选错了客户，会给后续的客户开发带来较大困难，增加客

户开发的成本。即便客户开发成功，企业在后期维护客户关系的难度也比较大，维护成本也会比较高，这最终会导致企业力不从心，难以长期坚持为客户提供适合的产品或服务。从客户的角度来说，客户可能也不愿意长期购买企业的产品或服务。

相反，企业如果认真选择客户，并选对、选准目标客户，那么企业开发客户、提高客户忠诚度的可能性就较大。企业为正确的目标客户提供符合他们需求的产品或服务，有利于赢得客户的信任，提高客户的满意度，从而让客户对企业产生忠诚度。

客户忠诚度高的企业往往更看重对新客户的筛选，这些企业更加关注客户的质量，而非客户数量上的增长，其清楚地知道自己的目标客户是谁，在最初决定是否要开发一个客户时不会只考虑一时一事的利益，而是考虑双方长远的合作，从而挑选称心如意的经营对象、合作伙伴。

（四）有利于确保客户给企业带来收益

传统观点认为“客户总是对的”“客户越多越好”。在强调客户的重要性时，这种观点有一定的道理，但是这不等于说可以无限夸大客户的作用和他们所带来的价值。事实上，客户天生就存在差异，有优劣之分，每个客户会给企业带来不同的价值。一般来说，优质客户能给企业带来大价值，普通客户能给企业带来小价值，劣质客户能给企业带来负价值，甚至还可能给企业带来很大的风险，或将企业拖垮。

在当前的市场环境下，客户数量已经不再是衡量企业获利能力的唯一指标。在企业运营中，客户质量在很大程度上决定着企业的盈利程度，其重要性已经在一定程度上超过了客户数量的重要性。正确的客户对企业的忠诚度较高，能够为企业带来稳定的收益；错误的客户对企业的忠诚度较低，甚至没有忠诚度，不能为企业带来稳定的收益。

因此，并非所有的客户对企业来说都是有价值的。面对客户，企业要根据自身的资源和客户的价值对客户进行选择。如果企业能够长期坚持为自己选定的目标客户提供符合他们需求的产品或服务，那么客户就会更加愿意购买企业的产品或服务，与企业保持长久的合作关系，从而为企业带来更大的利润。

二、客户选择考虑的因素

对于企业来说，客户选择是十分重要的经营战略，它影响着企业的运营收益。企业进行客户选择可以从四个因素来考虑。

（一）客户购买需求与企业能力的匹配度

客户的购买需求与企业能力的匹配度越高，企业的服务成本越低。例如：企业有很强的产品研发能力，企业为那些注重产品品质的客户提供高质量产品时就具有较大的优势，因为企业无须为了满足客户对产品品质的要求而去增强产品研发能力，而产品研发能力不足的企业就需要为了满足客户对产品品质的需求而去增强自身的产品研发能力，服务成本相对较高。

企业要先辨明客户在做出购买决策时考虑的所有因素，如发货、运输、货单处理等，然后根据客户购买需求去寻找与自身能力相匹配的客户。

（二）客户的发展潜力

客户的发展潜力在一定程度上影响着企业的收益增长潜力。客户的发展潜力越大，企业的收益就越多；反之，企业的收益可能会减少。对于工业品客户来说，客户产业的增长速度、客户主要细分市场的增长速度、客户在产业及主要细分市场的占有率变化三个因素影响其发展潜力。对于消费品客户来说，人口统计、购买数量两个因素决定了他们的发展潜力。

（三）客户在产业结构中的地位

客户在产业结构中的地位包括两个部分：一是客户固有价格谈判实力，二是客户对价格的敏感性。客户在产业结构中的地位对客户选择的影响如表 3-1 所示。

表 3-1　客户在产业结构中的地位对客户选择的影响

客户在产业结构中的地位	客户在产业结构中的地位对客户选择的影响
客户固有价格谈判实力	当购买的产品数量较少时，客户无力要求供应商在产品价格上做出更多让步。
	当只有一个供应商可选择，客户缺乏足够多的合适的、备选供应商时，无力要求价格让步。
	当交易成本较高时，客户对高价格有一定的容忍度。
	当缺乏后向一体化的威慑力量时，客户就会缺乏这一重要的价格谈判杠杆，在价格谈判中占据不利地位。
	当变换供应商的固定成本投入较大时，客户不具备价格谈判实力（如客户变换供应商时，产品修改成本高；供应商产品可替代性的成本高；客户需要对雇员进行重新培训；客户使用新供应商的产品需增加辅助设备投资；客户需要建立新的物流线；客户转换关系的心理障碍等）。
客户对价格的敏感性	当采购产品花费成本较低时，客户对产品价格不敏感（这里的成本是指每期总产品成本，而不是单位成本）。
	当产品报废的损失比采购产品花费成本高时，客户对产品价格不敏感。
	当产品或服务的有效性可为客户节省成本或改善现状时，客户对产品价格不敏感。
	当采购的产品符合经营战略要求时，客户对产品价格不敏感。
	当寻求差异化的产品时，客户对产品价格不敏感。
	当对采购产品一无所知时，客户对产品价格不敏感。
	当购买动机不是单纯地由成本决定时，客户对产品价格不敏感。

（四）客户服务成本

导致客户服务成本不同的原因有很多，如客户订货量的多少、直接销售还是间接销售、交货期的长短、物流管理是否稳定、运输成本的多少、销售成本的多少、客户是否有定制要求等。一般来说，客户服务成本的产生具有隐蔽性，客户服务成本容易与管理成本混淆，因此企业进行客户选择考虑客户服务成本时，需要对客户服务进行专门的研究。

三、实施客户选择的策略

企业要想让自己的产品获得良好的销售效果，就需要确定目标市场和目标客户，这也是一个选择客户的过程。

（一）选择与企业定位一致的客户

企业选择目标客户要从自身实际出发，要根据自身的定位和发展目标来选择目标客户，以选择与自身定位一致的目标客户。例如：王老吉将自己定位为“预防上火的饮料”，一句“怕上火，喝王老吉”震惊了饮料市场，并迅速打开了全国市场。

（二）选择优质客户

客户天生就有优劣之分，也有好坏之别，那么企业就应当选择优质客户来经营，这样才能够给企业带来收益。

优质客户是指素质高、能为企业做出较大贡献的客户。优质客户需要满足的最基本的条件就是能够为企业带来收益。与优质客户相对的就是劣质客户，劣质客户会给企业带来负面影响。企业区分优质客户和劣质客户的标准如表 3-2 所示。优质客户与劣质客户是相对而言的，在一定条件下，优质客户和劣质客户是可以相互转化的。

表 3-2　优质客户与劣质客户的标准

客户类型	标准
优质客户	具有较强的购买欲望和购买能力，对企业提供的产品或服务有足够大的吸收能力，尤其对企业高利润产品有足够高的需求度。
	能够为企业带来稳定的收益，对企业产品或服务的价格敏感度较低，能够及时付款，有良好的信誉。
	企业为其提供产品或服务花费的成本较低。
	客户拥有良好的发展前景。
	向企业提供有益的意见和建议，以友好的方式帮助企业完善产品或服务，从而提高企业产品或服务的水平。
	忠诚度高，合作意愿强，愿意与企业建立长久的合作关系。
劣质客户	购买的产品或服务的数量少，却提出了很多要求，使得企业花费了较高的服务成本，企业为这些客户提供产品或服务花费的成本远远高于这些客户给企业带来的收益。
	信誉较差，会让企业产生呆账、坏账。
	分散企业的注意力，让企业做自己不擅长的事。
	对企业的忠诚度低，甚至没有忠诚度。

（三）选择有潜力的客户

企业选择客户不应局限于客户当前对企业收益所做出的贡献，还要考虑客户的成长性、资信、核心竞争力及其对企业的长期价值。企业要用动态的眼光来衡量客户对企业的价值，要从客户的成长性、增长潜力及其对企业的长期价值来判断。

对于当前对企业收益所做出的贡献较低，但是有增长潜力的客户，企业要积极为其提供支持和援助。尽管满足这些客户的需求可能会降低企业的当前利润，甚至可能会给企业带来损失，但是企业应该正确看待当前暂时的亏损，因为这些客户是能够长成“大象”的“蚂蚁”。对于企业来说，支持客户从另一个角度来说就是支持自己，因为客户与企业处于同一条价值链上，根本利益是一致的，只有客户发展了，才可能对企业的产品或服务产生越来越大的需求，从而反哺企业，并对企业产生较高的忠诚度。

（四）选择与自己实力相近的客户

企业要选择与自己“门当户对”的客户。对于低级别的企业来说，虽然高级别的客户非常优质，但这些客户可能并不属于低级别企业，因为企业和客户的实力过于悬殊，低级别企业所提供的产品或服务可能无法满足高级别客户的需求，这样的客户开发难度大，即使开发成功，维护起来也比较困难，需要花费的成本较高。对于高级别的企业来说，低级别的客户与高级别的企业在关注点上存在错位，就会导致双方在很多环节出现不同步、不协调、不融洽的情况，最终导致二者的合作关系破裂。总之，企业在实施客户选择时最好选择与自己实力、规模相匹配的客户。企业与客户实力对等，才能相互制衡，双方才会形成忠诚的合作关系。

企业与客户之间是双向选择、对等选择，企业实施客户选择时要结合客户的综合价值与企业对其服务的综合能力进行分析，然后找到二者的交叉点，这样企业才能找到与自己实力相当的客户。

具体来说，企业选择与自己实力相当的客户可以采取以下三个步骤来进行。

1. 分析目标客户的综合价值

企业要判断目标客户对自己来说是否有较高的综合价值，是否能为企业带来较大的收益。企业可以从五个方面来分析目标客户的综合价值：客户从企业购买产品或服务所产生的总金额；客户因扩大需求而形成的增量购买和交叉购买等；客户对企业产生的无形价值（规模效应价值、口碑价值、信息价值等）；企业为客户提供产品或服务需要花费的总成本；客户为企业带来的风险大小（资金风险、信用风险、违约风险等）。

2. 分析企业自身的综合能力

企业要衡量自己是否有足够的综合能力去满足目标客户的需求，即企业要考虑自身的实力能否满足目标客户在技术、人力、财力、物力和管理能力等方面的需求。

企业分析自身的综合能力时不应从企业自身感知的角度来进行，而应从客户的角度来进行。企业可借用客户让渡价值来衡量企业的综合能力。客户让渡价值是指企业转移的、客户感受得到的实际价值，一般表现为客户获得的总价值与客户为之付出的总成本之间的差额，让渡价值的大小决定了产品或服务的竞争力的强弱，体现了客户获得的利益。

企业通过分析自身能够为目标客户提供的产品价值、服务价值、人员价值及形象价值之和减去目标客户购买产品或服务需要耗费的货币成本、时间成本、精力成本、体力成本，就可以对自身的综合能力形成一定的了解。

3. 寻找结合点

寻找结合点是指寻找客户的综合价值与企业的综合能力二者的结合点。企业要寻找那些综合价值高，而企业对其来说综合能力也强的客户作为目标客户。也就是说，企业要将价值足够高、值得去开发和维护的，同时也有能力去开发和维护的客户作为目标客户。企业可以参考目标客户选择矩阵来确定对各类客户采取的策略，如图 3-1 所示。

在图 3-1 中，A 区域的客户是企业应该重点选择的目标客户群。因为该区域客户的综合价值较高，对于企业来说是优质客户；同时，企业对该区域客户服务的综合实力也较强，也就是说，企业的实力足以赢得和维护好这个区域的客户。因此，A 区域的客户值得企业花费大量的资源去争取和维护。

B 区域的客户是企业应该择机选择的目标客户群。因为该区域客户有较高的综合价值，但是企业为该区域客户提供服务的能力有限，很难为客户提供令他们满意的产品或服务。企业开发该区域的客户时将会面临较大的困难，即使开发成功，如果企业为该区域客户提供服务的综合能力没有增强，最终也很难让该区域的客户对企业形成忠诚度。B 区域客户属于企业在适当的时机（当企业服务能力增强时）可以选择的客户群。

C 区域客户是企业应该消极选择的客户群。因为尽管企业有较强的为该区域客户提供服务的综合能力，但是该区域客户的综合价值较低，企业很可能无法从该区域客户的身上获得较多利润，甚至还有可能造成企业资源的浪费，所以 C 区域客户属于企业应当消极选择的客户群。

D 区域客户是企业应该放弃选择的客户群。一方面，该区域客户的综合价值较低，很难给企业带来利润，如果企业将过多的资源投入该区域客户，是得不偿失的，甚至有时候该区域客户还会吞噬企业的利润；另一方面，企业也很难为该区域客户提供长期的、具有较高让渡价值的产品或服务。因此 D 区域客户属于企业应放弃选择的客户群。

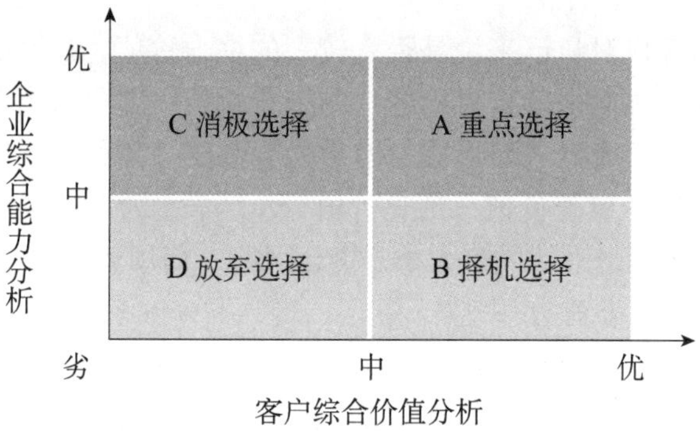

图 3-1　目标客户选择矩阵

（五）选择与“忠诚客户”具有相似特征的客户

任何企业都不可能满足所有客户的需求，但是可能会有一些客户觉得某家企业提供的产品或服务比其他企业的更好、更加“物有所值”，于是这些客户选择忠诚于这家企业，这说明该企业某方面的优势能够满足这类客户的需求，同时也说明这些客户是该企业容易建立关系和维持关系的客户。

企业应尽量选择与“忠诚客户”具有相似特征的客户，因为企业开发和维护这些客户相对容易，而且这些客户能不断地给企业带来稳定的收益。

案例链接

九阳公司的经销商选择

九阳股份有限公司（简称九阳公司）成立于 1994 年，以主营豆浆机起家，目前已发展为全面经营生活小家电的业界标杆。

目前，九阳公司主要渠道结构为 300 多个一级经销商，4 万多家终端销售网点。而且九阳公司不光拥有自己的网站平台，还在京东商城、淘宝等网站销售。便捷的营销网络和良好的售后服务有效提升了九阳的品牌形象，并极大地带动了九阳销售业绩的提升。九阳公司根据自身情况和产品特点采用了地区总经销制。以地级城市为单位，在确定目标市场后，选择一家经销商作为该地区独家总经销。九阳公司对选择总经销商提出了较严格的要求。

第一，总经销商要具有对公司和产品的认同感，具有负责的态度和敬业精神。经销商只有对企业及产品产生认同感，才能对产品及市场高度重视，才能树立起开拓市场、扩大销售的信心。负责的态度是指经销商要对产品负责、对品牌负责、对市场负责。具备敬业精神的经销商能够积极主动投入市场销售与拓展，克服销售障碍，协助企业开展各项市场活动，带动企业销售业绩的提升和市场占有率的扩大。

第二，总经销商要具备经营和市场开拓能力，具有较强的批发零售能力。这涉及经销商是否具备一定的业务联系面，分销通路是否顺畅，人员素质高低及促销能力的强弱。

第三，总经销商要具备一定的实力。实力是销售网点正常运营，实现企业经营模式的保证。但是，要求实力并不是一味求强求大。适合的就是最好的，双方可以共同发展壮大。

第四，总经销商现有经营范围与公司一致，有较好的经营场所。如经营家电、厨房设备的经销商，顾客购买意向集中，易于带动公司产品的销售。九阳公司要求总经销商设立九阳产品专卖店，由九阳公司统一制作店头标志，对维护公司及经销商的形象起到了积极的作用。

资料来源：毕思勇．市场营销 [M].5 版．北京：高等教育出版社，2020.

【分析提示】

九阳公司与其经销商的关系是一种伙伴关系，谋求的是共创市场、共同发展。因而公司在制定营销策略时，注意保证经销商的利益，不让经销商承担损失。一是公司的当地业务经理可以协助总经销商合理确定进货的品种和数量；二是公司能够做到为经销商调换产品品种，直至合同中止时原价收回经销商的全部存货。这些措施解除了经销商的疑虑。公司这种追求双赢的方针、切实可行的保障措施，配合优良的产品和完善的服务，大大提高了合作成功的可能性。

任务二

客户开发

一、客户开发的含义

客户开发是指业务员将企业的潜在客户变为现实客户的一系列过程。通常来讲是业务员通过市场调查初步了解市场和客户情况，对有实力和有意向的客户重点沟通，最终完成目标区域的客户开发计划。客户开发的前提是确定目标市场，研究目标客户，从而制定客户开发市场营销策略。业务员的首要任务是开发准客户，通过多种方法寻找准客户并对准客户进行资格鉴定，使企业的营销活动有明确的目标与方向，使潜在客户成为现实客户。

二、客户开发的策略

（一）分两步走策略

分两步走策略指的是对于那些刚进入某行业的制造商，在渠道成员的选择上，不必固守一步到位的原则，允许市场上的分销成员对其有个认识过程。第一步，在渠道建立初期，接受与一些低层次分销成员的合作；第二步，待到时机成熟，产品在市场上逐步确立了业绩好的分销成员，而逐渐淘汰底层的分销成员。

（二）亦步亦趋策略

亦步亦趋策略指的是制造商采用与某个参照公司相同的分销成员，而这个参照公司多为该公司的竞争品制造商或该行业的市场领先者。如饮料行业中的可口可乐。首先，渠道起到“物以类聚”的作用，将同类产品聚集起来销售是为了更好地满足消费者的需求；其次，行业中的市场领先者通常是渠道网络中的领先者，其网络中的分销成员必定有丰富的经验和良好的分销能力。

（三）逆向拉动策略

逆向拉动策略指的是通过刺激消费者，由消费者开始拉动整个渠道的选择和建立。一般来说，有很强实力的厂家拥有很具差异化竞争力的产品适合采取这一策略。

企业可以根据自己的实际情况选择客户开发战略，而客户开发战略的制定和选择需要根据竞争品牌情况、企业自身资源状况而定。

三、寻找客户的方法

（一）逐户访问法

逐户访问法又被称为地毯式寻找法，也叫作地毯式搜索法、上门推销法，是指销售人员在所选择的目标客户群的活动区域内，对目标客户进行挨家挨户的访问，然后进行说服的方法。

该方法遵循的是“平均法则”，即在被寻访的所有对象中，必定有销售人员所要的客户，而且分布均匀，其客户的数量与访问的对象的数量成正比。销售人员不可能与他拜访的每一位客户达成交易，他应当努力去拜访更多的客户来提高成交的百分比。例如：拜访的 10 人中有 1 人会成交，那么每 100 次拜访就会产生 10 笔交易。因此，只要对特定范围内所有对象无一遗漏地寻找查访，就一定可以找到足够数量的客户。这种方法通常在完全不熟悉或不太熟悉推销对象的情况下采用。

1. 逐户访问法的优点

（1）在锁定的目标客户中不放过任何一个有可能成交的客户。

（2）可借机进行市场调查，了解目标客户的需求倾向。

（3）是销售人员与各种类型客户打交道并积累经验的好机会。

2. 逐户访问法的缺点

（1）家庭或单位出于安全方面的考虑一般多会拒绝访问。

（2）需要耗费大量的人力。

（3）销售人员为人处世的素质和能力是成功的关键。

（4）若赠送样品，则成本更高。

（二）资料分析法

资料分析法是指销售人员通过查阅各种资料来寻找客户的方法。销售人员可以查阅的资料主要包括：相关报纸、杂志、广告、简报和文献资料等；各种机构的专业名册；证照核发机构的有关记录等。采用这种方法寻找潜在客户的好处是成本较低，销售人员能够比较准确地了解客户的相关信息；不足之处在于，商业资料的实效性较差，销售人员往往很难找到第一手资料。资料来源主要如下：

（1）统计资料，包括国家有关部门的统计调查报告、行业协会在报刊上刊登的统计调查资料、行业团体公布的调查统计资料等。

（2）名录类资料，包括客户名录（现有的客户、旧时的客户、失去的客户）、同学名录、会员名录、协会名录、职员名录、名人录、电话黄页、厂家年鉴等。

（3）报刊类资料，包括报纸（广告、产业或金融方面的消息、零售消息、迁址消息、晋升或委派消息、订婚或结婚消息、建厂消息、诞生或死亡消息、事故或犯罪记录、相关个人消息等）和杂志（行业动向、同行活动情形等）。

（三）缘故法

缘故法是指通过熟悉的人来寻找客户的方法。每个人在日常活动中都要接触很多人，这些人有可能成为销售人员的潜在客户。即便是一个社交活动很少的人，也会有朋友、同学和老师，还有家人和亲戚，这些都是销售人员的潜在客户资源。告诉你身边的人你在干什么、你的目标是什么，获得他们的理解，有助于快速找到你的潜在客户。

250 定律

从亲朋故友中寻找自己的客户，这种方法开发的客户一般都比较容易接近，不需要过多的寒暄和客套就可以切入主题，而且成功率也比较高，但是很多销售人员可能害怕丢面子、被拒绝而不敢开口。销售人员在开发这种客户的时候，一定要注意诚信原则，不可以欺骗、隐瞒，否则可能会导致众叛亲离。

（四）网络传播搜寻法

网络传播搜寻法就是销售人员运用各种现代信息技术与互联网通信平台来搜索潜在客户的方法。随着互联网技术的不断发展与完善，各种形式的电子商务和网络推销开始盛行，市场交易双方都在利用互联网搜寻客户。

与传统方法相比较，利用网络寻找客户具有以下几个优点：

（1）网络传播搜寻法是一种非常便捷的客户搜寻法。销售人员可以在相关商业网站，通过各种关键词快速寻找到目标客户，从而节约时间，避免盲目的市场“扫荡”，提高销售工作效率。

（2）可以降低销售成本和市场风险。

（3）可以较全面地搜寻到准客户的有关资料。

案例链接

云南农大“招生减章”火了 人才是最好的“招生大片”

2022年，云南农业大学一名学生拍摄的宣传母校的视频意外走红，获得超过百万网友点赞。这则被众多网友评价为“招生减章”的视频带火了云南农大，也让更多人注意到了学校的名誉校长朱有勇。

“欢迎报考云南农业大学，我们这里真的不用天天挖地。”黝黑的面孔、淳朴的表情、轰鸣的农机，站在田埂上的男生，于热热闹闹的耕地场景中讲了一通平实的“瞎话”。视频中，火热的青春与冷门的农学专业撞了个满怀，理想与现实交融中，让人们看到“学农人”的艰辛日常，满屏都是喜感和掩饰不住的烟火气。

这个视频为何能火出圈？因为充满泥土气息，十分真实。“不用天天挖地”何以学好农业？只有下得了地，进得了实验室，开得了高端农机，才能学有所成、学有所获。这则“招生减章”，以田间地头的“反向宣传”，打响了求真务实的形象宣传，“减”掉了“繁文缛节”，留下了质朴与初心。相比于一些满屏帅哥美女高调出镜的招生宣传视频，这无异于一股清流，更走心，也更接地气。

每每临近招生季，各大高校都会不遗余力地进行宣传和推广。但是，形象宣传不应华而不实，而要实事求是、贴近用户。说着“不用天天挖地”却为农机轰鸣而满脸自豪的男生，跟农业打了一辈子交道的好院士、好校长，他们脚上有泥、眼里有光，以其真实、质朴出圈，为考生选择专业提供了有意义的借鉴，激励真正热爱农学专业的人走进农校，用汗水与耕耘，让农学技术在田间地头开花结果。

最好的形象宣传是人才培养。朴实无华的学子、榜样引领的良师，正是最好的“招生大片”。

资料来源：胡辉.云南农大“招生减章”火了 人才是最好的“招生大片”[EB/OL].央广网，2022-07-07.

【分析提示】

这两年，随着短视频、直播的兴起，越来越多的高校走进互联网，“直播带高校”正在成为一种新现象。传统的招生方式是去中学做讲座、通过公众号等单向推送、去各个地方“摆摊儿”，时间紧张，受众数量也有限。通过直播渠道，可以让应届学生和家长相对广泛多元地了解招生及专业信息，并在线即时互动。相较于传统的线下交流、电话咨询，“直播带高校”的便捷优势显而易见。直播间的容量无限广阔，谁都可以进来看看，谁都可以弹幕提问，而且提供解答的都是高校自己的老师，答案会更加精准和靠谱，让考生和家长能在最短的时间里获取自己最想知道的信息。而高校也能够通过直播间的人气、用户的反馈，知道考生对自身的什么方面最感兴趣，改变之前“单向输出”的模式，真正实现大学和学子的“双向交流”。

（五）光辉效应法

光辉效应法也称名人突击寻找法，是指利用名人的影响力在某一特定的客户开发区域内进行宣传推广，使其成为销售人员的客户，借此带动区域内的其他客户转化为潜在客户的方法。在我们生活中，名人远远不只是那些娱乐明星，还包含各行各业所有有突出影响力的人物。利用光辉效应法的关键在于获得“有影响力的人”，也就是名人的信任与支持。只有充分利用名人的影响力，才能更好地扩大产品或服务的影响力。

趣谈东坡墨

（六）广告寻找法

广告寻找法是指利用广告媒体来寻找客户的方法。具体来说，就是利用广告媒体发布产品信息，并对产品进行宣传，由销售人员对被广告吸引来的客户进行销售。采用这种方式寻找潜在客户的优点在于销售信息传播范围广、速度快；其不足之处在于目标性差、费用较高。

（七）电话寻找法

电话寻找法是指销售人员采用打电话的形式来寻找客户的方法。销售人员可以通过网络、咨询公司等多种渠道获取潜在客户的通信信息，通过对相关信息的分类甄别，有目标地进行电话拜访。销售人员采用这种方法寻找客户时，一定要注意电话销售的相关技巧和礼仪，否则就很容易遭到客户拒绝。打电话之前，销售人员应该对谈话的内容进行精心准备，对客户可能问到的问题也要做充分的准备。通话的时间一般不要过长。销售人员采用这种方法的好处在于简单、快捷、有针对性；采用这种方法的不足之处是容易遭到客户拒绝，且采用这种方法对销售人员的个人素质要求较高。

（八）连锁介绍法

连锁介绍法就是通过老客户的介绍来寻找有可能购买该产品的其他客户的方法，又称为客户引荐法或无限连锁法。这是寻找新客户的有效方法，被称为黄金客户开发法。例如：我们现在只有 10 个客户，如果每个现有客户可以为我们推荐 2 个潜在客户，那么我们的客户数量就增至 30 个了，这新增的 20 个客户每人再为我们介绍 2 个客户，发展下去可能的结果就是 10、10+20、30+40……到了第二轮推荐时，我们就有 70 个客户了。以此类推，我们的客户数量会越来越多。

连锁介绍法的优点有以下几点：

第一，可以避免销售人员寻找客户的盲目性。因为现有客户推荐的新客户大多是他们较为熟悉的单位或个人，甚至与他们有着共同的利益，所以他们提供的信息往往比较准确，内容也更详细；同时，客户之间的内在联系，使连锁介绍法具有一定的客观依据，有利于销售人员取得新客户的信任。

第二，利用连锁介绍法，既可以寻找新客户，又可以接近新客户。如果销售人员赢得了现有客户的真正信任，那就有可能赢得现有客户所推荐的新客户的信任。

第三，成功率比较高。现有客户所推荐的新客户与现有客户之间存在某种联系，根据这种内在联系来寻找客户，会取得较高的成功率。

（九）会议寻找法

会议寻找法是指销售人员利用参加各种会展的机会寻找客户的方法。销售人员应尽可能多地参加培训会、展览会、订货会、产品说明会、产品展销会、发布会等各种会议。销售人员参加各种会议，一方面可以借鉴与会人的先进经验，了解更多的市场信息，从而提高个人的综合素质；另一方面可以迅速拓展人际关系网，获得更多的潜在客户的信息。销售人员利用各种会议寻找潜在客户时，一要注意自己的个人形象；二要注意方式方法的运用，否则容易引起客户反感。在参加会议前，销售人员需要安排好专门人员搜集客户的资料，准备现场解答客户的问题。

（十）公益、社交活动寻找法

公益活动可以提升企业自身的形象，给人留下良好的印象，为企业不断拓展客户打下良好的基础。同时，公益活动参与者的综合素质较高，通过参与公益活动，企业被人们广泛传播，销售人员可以结交层次较高的准客户群。社交活动也是寻找潜在客户的一个重要方法，销售人员经常组织和参加各种家庭聚会、同学聚会、生日聚会、旅游、参观等活动，有目的地参加各类培训班，可以增加与各种关系人员的交流机会和展示机会。

案例链接

鸿星尔克捐赠 5 000 万元物资驰援河南灾区

2021 年 7 月 20 日至 7 月 22 日，河南省会城市郑州迎来“千年不遇”的特大暴雨灾害。突如其来的暴雨彻底击溃了城市排水系统，郑州、洛阳、巩义、新乡发生严重城市内涝灾害。7 月 21 日下午，面对河南暴雨灾情，知名国产运动品牌鸿星尔克官方正式宣布，将通过郑州慈善总会、壹基金，紧急捐赠给河南灾区 5 000 万元物资。

鸿星尔克此举，引来无数网友的心疼！

7 月 22 日，熟悉股市的网友表明，鸿星尔克这家企业去年利润负 2.2 亿元。目前，鸿星尔克可供支配的现金流可能不超过 8 000 万元。

更直白点来说，这 5 000 万元或许是鸿星尔克最后的底牌。偌大的公司若没有现金流支持，后果无外乎破产或者申请重组。

随着越来越多的网友评论与转发相关微博，鸿星尔克、汇源果汁、蜜雪冰城这些良心企业纷纷登上微博热搜榜。

大家纷纷表态，一定要支持这种良心国产企业。

这几天，鸿星尔克直播间涌进大量网友。主播刚刚宣布上架几款新产品，没过两秒钟便被抢购一空，甚至有许多网友不在乎购买的尺码到底合不合身，纷纷呼吁要鸿星尔克“上最贵的款”。这种异常火爆的局面，最终惊动了鸿星尔克的老总吴荣照。7 月 23 日凌晨 1 点，吴荣照赶到直播间，规劝大家理性消费，辟谣公司破产的假消息。

据飞瓜数据显示，7 月 22 日“鸿星尔克官方旗舰店”销售额达 2 363.4 万元，7 月 23 日“鸿星尔克鞋服”销售额达 5 203.3 万元，7 月 24 日“鸿星尔克童装官方旗舰店”销售额达 914.1 万元。

当然，这也不是鸿星尔克第一次为灾情捐款。从 2003 年，也就是鸿星尔克刚刚步入正轨开始，每一次地方出现重大灾难，鸿星尔克都会捐款捐物。2015 年，鸿星尔克厂房遭遇火灾，吴荣照还履行了与福建残联所签的协议，完成了最后一笔善款和善物捐赠工作。

产品好才是一切营销的开端，更是企业的立足之本。鸿星尔克一夜爆红的现象证明，人心才是世界上最无价的产品。

【分析提示】

救危纾困、回馈社会是每个中国企业的共识，也是每个民族品牌的担当。鸿星尔克爆火的背后，不仅体现了这家企业拥有极强的社会责任感与民族利益，还有公司数十年来储存的科技含量与产品口碑。只有这三种元素融为一体，才造就了爆火的鸿星尔克!

（十一）市场咨询法

市场咨询法是指销售人员利用市场信息服务机构所提供的有偿咨询服务来寻找客户的方法。信息时代到处充斥着大量的信息，社会上有许多专门搜集市场信息的机构，企业通过这些机构可以获得更多有价值的客户信息。国际著名的咨询公司，如麦肯锡、科尔尼、波士顿等，都拥有大量的信息资源，专业提供各类企业咨询信息。

利用市场咨询法寻找客户方便快捷，可节省销售人员的时间，但要注意咨询机构的可靠性，以及咨询费的问题。

（十二）“猎犬”法

“猎犬”法又称委托助手法，指委托与目标客户有联系的人协助寻找目标客户的方法。

1.“猎犬”法的优点

“猎犬”法可节省销售人员的时间，使他们把精力用在重点推销的对象上。委托的助手所从事的职业都是在直接使用推销品的行业或与之对口、相关的行业，这样有利于捕捉有效信息，扩大信息情报网；并且又以第三者的公正形象出现，说服力可能更强。

在地域辽阔、市场分散、交通通信不发达、供求信息比较闭塞的地方，利用“猎犬”法既可及时获得有效的推销情报，有利于开拓新的推销区域；又可以降低推销成本，提高推销的经济效益。

2.“猎犬”法的缺点

“猎犬”的人选不易确定，因此确定适当的“猎犬”是该方法成败的关键。

四、客户开发的技巧

（一）做好拜访客户的充分准备

一旦发现目标客户，很多销售人员会立刻通过电话联系客户，或带上资料登门拜访。但很多时候，他们会因为准备不充分而被客户拒绝，从而浪费企业的资源，给企业造成不必要的损失。正确的做法应该是：在给客户打第一个电话前或登门拜访前，先尽可能多地了解客户的各种信息，尤其是他们的需求信息；还要想好对方可能提出的问题、可能发生争议的焦点、让步的底线等。销售人员准备得越充分，成功的概率就越高。另外，在接洽陌生客户前，也可以先通过电话等渠道，进行客户摸底与初步沟通，这样可以大幅提高工作效率。

（二）要以专业的态度来获取客户的信任

客户尤其是目标客户对产品或服务的专业性要求都很高。因此，销售人员对所介绍的产品或服务是否足够了解，是否足够专业，是否能给客户以信心，就成了成交的关键因素。通常，人们都很容易接受某一方面专家的建议，对专业人士的话也更容易相信。因此，提高专业销售能力对促成交易有非常大的帮助。

（三）善于倾听客户的意见和建议

企业与客户是一种平等的交易关系，在双方都获利的同时，客户还应得到应有的尊重。认真对待客户提出的各种意见和建议，是客户关系维系的一种很好的方式。在客户提出意见时，销售人员要认真倾听，甚至拿出笔记本进行记录，让客户感受到自己的受重视度。当然，光听和记录是不够的，还应当尽快将解决方案和结果反馈给客户并提请其监督，以此增进双方合作的互信基础。

（四）为客户创造有价值的产品或服务

当企业的产品或服务对于客户来说是具有价值的、重要的，甚至是不可替代的，那么即使不花太多人力去维护日常的客户关系，企业也不会丢失客户。但是，为客户提供具备高价值的产品或服务不是销售人员一个人能够实现的，还需要依靠企业组织从战略层面进行决策和思考。

任务三

客户资格审查

一、客户资格审查的含义

客户资格审查是指根据产品的特征、对潜在客户进行全面衡量和评价，筛选出合格客户准备访问的过程。通过客户资格审查可以节省一定的费用和时间，提高访问的成功率，便于客服人员选择恰当的服务策略，争取最有可能的客户。

二、客户资格审查的内容

在收集到一定量的客户的联系方式之后，就需要对客户进行资格审查。现代推销学的基本观念认为，作为客户的人（MAN）是由购买力（Money）、决策权（Access）和需求（Need）这三个基本要素构成的。只有这三个基本要素均具备，才是合格的客户。现代推销中，把对某特定对象应具备上述三要素的研究称为客户资格审查。

（一）客户需求审查——是否需要

审查的内容通常围绕是否需要、何时需要、需要多少这三方面来进行。但真正发现准客户的购买需求并不是一件容易的事，因为影响需求的因素很多，而其中最关键的是所推销产品的用途和特性是否符合客户的需要。当然，考虑客户需要时，不能只考虑产品的用途和特性，也要同时考虑客户的年龄、性格以及客户的行业特点等因素。例如：老年人一般需要保健产品，而年轻人则喜欢时尚和另类的产品。

（二）客户购买力审查——是否有钱购买

在销售产品的过程中，我们都希望客户越多越好，但是从工作效率和财务上考虑还要进行客户购买力即支付能力的审核。因为客户潜在需求并不等于市场购买需求，在商品经济社会中，只有具有支付能力的购买需求才构成现实的市场需求。有需求而不具有实际支付能力的客户，就是不合格的客户。当然，现在不合格的客户并不意味着将来不具有购买能力。另外，客户支付能力审查的目的还在于开展有针对性的销售活动，提高销售工作的实际效益，可以打击商业诈骗活动，防止欠账、呆账和烂账的现象出现。

（三）客户购买决策权审查——是否能“当家做主”

1. 对家庭或个人购买决策权的审查

现代家庭购买决策状况比较复杂，除一些大件商品或高档商品购买决策权比较集中外，一般商品购买决策权呈逐渐分散趋势，增加了对其进行鉴定的难度。尽管如此，从现代推销的基本观点来看，正确分析推销对象家庭里的各种微妙关系，认真进行购买决策权鉴定，仍是非常必要的。一般来说，主要看购买者在家庭的地位如何，另外还要看购买的是什么商品。例如：购买家庭日用品往往由妻子做决策，购买电子类商品大部分由丈夫做决策，购买玩具做决策的往往不是父母而是孩子。现代家庭夫妻地位平等，许多商品的购买都是双方经过协商决定的。所以，对家庭或个人购买力进行审查时不要被一些所谓的经验禁锢思维，要具体情况具体分析。

2. 对单位组织购买决策权的审查

对于单位组织，购买决策权分析尤为重要，否则，推销对象范围太大，势必会造成推销的盲目性。销售人员必须了解单位内部组织结构、人事关系、决策系统和决策方式，掌握其内部各部门主管人员之间的相对权限，向具有决策权或对购买决策具有一定影响力的当事人进行推销。只有这样，才能有效地进行推销。其实这个审查并不难，只要找到负责这个商品采购的直接主管领导即可，只是不同的单位由于分工不同，任务的分配会有所区别。销售人员对不同的单位组织要进行深入调查、了解，想办法通过各种途径找出决策人并设法接近他。例如：在单位里负责员工福利的往往不是最高领导而是工会主席。

潜在客户应该具备以上特征，但是在实际工作中，很多客户并不是完全具备以上三个要素，而是只具备其中一个或两个。销售人员应该具体情况具体分析，针对不同的客户采取恰当的对策。客户资格审查表如表 3-3 所示。

表 3-3　客户资格审查表

序号	客户需求审查	客户购买力审查	客户购买决策权审查	对策
1	有	有	有	积极接触，重点关注和沟通，是理想的销售对象。
2	有	有	无	可以接触，并设法找到具有决策权的人。
3	有	无	有	可以接触，须调查其业务状况、信用条件等给予融资。
4	无	有	有	可以接触，配合熟练的销售技巧，有成功的希望。
5	有	无	无	可以接触，应长期观察、培养，使之具备另外两个条件。
6	无	有	无	可以接触，应长期观察、培养，使之具备另外两个条件。
7	无	无	有	可以接触，应长期观察、培养，使之具备另外两个条件。

即使潜在客户有时缺少某一要素（需求、购买力、决策权）也可以开发，只要应用适当的策略，便有机会使其成为企业的新客户。

素质提升

坚持开拓创新　开辟新时代中国特色社会主义新境界

创新是一个国家、一个民族发展进步的不竭动力。越是伟大的事业，越充满艰难险阻，越需要艰苦奋斗，越需要开拓创新。开辟新时代中国特色社会主义新境界，必须不断推进理论创新、实践创新和文化创新。

中国特色社会主义的生长力在于理论创新。进入新时代，必须更加注重党的理论创新，让马克思主义在中国大地上展现出更强大、更有说服力的真理力量，更好地指导中国特色社会主义事业的顺利进行。

中国特色社会主义的生存力在于实践创新。坚持和发展新时代中国特色社会主义，必须勇于结合新的实践不断推进理论创新、善于运用新的理论指导新的实践。

中国特色社会主义的生动力在于文化创新。坚持和发展新时代中国特色社会主义，必须着眼于人民群众日益增长的精神文化需要，深入挖掘中华优秀传统文化的精髓，使之与现代社会相适应，与人民精神文化需要相匹配，结合新时代要求进行创新性发展，赋予其新的时代内涵，推动中华优秀传统文化与时俱进，助推社会主义文化强国建设。

开发目标客户是一项开拓性、创新性极强的工作。客服人员只有勤于走近客户，深入调查研究，勇于开拓创新，善于运用恰当的目标客户（群）开发方法，才能找准客户需求，成功开发目标客户。《荀子·劝学》中说：“故不登高山，不知天之高也；不临深溪，不知地之厚也。”毛泽东说：“没有调查就没有发言权。”2013 年 12 月习近平总书记在全国政协新年茶话会上说：“我们要大力弘扬与时俱进、锐意进取、勤于探索、勇于实践的改革创新精神，争当改革的坚定拥护者和积极实践者，用自己勤劳的双手在改革实践中创造更加幸福的生活。”以改革创新为核心的时代精神历来是中华民族富于进取的思想品格。做好客户开发工作，必然需要客服人员具备改革创新、开拓进取的时代精神，深切践行“以脚力深入基层、以眼力明辨真伪、以脑力深入思考、以实力服务客户”的职业价值观。

知识巩固与技能提升

扫码练习

04

项目四

客户信息管理

- 任务一　收集客户信息
- 任务二　存储客户信息
- 任务三　分析客户信息
- 任务四　大数据时代下的客户画像

学习目标

知识目标

1. 了解客户信息的分类；
2. 了解客户档案的内容；
3. 掌握客户信息收集的渠道和方法；
4. 掌握客户档案的管理原则；
5. 理解客户信息分析的内容；
6. 理解客户画像和客户标签的内容；
7. 了解客户画像的构建流程。

能力目标

1. 学会运用恰当的渠道和方法收集客户信息，并建立客户资料卡；
2. 能够借助客户信息进行客户画像。

素养目标

强化法律意识，尊重公民的隐私权，通过合法的渠道和方法收集客户信息，确保信息真实、完整；具备数据安全意识，培养数据思维，提高善于运用数据解决问题的能力。

导入案例

2023 抖音生活服务综合行业洞察白皮书（节选）

艾媒咨询相关研究数据显示，2022 年中国短视频用户规模已达到 7.00 亿人。抖音的目标人群可以分为两大类：内容发布者和观看潜水者。

内容发布者主要是通过该平台展现自己，满足自身的表现欲，其特征为：记录日常生活、追求新鲜感、有较强模仿欲、通过表达自我获得关注。观看潜水者主要是通过该平台来消耗时间获得娱乐。

一、抖音用户来源

抖音用户集中于一级城市，城市级别越低，用户数量越少；重庆成为抖音用户数量最多的城市，具有旅游特色的城市网民更喜欢使用抖音；冬天和秋天出生的网民更热衷于抖音；20 ～ 30 岁的年轻人是抖音的主力军，这个年龄段的年轻人时间最充裕，对生活激情度最高。女性较男性更喜欢使用抖音记录生活中有趣的事情。在年龄上，女性和男性出现相反的现象：女性用户偏年轻，男性用户偏年老（见图 4-1 ～图 4-4）。

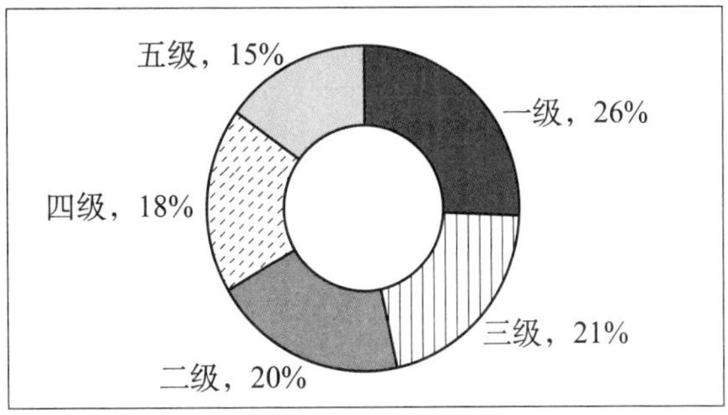

图 4-1　抖音用户城市分布

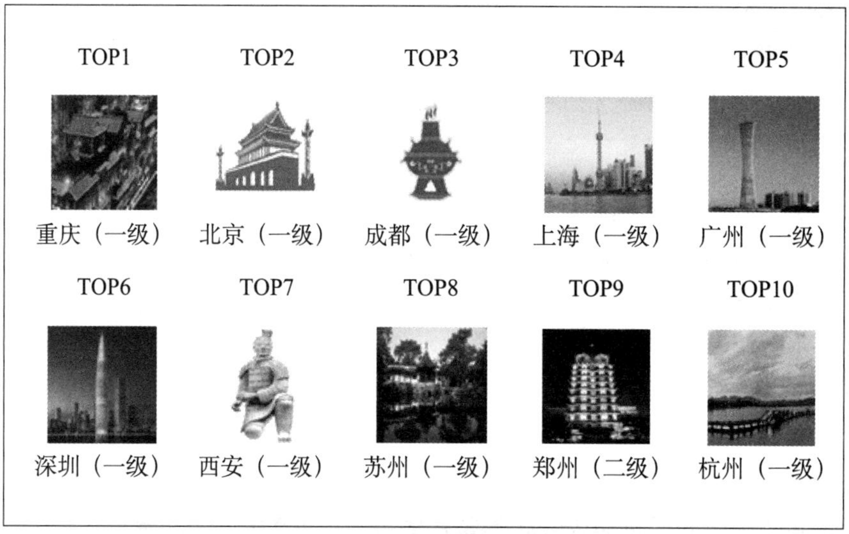

图 4-2　抖音用户量 TOP10 城市

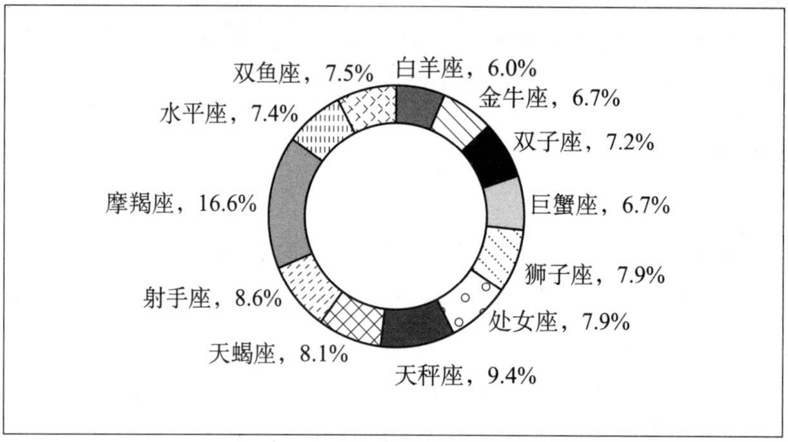

图 4-3　抖音用户星座分布

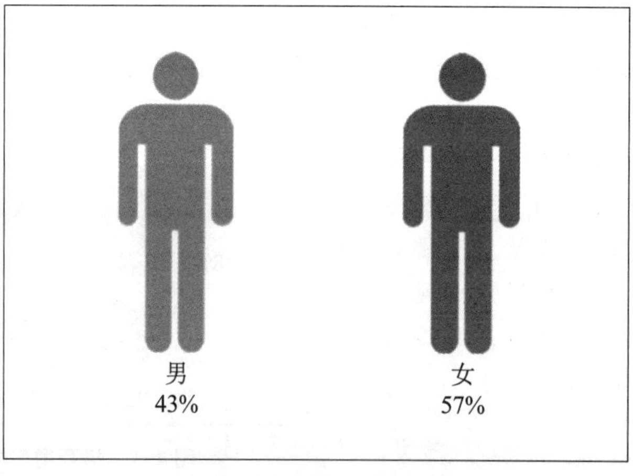

图 4-4　抖音用户性别分布

二、抖音用户活跃时间（视频创建时间）

抖音用户活跃时间有两个高峰期：中午 12—13 时和晚上 19—21 时；男性更喜欢在半夜创建视频分享趣事，女性更偏爱在白天创建视频；年龄大一些的人更喜欢在早餐时间和上午发布视频，年轻人（20 ～ 30 岁）更偏好在晚上 9 时至半夜发布视频（见图 4-5 ～图 4-6）。

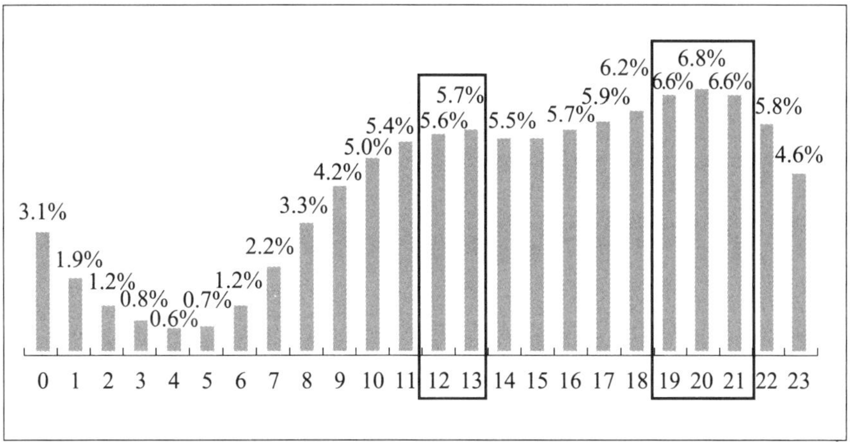

图 4-5　用户活跃时间

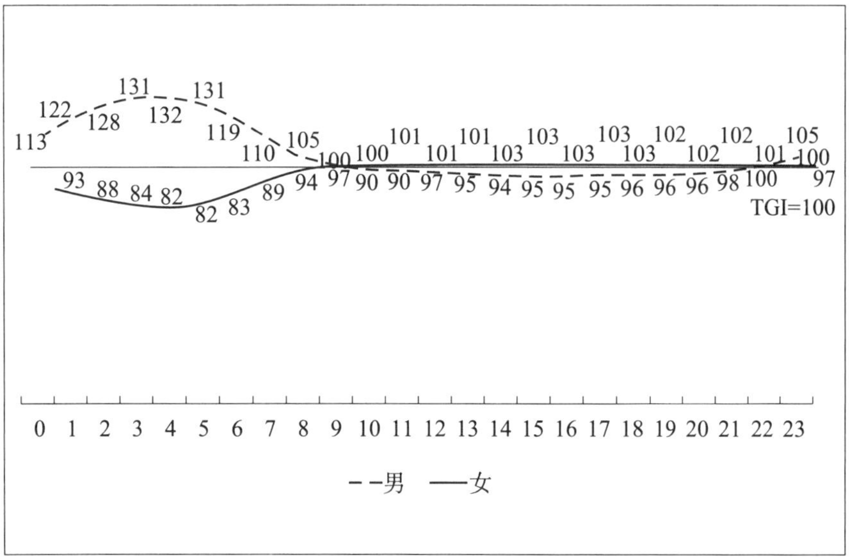

图 4-6　不同性别活跃时间偏好

三、抖音用户所发布视频时长

15 秒及以下的视频中，抖音用户忠于时长在 10 ～ 15 秒（含）的视频；超过 15 秒的视频，用户忠于时长在 20 ～ 30 秒（含）的视频。50 ～ 60 岁的中老年人更喜欢制作时长较长的视频，而作为用户群体最多的 20 ～ 30 岁的年轻人的视频时长却是最短的，30 ～ 60 岁的网民年龄越大，做的视频时长越长（见图 4-7）。

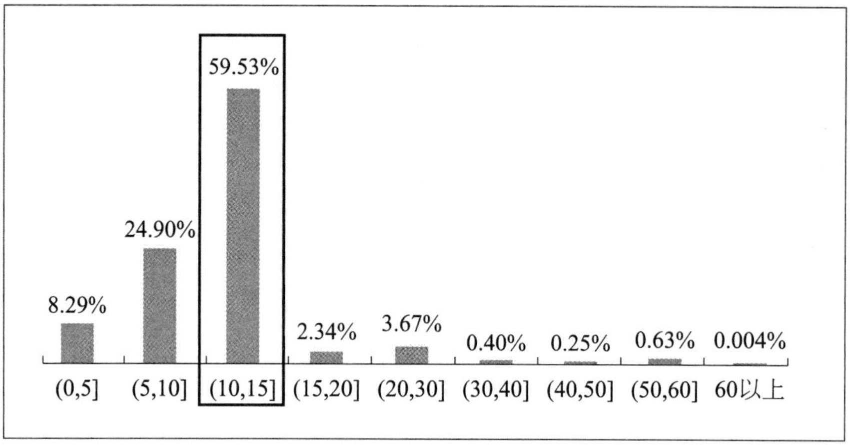

图 4-7　视频时长分布

四、结论

（1）从数据看抖音初始定位年轻人群体十分成功。

抖音初始阶段的目标用户群体定位即为年轻人群体，通过针对年轻人新奇、搞怪、潮流等方式运营，初始阶段结合战略合作策略导入了 KOL 和一些明星资源迅速站稳脚跟。从 20 ～ 30 岁年轻人使用比例占比最大即可获知抖音的营运策略十分成功。

（2）从使用时间聚焦数据来看，用户使用呈现时间碎片化特征。

从用户 24 小时使用抖音的时间数据中可以看出，在午间和晚间两个时间段是抖音用户高频使用期，即用户的休息时间，这两个时间段内用户的碎片时间较多而抖音魔性的营运策略使用户在即点即看中逐渐被吸引，将一小段碎片时间转换为长久使用，这一点从白天用户整体使用率相差不大可窥知一二。

（3）精品内容营运更易产生共鸣。

抖音的定义为短视频创作平台，59.53% 的用户创作分布在 10 ～ 15 秒（含），引起转发、点赞和共鸣的作品则是占比不到 2% 的 30 ～ 60 秒（含）视频作品。从数据上来解析也就是短视频的创作也要逐步走精品化路线，能够在有限的时间内展现出更多引起共鸣的内容才是主要策略路线。

【分析提示】

抖音是一个热度极高的平台，平台会根据用户的喜好、停留时间、点赞类型等来判断用户喜欢哪种类型的视频和人，从而推送相关的内容。企业要想做好抖音短视频，就必须对抖音用户的兴趣偏好有所了解，否则做出来的内容很可能会脱离用户的实际需求。没有用户需求的内容，就不会有人去观看，抖音平台自然也不会推荐。只有及时采集相关数据、深入分析用户，才能保证运营方向的准确性，才能更好地在抖音短视频平台上做好营销。

任务一

收集客户信息

一、客户信息的含义和分类

客户信息是指客户喜好、客户细分、客户需求、客户联系方式等一些关于客户的基本资料。客户信息主要分为描述类信息、行为类信息和关联类信息三种。

（一）描述类信息

描述类信息主要是指有关客户基本属性的信息，如个人客户的联系信息、地理信息和人口统计信息以及企业客户的社会经济统计信息等。这类信息大多是描述客户基本属性的静态数据，主要来自客户的登记信息以及通过企业的运营管理系统收集到的客户基本信息。

例如：个人客户的姓名、性别、年龄、联系方式，企业客户的名称、地址、所属行业、联系方式等都属于描述类信息。

（二）行为类信息

行为类信息是指客户在进行消费活动时产生的信息。一般包括：客户购买服务或产品的记录、客户的服务或产品的消费记录、客户与企业的联络记录，以及客户的消费行为、客户偏好和生活方式等相关的信息。客户的行为信息反映了客户的消费选择或是决策过程。收集客户行为类信息的主要目的是帮助企业的市场营销人员和客服人员在客户分析中掌握和理解客户的行为。

例如：零售企业记录了客户的购物时间、购物商品类型、购物数量、购物价格等信息；电子商务网站也记录了网上客户购物的交易数据，包括客户购买的商品、交易的时间、购物的频率等。

与客户描述类信息不同，客户的行为类信息主要是客户在消费和服务过程中的动态交易数据和交易过程中的辅助信息，需要进行实时的记录和采集。

（三）关联类信息

客户的关联类信息是指与客户行为相关的，反映和影响客户行为和心理等因素的相关信息，一般包括客户满意度、客户忠诚度、客户对产品与服务的偏好或态度、竞争对手行为等。例如：移动通信企业核心的关联类信息包括客户忠诚度、客户流失倾向、客户联络价值、客户呼叫倾向等。

企业建立和维护关联类信息的主要目的是为了更有效地帮助企业的营销人员和客户分析人员深入理解影响客户行为的相关因素。

二、客户信息的重要性

（一）客户信息是企业决策的基础

所有企业都是在特定的客户环境中经营发展的，企业应该根据自身所处的客户环境的特点去制定相应的经营策略。企业要想掌握客户环境的特点，就需要收集客户信息，并对其进行分析。如果企业对客户信息掌握得不全、不准，就无法准确判断客户环境特点，可能会导致经营策略的失误，失去好不容易建立起来的客户关系。因此，企业必须要全面、准确、及时地掌握客户的信息。

（二）客户信息是实现客户满意的基础

在竞争激烈的市场中，企业要想满足客户的需求，赢得客户的认可和喜爱，就必须了解客户的需求特征、交易习惯、行为偏好、经营状况等信息，并根据这些信息制定和调整营销策略。

如果企业能够掌握详尽的客户信息，就可以深度了解不同客户的需求特征和行为偏好，并在此基础上有针对性地为客户提供个性化的产品或服务，更好地满足客户需求，从而提高客户的满意度。这样有利于企业提高客户忠诚度，建立并保持良好的客户关系。

如果企业能够及时掌握客户对企业的产品或服务的抱怨信息，就可以及时采取有效措施妥善处理，降低或消除客户的抱怨。

如果企业掌握了详尽的客户信息，就可以有针对性地对客户实施情感关怀，在一些特殊的日子为客户送去问候或祝福，如礼品卡、优惠券、贺卡等，这些往往会给客户带来意外的惊喜，让客户产生被重视的感觉，从而对企业产生依赖感。

（三）客户信息是企业开展客户沟通的基础

大众营销、大众广告、大众服务等方式都不能让企业实现有针对性地与客户进行沟通，实际上这些方式可能还会使得企业与客户之间的距离变得更远。随着市场竞争日趋激烈，客户信息越显珍贵，拥有准确、完整的客户信息，既有利于企业了解客户、接近客户、说服客户，也有利于企业更好地与客户进行沟通。

如果企业能够掌握详尽的客户信息，就可以通过分析客户信息，了解不同客户的特点，“因人而异”地对客户进行“一对一”的沟通，根据每个客户的不同特点，有针对性地对其实施营销活动，如打电话、上门拜访或微信沟通等，从而有效降低企业的营销投入，使企业以最低的营销成本收获最佳的营销效果。

（四）客户信息是企业实施客户分级的基础

企业只有收集全面的客户信息，尤其是客户与企业的交易信息，才能够知道自己有哪些客户，这些客户分别有多少价值；才能识别哪些是优质客户，哪些是劣质客户；才能识别哪些是对企业贡献大的客户，哪些是对企业贡献小的客户。企业根据客户对企业价值的大小和贡献的大小，对客户实行分级管理，有针对性地为不同层级的客户提供不同的服务，从而提高客户的满意度和忠诚度。

三、收集客户信息的渠道

客户信息收集是指客户数据的采集、整理、加工环节。客户信息收集是客户信息管理的出发点和落脚点，是客户信息管理的首要环节。客户信息收集渠道可以分为企业内部收集和企业外部收集两种。

（一）企业内部收集

一般情况下，企业获取客户信息的来源主要是企业内部已经登记的客户信息、客户销售记录、与客户服务接触过程中收集的信息以及从外部获得的客户信息。

很多企业也会有意识地组织一些活动来采集客户信息，如有奖登记活动（以各种方式对自愿登记的客户进行奖励）。在活动中要求参加者填写他们的姓名、电话和地址等信息，能够在短时间内收集到大量的客户信息。

此外，企业常用的方法还包括发放折扣券、会员俱乐部、赠送礼品、利用电子邮件或网站来收集等。

常见类型移动互联网应用程序必要个人信息范围规定

（二）企业外部收集

收集客户信息是当前很多企业管理的薄弱环节，但企业仍有很多机会找到并获取相关的客户数据。

1. 数据公司

数据公司是专门收集、整合和分析各类客户数据和客户属性的公司。专门从事这一领域工作的数据公司往往与政府及拥有大量数据的相关行业和机构有着良好而密切的合作关系。一般情况下，这类公司可以为直复营销行业提供成千上万的客户数据列表。在北京、上海、广州、深圳等城市，这类公司的发展非常迅速，已经成为数据营销领域的重要角色。

2. 目录营销与直复营销组织

这类组织经常直接给消费者打电话或邮寄产品目录，只要有合适的价格或目的，这些公司都愿意分享它们的数据。

3. 零售商

一些大型的零售公司也会有丰富的客户数据可以获取。

4. 信用卡公司

信用卡公司保存着大量的客户历史交易记录，这类数据的质量非常高。

5. 信用调查公司

在国外，有专门从事客户信用调查的公司，而且这类公司一般愿意出售客户的数据。

6. 专业调查公司

在消费品行业、服务行业及其他一些行业中，有许多专注于产品调查的公司。这些公司通过长期的积累和合作，通常积累了大量的客户数据。

7. 消费者研究公司

这类组织往往分析并构建复杂的客户消费行为特征，这类数据可以通过购买获取。

8. 相关服务行业

有些服务行业与相关行业有大量客户数据的公司进行合作，也可获取客户数据。这类行业包括通信公司、航空公司、金融机构、旅行社等。

9. 杂志和报纸

一些全国性或区域性的杂志、报纸媒体也有大量的客户订阅信息和调查信息。

四、收集客户信息的方法

（一）直接购买法

获取潜在客户资料的方式有很多，但是资料的质量是至关重要的。为了获取高质量的潜在客户资料，最终实现潜在客户向现实客户的转化，购买有关潜在客户的资料是一种十分有效的方式。

（二）原始记录法

公司建立完善的客户资料库，查阅公司的销售记录是最直接和简单的一种方法。因为从原始销售记录中，不仅可以得到过去和现有客户的名单与信息，还可以归纳出客户的类型，以推导出可能的潜在客户。

（三）无限连锁法

让老客户推荐新的客户，再让新客户推荐下一个客户，如此持续下去。如果平时与老客户保持着良好的关系，就能够持续获得新的客户资料。

（四）网络搜索法

随着科技的进步，对于潜在客户的开发可通过网络平台和聊天软件进行。这种方式除具有发送速度快、便捷等优点外，最大的优点在于经常使用聊天软件的人如果对某类信息感兴趣，会马上回复信息。

（五）熟人介绍法

销售人员可以委托亲戚、朋友、同事、同乡等关系密切的人介绍客户。有熟人牵线搭桥是销售人员与客户建立个人信任联系的捷径。

（六）互利互惠法

互利互惠法能够把其他销售人员的客户拉到你的队伍中来。比如，请其他销售人员在合适的时机推荐你的产品或服务。当然，你也应答应为他们提供同样的服务。

（七）询问记录法

通常情况下，高质量的潜在客户往往是那些对公司的产品和服务感兴趣的人。因此，记录那些以不同方式进行询问的人，是获取潜在客户信息的有效办法。销售人员应随时记录新增潜在客户，只要听到或看到一个可能的潜在客户人选，就应该立刻记录下来。

（八）社会关系法

社会关系法是指得到具有影响力的人的协助，并利用其影响力，把其影响范围内的人都变成潜在客户的方法。

案例链接

快递员常接触客户个人信息 能将掌握的客户信息出售吗？

互联网带来了生活的便捷，也让公民的个人信息变成一种“资源”，一些不法分子通过售卖公民个人信息非法获利，严重危害公民的信息安全。

张某从事快递行业多年，曾先后担任多个网点的收派员和仓库管理员，听说出售客户信息能赚大钱，他便偷偷将快递单拍照留存并多次出售给微信商家、网吧老板，干起了出售客户信息的“无本买卖”。

《中华人民共和国民法典》第一百一十一条规定：自然人的个人信息受法律保护。任何组织或者个人需要获取他人信息的，应当依法取得并确保信息安全，不得非法收集、使用、加工、传输他人信息，不得非法买卖、提供或者公开他人个人信息。

《中华人民共和国刑法》第二百五十三条之一规定：违反国家有关规定，向他人出售或者提供公民个人信息，情节严重的，处三年以下有期徒刑或者拘役，并处或者单处罚金；情节特别严重的，处三年以上七年以下有期徒刑，并处罚金。

张某违反法律规定，将在履行职务过程中获取的公民个人信息出售给他人牟利，已构成侵犯公民个人信息罪，将受到法律的惩处。

【分析提示】

“公民个人信息”指以电子或者其他方式记录的，能够单独或者与其他信息结合，识别特定自然人身份或者反映特定自然人活动情况的各种信息，包括姓名、身份证件号码、通信方式、住址、账号密码、财产状况、行踪轨迹等。凡是参与非法买卖个人信息的行为都涉嫌违法。作为公民，我们也要注意保护本人及他们的个人信息，避免给不法分子可乘之机。

任务二

存储客户信息

一、客户信息存储的时效性

客户信息的存储是将获得的客户信息按照一定的格式和顺序存储在特定的载体中，以备将来使用。客户信息存储不是一个独立的环节，它始终贯穿于客户信息处理工作的全过程。

客户信息管理人员通常会用到大量的历史信息。为保障客户信息被全面、完整地分析，客户信息管理人员应注重信息的存储时效，一般可以按照客户的类型、客户信息的重要程度等依据来确定不同的信息存储时限。大客户一般对企业的发展非常重要，为了与其保持长期合作，企业会设法维护与其的良好合作关系，所以此类客户的信息存储期限最长。而一般客户信息的保存期限相对较短，潜在客户则更短。

二、客户档案的含义、内容及划分方法

（一）客户档案的含义

将客户信息进行有序整理后形成的文档就是“客户档案”。客户档案是企业与客户交往过程中所形成的客户资料、企业自行制作的客户分析报告以及客户资信状况等的综合性档案材料。建立合格的客户档案是企业客户管理的起点，属于企业客户管理的基础性工作。

（二）客户档案的内容

客户档案的内容包括客户基础资料和客户资信调查报告两个方面。

1. 客户基础资料

客户基础资料是客户档案的基本内容，主要包括：客户的名称、联系方式、交易过程中的合同、可行性研究报告和报审及批准文件；客户的法人营业执照及副本复印件、客户履约能力证明资料及其复印件、客户的法定代表人或合同承办人的职务资格证明、个人身份证明、介绍信、授权委托书、双方签订或履约的合同、客户的往来记录等书面材料和视听材料、合同正本、副本及变更、解除合同的书面协议等资料。

2. 客户资信调查报告

客户资信调查报告是客户档案的核心内容，是与客户经济往来时的信用保障。这些资料包括：被调查企业的概况，如股东及管理层情况、财务状况、银行信用、付款记录、经营状况等；企业实际调查结果报告；关联企业及关联方交易情况；对客户企业的总体评价、给予客户的授信建议等；经过分析得到的分类类别、交易的趋势、客户的购买模式和偏好特征等。

（三）客户档案的划分方法

客户档案按管理对象不同有多种划分方法：

从时间序列来划分，客户可分为老客户、新客户和未来客户，企业要以老客户和新客户为重点管理对象。

从交易过程来划分，客户可分为曾经有过交易业务的客户、正在进行交易的客户和即将进行交易的客户。对已经有过交易业务的客户，不能因为交易中断而放弃对其的档案管理；对正在进行交易的客户，须逐步充实和完善其档案管理内容；对即将进行交易的客户，档案管理的重点是全面搜集和整理客户资料，为即将展开的交易业务准备资料。

从客户性质来划分，客户可分为政府机构（以国家采购为主）、特殊公司（如与本公司有特殊业务等）、普通公司、顾客（个人）和交易伙伴等。客户因其性质、需求特点、需求方式、需求量等不同，对其实施的档案管理的特点也不尽相同。

从交易数量和市场地位来划分，客户可分为主力客户（交易时间长、交易量大等）、一般客户和零散客户。客户档案管理的重点应放在主力客户上。

总之，每个企业都或多或少地拥有自己的客户群，不同的客户具有不同的特点，对其档案的管理也具有不同的方法，从而形成了各具特色的客户档案管理方法。

三、客户档案的形式

（一）客户名册

客户名册又称交易伙伴名册，是有关公司客户情况的综合记录。客户名册由客户登记卡和客户一览表组成。客户登记卡主要列示客户的基本情况；客户一览表则是根据客户登记卡简单而综合地排列出客户名称、地址等内容的资料库。

客户名册的优点是简便易行、费用较低、容易保管和查找使用。客户一览表可以简单明了地反映当前客户情况，对于管理决策者十分适用。但由于其缺乏全面、客观和动态性，因此也存在明显的缺陷。

（二）客户资料卡

客户资料卡通常分为潜在客户资料卡、现有客户资料卡和流失客户资料卡三类，如表 4-1 所示。

表 4-1　客户资料卡的类型

类型	含义	主要内容
潜在客户资料卡	记录潜在客户相关信息的资料卡	包括客户的基本信息，如姓名、性别、联系方式、爱好、需求等。
现有客户资料卡	记录正在与企业交易的客户的资料卡	不仅包括客户的基本信息，还包括客户与企业的交易情况，如交易时间、交易方式、消费金额等。企业应该随着时间的推移对现有客户资料中的内容进行及时补充和更新。如果客户停止了与企业的交易活动，就应该将其转入流失客户中去。
流失客户资料卡	记录不再与企业交易的客户的资料卡	这里应该明确记录客户的基本信息及客户流失的时间、原因以及企业对其的跟踪记录等。

客户资料卡是记录客户信息的主要方式。在实际工作中，企业可以根据业务需要设计制作适合自己的结构清晰、美观实用的客户资料卡（见表 4-2、表 4-3）。

表 4-2 （意向）客户资料卡（正面）

<table>
<tr><td>公司名称 / 客户姓名 *</td><td colspan="3"></td><td>公司性质 / 性别 *</td><td colspan="3">□国企 □民营 □集体 □个人 □其他 / □男 □女</td></tr>
<tr><td>详细地址</td><td colspan="3"></td><td>所属行业 *</td><td colspan="3"></td></tr>
<tr><td>公司规模 *</td><td colspan="3">__________人</td><td>年营业额 / 家庭年收入</td><td colspan="3">__________万元</td></tr>
<tr><td>所在省份 / 地级市 *</td><td></td><td></td><td></td><td>县 / 区 *</td><td></td><td>村 / 街道</td><td></td></tr>
<tr><td>决策人 *</td><td></td><td>职务</td><td></td><td>联系电话 *</td><td></td><td>兴趣爱好</td><td></td></tr>
<tr><td>联系人 *</td><td></td><td>职务</td><td></td><td>联系电话 *</td><td></td><td>兴趣爱好</td><td></td></tr>
<tr><td>预计购车时间 *</td><td colspan="3"></td><td>客户等级 *</td><td colspan="3">□ O 级 □ H 级 □ A 级 □ B 级 □ D □ X</td></tr>
<tr><td>客户来源 *</td><td colspan="7">□来店 □来电 □旧客介绍 □服务介绍 □老客户续购 □特定外拓 □陌生拜访 □其他</td></tr>
<tr><td>保有车辆 *</td><td colspan="7">是否首次购车：□是 □否，保有品牌为：（ ），车型__________；购买时间：______年______月
客户对保有车辆评价：____________________________</td></tr>
<tr><td>车辆需求 *</td><td colspan="7">车辆用途：__________ 货物类型：__________
运输距离：__________ 载重情况：__________
道路情况：__________ 速度要求：__________
意向车型：□牵引 □载货 □自卸 □专用______
配置期望：驾驶室______ 发动机______ 变速器______ 驱动桥______ 上装______ 其他配置______
关注因素：□品牌 □操控 □舒适 □品质 □经济性 □售后服务 □其他______
购车预算：__________万元；需求数量：__________台
意向品牌：□红岩 □解放 □东风 □重汽 □陕汽 □欧曼 □北奔 □华菱 □其他______</td></tr>
<tr><td>购买形态 *</td><td colspan="6">购买性质：□新购 □报废更新 □增车 □租赁 □其他______
付款方式：□现金 □贷款 □分期 □其他______</td><td></td></tr>
</table>

客户等级说明：O 级 – 订车　H 级 –7 天以内购车　A 级 –30 天以内订车　B 级 –30 天至 90 天订车　D– 交车　X– 战败

表 4-3　客户资料卡（跟踪回访记录）

<table>
<tr><th colspan="2">下次预订
年 / 月 / 日</th><th colspan="2">交际跟踪
年 / 月 / 日</th><th colspan="5">接触结果（进度、状况、问题）</th><th>客户等级
变化</th><th>跟踪人</th><th>备注</th></tr>
<tr><td></td><td></td><td></td><td></td><td></td><td></td><td></td><td></td><td></td><td></td><td></td><td></td></tr>
<tr><td></td><td></td><td></td><td></td><td></td><td></td><td></td><td></td><td></td><td></td><td></td><td></td></tr>
<tr><td></td><td></td><td></td><td></td><td></td><td></td><td></td><td></td><td></td><td></td><td></td><td></td></tr>
<tr><td></td><td></td><td></td><td></td><td></td><td></td><td></td><td></td><td></td><td></td><td></td><td></td></tr>
<tr><td></td><td></td><td></td><td></td><td></td><td></td><td></td><td></td><td></td><td></td><td></td><td></td></tr>
<tr><td></td><td></td><td></td><td></td><td></td><td></td><td></td><td></td><td></td><td></td><td></td><td></td></tr>
<tr><td colspan="12">最终购买品牌：________　购买车型：________　购车日期：______年____月____日</td></tr>
<tr><td colspan="2">新车资料</td><td colspan="8">VIN 车辆识别号：</td><td colspan="2">交车日：</td></tr>
<tr><td colspan="12">所推荐客户成交数：</td></tr>
</table>

<table>
<tr><th colspan="12">保有客户售后回访</th></tr>
<tr><th>下次预订
年 / 月 / 日</th><th>交际跟踪
年 / 月 / 日</th><th>回访经过
及结果</th><th>有无新意向</th><th>回访人</th><th>审核</th><th>下次预订
年 / 月 / 日</th><th>实际预订
年 / 月 / 日</th><th>回访经过
及结果</th><th>有无新意向</th><th>回访人</th><th>审核</th></tr>
<tr><td></td><td></td><td></td><td></td><td></td><td></td><td></td><td></td><td></td><td></td><td></td><td></td></tr>
<tr><td></td><td></td><td></td><td></td><td></td><td></td><td></td><td></td><td></td><td></td><td></td><td></td></tr>
<tr><td></td><td></td><td></td><td></td><td></td><td></td><td></td><td></td><td></td><td></td><td></td><td></td></tr>
<tr><td></td><td></td><td></td><td></td><td></td><td></td><td></td><td></td><td></td><td></td><td></td><td></td></tr>
<tr><td></td><td></td><td></td><td></td><td></td><td></td><td></td><td></td><td></td><td></td><td></td><td></td></tr>
<tr><td></td><td></td><td></td><td></td><td></td><td></td><td></td><td></td><td></td><td></td><td></td><td></td></tr>
<tr><td></td><td></td><td></td><td></td><td></td><td></td><td></td><td></td><td></td><td></td><td></td><td></td></tr>
<tr><td></td><td></td><td></td><td></td><td></td><td></td><td></td><td></td><td></td><td></td><td></td><td></td></tr>
<tr><td></td><td></td><td></td><td></td><td></td><td></td><td></td><td></td><td></td><td></td><td></td><td></td></tr>
<tr><td></td><td></td><td></td><td></td><td></td><td></td><td></td><td></td><td></td><td></td><td></td><td></td></tr>
</table>

（三）客户数据库

数据库是按照数据结构来组织、存储和管理数据的仓库，是一个长期存储在计算机内的、有组织的、可共享的、统一管理的大量数据的集合。

客户数据库是企业运用数据库技术，全面收集现有客户、潜在客户或目标客户的综合数据资料，追踪并掌握他们的情况、需求和偏好，并且进行深入的统计、分析和数据挖掘，从而使企业的营销活动更有针对性的一项技术措施。客户数据库能够反映每个客户的购买频率、消费金额等重要信息，并保存每次交易的记录及客户的反馈情况。通过对客户进行定期跟踪，企业可以对客户的资料有更加详细全面的了解，从而深入分析客户的消费行为，有针对性地开展营销活动。

四、客户档案的管理原则

建立客户档案后，企业应遵循集中管理、动态管理和分类管理三个原则。

（一）集中管理

一般情况下，企业客户资料会出现分散化的情况，一是分散在业务人员手中，二是分散在企业各个部门。如果企业客户资料完全掌握在业务人员手中，就可能导致客户是业务人员的客户而不是企业的客户，业务人员一旦离职，客户及业务也会随之离去，给企业造成重大的经济损失。如果客户资料分散在各个部门，虽然可以避免个人掌握企业客户资源的问题，但也可能会出现部门之间为了赢得订单而相互竞争的问题。因此，企业需要对客户档案进行集中管理、全面跟踪，同时制定并完善客户信息管理制度，避免客户信息的泄露。

（二）动态管理

对于企业来说，并非完成了一次客户信息收集工作就一劳永逸了，要知道客户的需求和偏好是在不断发生变化的。如果企业不能及时了解客户的最新情况，不采用最新的数据对客户的行为进行分析，就不能准确掌握客户需求。一旦客户需求分析出现偏差，将会严重影响营销策略的制定，所以客户资料也需要不断更新、剔除过时资料，补充客户最新信息。从数量上看，随着双方交易次数的增加，客户档案也会随之增加；从内容上看，随着企业对客户了解的深入，客户档案会更加丰富、全面。

长期积累客户信息也非常关键，通过完整的历史记录可以看到客户发展趋势，更好地对客户的发展潜力进行分析。所以，客户档案不是静态的，而是一个动态变化的集成过程。

（三）分类管理

对不同类别的客户应该采取不同的管理方式，如可以按照客户价值或者按照客户购买习惯、活跃时间等对客户进行分类。只有分类明确，才能帮助企业识别客户价值的差异性，从而采取有效的管理措施，在恰当的时间、通过合适的渠道与客户及时取得联系，提高沟通效率，提高客户服务质量。

任务三

分析客户信息

一、客户信息分析的含义

客户信息分析是指企业根据各种数据分析客户特征、了解客户需要、评估客户价值的过程。企业可根据客户信息分析结果制订相应的营销策略与资源配置计划。

二、客户信息分析的作用

企业对客户信息进行分析的必要性主要表现在以下三个方面。

（一）精准把握客户需求

企业要想精准把握客户需求，就需要对客户有更深层的认知。因此，企业需要运用各类数据分析方法对收集到的客户信息进行反复提炼和分析，从中找到与客户需求有关的更有价值的信息并充分利用，从而为企业做出正确的经营决策提供支持。

“6·18”如何打造极致性价比商品？京东探索特色自有品牌路

（二）完善售后服务

企业开展客户信息分析，对售后服务满意度进行调查和回访，以及及时、有效地更新和完善客户信息，有利于提高企业客户服务水平，构建更高效、更完善的客户服务平台。

（三）挖掘潜在市场

分析客户信息能够帮助企业更好地发掘潜在客户和市场机会，把握市场动态，提高市场竞争力。通过分析客户的性别、年龄、收入水平等静态数据，以及客户的消费行为信息、购买产品的方式、历史消费记录、流失或转到竞争对手的记录等动态信息，企业可以了解该客户是否具有购买需求，预测客户的购买时间和数量以及消费档次等信息，从而针对目标客户进行一对一精准营销。

三、客户信息分析的内容

客户信息分析是客户服务管理中的一项重要内容，具体包括商业行为分析、客户特征分析、客户忠诚度分析、客户注意力分析、客户收益率分析、客户构成分析六个方面。

（一）商业行为分析

商业行为分析是指企业通过分析客户的产品分布情况、消费者保持力、消费者损失率、升级 / 交叉销售等方面的数据来了解客户的综合利用情况。

1. 产品分布情况分析

产品分布情况分析是分析客户在不同地区、不同时段所购买的不同类型的产品数量，以了解企业当前营销系统的状态、各个地区的市场状况以及客户的运转情况。

2. 消费者保持力分析

消费者保持力分析是通过分析详细的交易数据，细分出企业希望保持的客户，并将这些客户名单发布到各个门店或部门，以确保这些客户能够享受最好的服务和优惠。细分客户的标准可以是单位时间交易次数、交易金额、结账周期等指标。

3. 消费者损失率分析

消费者损失率分析是通过分析交易数据来判断客户是否准备结束商业关系或正在转向企业的竞争对手。实施消费者损失率分析的目的在于对那些已经结束了交易的客户进行分析，以寻找他们结束交易的原因。

4. 升级 / 交叉销售分析

升级 / 交叉销售分析是指对那些即将结束交易或有良好交易信用的客户，或者有其他需求的客户进行分类，以便企业识别不同的目标对象。

（二）客户特征分析

客户特征分析包括客户行为习惯分析和客户产品意见分析两个方面。

客户行为习惯分析是指通过分析客户的购买记录识别客户价值，从而根据客户价值来对客户进行分类。

客户产品意见分析是根据不同客户对各种产品所提出的各种意见及不同客户对各种新产品或服务推出时表现出的不同态度来确定客户对产品或服务的接受程度。

案例链接

“大数据杀熟”侵害消费者哪些权益?

随着互联网技术的不断发展，大数据的运用越来越普遍，我们随时随地都在享受着大数据带来的便利，但其负面作用也接踵而至。近日，网络购物、交通出行、在线购票等多个领域的电商平台均被曝出存在“杀熟”情况。

大数据“杀熟”，是指经营者运用大数据收集消费者的信息，分析其消费偏好、消费习惯、收入水平等信息，将同一商品或服务以不同的价格卖给不同的消费者从而获取更多利润的行为。“杀熟”的形式多样，主要有三种表现：一是根据用户使用的设备不同而差别定价，比如针对苹果用户与安卓用户制定不同的价格；二是根据用户消费时所处的场所不同而差别定价，比如对距离商场远的用户制定的价格更高；三是根据用户消费频率的不同而差别定价，一般来说，消费频率越高的用户对价格承受能力也越强。《中华人民共和国消费者权益保护法》第八条规定，消费者享有知悉其购买、使用的商品或者接受的服务的真实情况的权利。同时第二十条明确，经营者向消费者提供有关商品或者服务质量、性能、用途、有效期限等信息，应当真实、全面、不得作虚假或者引人误解的宣传。在大数据“杀熟”中，消费者难以知悉商品或服务的真实价格，看到的只能是经营者通过对其个人信息的分析后专门为其划定的、令其支付金额最多的价格，这严重侵犯了消费者的知情权。

《中华人民共和国消费者权益保护法》第十条还规定，消费者享有公平交易的权利。利用大数据“杀熟”，经营者并非依据商品本身的性质功能，而是根据分析消费者心理与行为的结果对商品定价，使处于相同交易条件下的消费者面对的价格不同，这种行为极大地违背了公平交易权的内在精神与实质内涵。

【分析提示】

数据推动时代发展是大势所趋，企业营销过程中既要能利用用户数据，又要能规避用户隐私风险。客服人员需要具备很强的消费者信息安全保护意识，并了解用户在信息安全上的诉求点，在数据的收集和分析方面具备法律意识和专业知识。企业也需要适时向客户说明其是如何保障数据安全、合理透明使用数据的，并且在数据上给予用户充分的知情权和选择权。

（三）客户忠诚度分析

客户忠诚度分析是企业基于客户对自己的信任度、来往频率、服务效果、满意程度以及继续接受同一企业服务可能性的综合评估值，在具体实施中，根据具体指标对客户忠诚度进行量化。对于企业来说，维护老客户要比寻找新客户更加经济，因此企业应长期保持与客户之间的有效沟通，维持和增强与客户之间的情感联系，从而不断提高客户对企业的忠诚度。

（四）客户注意力分析

客户注意力分析包括客户意见分析、客户咨询分析、客户接触评价和客户满意度分析与评价四个方面。

客户意见分析是指通过分析客户所提出的意见类型、意见产品，提出意见发生和解决问题的时间、销售代表和区域等指标来识别一定时期内的客户意见，并找出客户提出的哪些意见能够成功解决，哪些意见不能解决，并分析其原因。

客户咨询分析是指通过分析客户咨询的产品、服务和受理咨询的部门，以及发生和解决咨询的时间来了解一定时期内的客户咨询活动，并跟踪客户咨询的执行情况。

客户接触评价是指通过分析企业部门、产品、时间区段来了解一定时期内企业各个部门主动接触客户的情况。

客户满意度分析与评价是指通过分析产品、区域来识别一定时期内感到满意的 20% 的客户和感到不满意的 20% 的客户，并描述这些客户的特征。

（五）客户收益率分析

企业对每个客户进行成本和收益分析，从而判断哪些客户是为企业带来利润的客户。

（六）客户构成分析

客户构成分析是指企业通过分析客户信息将客户进行分类，分析客户的构成情况，从客户的角度全面把握企业的运营情况，并制订和调整营销策略，提高营销效率。客户构成分析包括销售构成分析和地区构成分析两方面的内容。

销售构成分析是指分析不同客户所产生的销售额在企业总销售额中所占的比重，以及这一比重随着时间的变动情况，从而帮助企业了解企业产品或服务的主要销售对象并对客户进行分级。对客户进行分级，有利于企业明确营销重点，根据客户的级别制订不同的营销和管理策略。

地区构成分析是指分析不同地区客户产生的销售额在企业总销售额中的占比，从而了解企业客户总量中各地区客户的分布情况、各地区客户的销售能力。地区构成分析是企业设计、调整分销和服务网络的重要依据。

客户构成分析是一种时间序列分析，需要至少 5 年以上的资料才能反映客户构成的变动趋势。

任务四

大数据时代下的客户画像

一、客户画像及客户标签

（一）客户画像

客户画像，即客户信息标签化，通过收集客户的社会属性、消费习惯、偏好特征等各个维度的数据，进而对客户或者产品特征属性进行刻画，并对这些特征进行分析、统计，挖掘潜在价值信息，从而抽象出客户的信息全貌。

构建客户画像的核心工作即是给客户贴“标签”，而标签是通过对客户信息分析而来的高度精练的特征标识，如年龄、性别、兴趣偏好等。不同的标签按通过结构化的数据体系整合，可以组合出不同的客户画像。例如：对于经常购买婴儿奶粉的女性客户，商家可以根据奶粉的购买情况为客户打上“有孩子”的标签，还可以根据购买奶粉的段位大致判断出孩子的年龄，贴上如“有 6 ～ 12 个月孩子”这样更加具体的标签，将各个维度的标签组合在一起，就形成了一幅完整的客户画像（见图 4-8）。

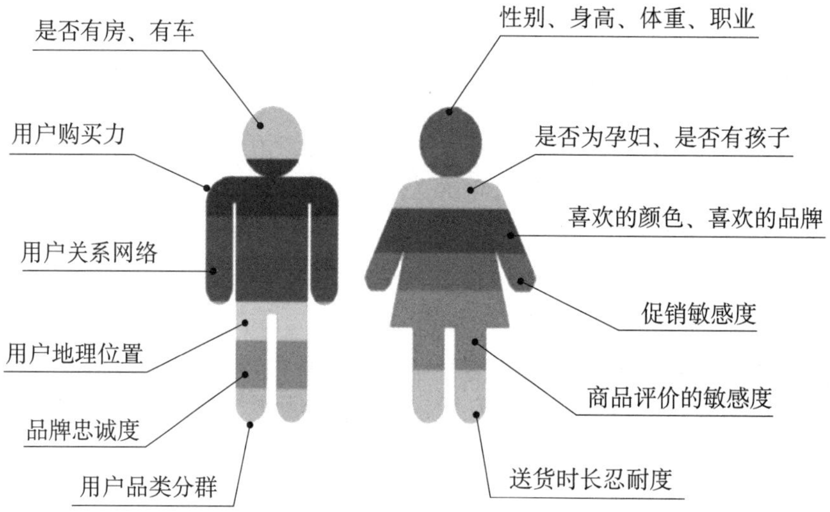

图 4-8　客户画像

相比传统的线下问卷调研、电话访谈、座谈等方式，客户画像为企业提供了更加快速、便捷、精准地了解客户消费行为、兴趣偏好等特征的数据依据。

手机银行打造便民服务，大数据解析“掌上银行”用户画像

（二）客户标签

客户标签是填充客户画像的核心因素，是将客户在平台内所产生的行为数据，分析提炼后生成的具有差异性特征的形容词。在与企业互动的过

程中，客户也会主动或者被动留下各种行为数据。企业可以将这些数据抓取并归纳成一个个标签词，就形成了描述用户特征的标签。

1. 按数据的时效性划分

按数据的时效性划分，客户标签包括静态属性标签和动态属性标签。

（1）静态属性标签。

静态属性标签是通过静态数据信息得到的。静态数据信息是客户相对稳定的信息，主要包括人口属性、心理现象等方面的数据。这些数据信息通常是企业最容易获取的信息，可以帮助企业快速建立对客户的初步了解。其缺点在于，它们往往无法直接应用。

人口属性包括姓名、性别、年龄、身高、体重、地域、血型、受教育程度、职业、婚姻状况等。姓名、性别、地域、血型属于自然属性，先天存在；受教育程度、职业、婚姻状况属于社会属性，是后天形成的。

心理现象包括心理和个性两大类别，同样具有先天性和后天性，如价值观和购买需求。对于企业来说，研究客户的心理现象，可以窥探客户注册、使用、购买产品的深层动机；了解客户对产品功能和服务的需求；认清目标客户带有怎样的价值观标签，属于什么样的群体。

（2）动态属性标签。

动态属性标签是通过动态数据信息得到的。动态数据信息是客户不断变化的行为信息，客户买过什么产品、搜索了什么商品、浏览了哪个页面、点赞了哪条消息、发布了哪些积极或消极的评论等，这些都是互联网上的客户行为，将成为客户画像中偏好特征和消费行为特征的主要依据。在不同的时间、不同的场景，这些行为不断发生着变化，它们都属于动态的信息。企业通过捕捉客户的行为数据（如购买记录、浏览次数、是否进行深度评论），可以对客户进行深浅程度归类，区分低活跃客户、中度活跃客户、高度活跃客户；根据客户的消费情况可以把标签分成低价值客户、中价值客户、高价值客户。

因为客户的兴趣或者使用习惯在不断变化，这类标签的特点也会随之变化。因此，我们需要定期关注客户的动态数据信息变化。

2. 按对客户打标签的方式划分

按对客户打标签的方式划分，客户标签包括统计类标签、规则类标签、机器学习挖掘类标签。

（1）统计类标签。

这类标签是最为基础也最为常见的标签类型，例如：对于某个客户来说，其性别、年龄、城市、星座、近 7 日活跃时长、近 7 日活跃天数、近 7 日活跃次数等字段可以从客户注册数据、客户访问、消费数据中统计得出。该类标签构成了客户画像的基础。

（2）规则类标签。

该类标签基于客户行为及确定的规则产生。例如：对平台上“消费活跃”客户这一口径的定义为“近 30 天交易次数≥ 2”。在实际开发画像的过程中，由于运营人员对业务更为熟悉，而数据人员对数据的结构、分布、特征更为熟悉，因此规则类标签的规则由运营人员和数据人员共同协商确定。

（3）机器学习挖掘类标签。

该类标签通过机器学习挖掘产生，用于对客户的某些属性或某些行为进行预测判断。

例如：根据一个客户的行为习惯判断该客户是男性还是女性、根据一个客户的消费习惯判断其对某商品的偏好程度。该类标签通常需要通过算法挖掘产生。

在实际应用中，一般统计类和规则类的标签即可以满足需要，机器学习挖掘类标签多用于预测场景，如判断客户类别、客户购买商品偏好、用户流失意向等（见图 4-9）。

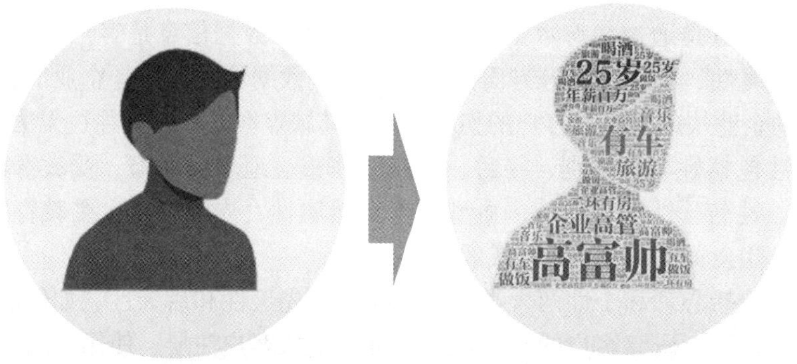

图 4-9　某客户标签化

（三）客户画像和客户标签的区别

客户画像和客户标签的区别主要有以下几点：

数据来源：客户画像需要分析大量的客户数据，包括客户的个人信息、行为数据等多方面的信息；客户标签只需要对客户的某些行为或属性进行分类得出。

描述维度：客户画像可以描述客户的多个方面，如年龄、性别、受教育程度、职业、收入等；客户标签通常只描述客户的某一个或某几个方面，如兴趣、行为习惯等。

应用场景：客户画像通常在市场营销等领域被广泛应用；客户标签则在电商推荐、社交网络等领域更加常见。

二、客户画像的构建流程

（一）数据收集

企业需要尽可能多地收集数据以了解自己的客户。收集到大量的数据后，企业需要进行数据清洗，删除重复的数据、纠正错误的数据、填补缺失的数据等，以保证数据的准确性和完整性，为后续的建模做好准备。

如果客户数据量特别少，可以通过合法的手段付费获取行业客户数据，也可以进行一些实际的客户调研获取数据，或者可以尝试利用一些激励机制来刺激客户完善信息或者收集页面访问行为、浏览行为、消费行为、点击行为等网络动态数据，这样在需要的时候就可以获得足够的数据。

（二）客户分类

获取静态数据后，企业需要对人群进行因子和聚类分析，不同的目的分类依据不同。对于产品设计来说，按照使用动机或使用行为划分是最常见的方式，而对于营销类媒体来说，依据消费形态来区分人群是最直接的分类方式。通过对客户静态数据的分析，企业可以进行基本的客户分类，比如性别构成、城市分布、年龄段划分、客户来源划分、收入水平划分、职业划分等。

（三）数据建模

1. 采取定性与定量相结合的研究方法

客户画像的数据建模是定性与定量的结合。定性化研究方法是确定事物的性质，是描述性的；定量化研究方法是确定事物的数量特征、数量关系和数量变化，是可量化的。

一般来说，在客户画像中，定性的方法表现为对产品、行为、客户个体的性质和特征做出概括，形成产品标签、行为标签、客户标签。定量的方法则是在定性的基础上，给每个标签打上特定的权重，最后通过数学公式计算得出总的标签权重，从而形成完整的客户模型。

2. 给标签加上权重

有了数据之后，我们需要为每个用户打上标签以及确定该标签的权重。标签表征了内容，如客户对该产品或者服务有兴趣、偏好、需求等；权重表征了指数，如客户的兴趣、偏好指数，也可能表征客户的需求度。权重不是一成不变的，每个客户的阶段性变化以及整个客户市场的变化都是有可能对权重的定义产生影响的，这个可以在后期不断优化。

用户画像的使用场景举例

客户画像具有很重的场景因素，不同的企业对客户画像的理解和需求是不一样的。不管行业企业客户画像的方法如何，其核心都是为客户服务，为业务场景服务。

素质提升

开发商抓拍客户人脸信息用来区分来源
法院：未经消费者同意构成侵权

随着数字经济的发展和人脸识别技术的应用，我们已经进入“刷脸”时代。支付、解锁、进站，“刷脸”给我们的日常生活带来了许多便捷，然而令人意想不到的是，在买房看房过程中，人脸信息也会被“刷走”。一个开发商通过人脸识别信息系统区分自然到访客户与渠道客户，进而判断佣金应该发给谁，并由此引发纠纷。

徐某准备购买一套房屋。2021 年 6 月，徐某在 A 中介公司工作人员的陪同下，来到姑苏区某售楼处看房，想了解一下行情。同年 12 月，徐某准备入手一套房屋，于是找到 B 中介公司，在其工作人员小言的带领下，又来到该售楼处看房。小言承诺，商品房销售成功后，可将开发商支付佣金的 50% 返还给徐某。于是，徐某便与某置业公司签订了购房合同。而后，小言却告知徐某，售楼处查出徐某 6 月到访过，只能按之前到访的算，属于自然来访客户，无法支付佣金，还将徐某当时到访售楼处的人脸抓拍截图发送给徐某确认。

原来，按照某置业公司内部的规则，该公司已经认定徐某认购房屋时属自然客户，不属于任何中介机构客户；某置业公司未与任何中介公司结算徐某认购房屋的销售佣金，因此徐某也无法获得返利。

徐某这才知晓某置业公司对其进行了人脸信息抓拍，并用于“判客”，于是将某置业公司起诉至区法院，要求某置业公司删除其个人信息、赔偿损失并道歉。

法院审理后认为，开发商为判别客户来源，未经消费者明示同意，擅自在售楼处安装人脸识别系统并收集、储存、使用消费者人脸信息，构成侵权，应承担删除信息、赔礼道歉的侵权责任。

人脸识别技术已经广泛应用于商业领域，这一技术在带来便利的同时，也带来了个人信息安全、隐私保护等方面的风险隐患。开发商既未征得购房人或来访者的同意，亦未对运用人脸识别系统进行采集、储存、使用等事项如实告知，其行为构成侵权，应当承担侵权责任。人脸信息作为生物识别信息，属于个人信息的范畴，使用人脸识别系统需要严格遵守法律规定。同样，企业在商事活动中，控制营销成本无可厚非，但其手段方式更应当合理与合法。

资料来源：李尧，闫高阳．开发商抓拍客户人脸信息用来“判客” 苏州姑苏区法院：未经消费者同意擅自收集使用个人信息构成侵权 [EB/OL]. 人民法院报官网，2022-11-02.

知识巩固与技能提升

扫码练习

05

项目五
客户沟通

- 任务一　初识客户沟通
- 任务二　客户沟通方式
- 任务三　客户沟通策略

学习目标

知识目标

1. 了解客户沟通的内容；
2. 理解客户沟通的方式；
3. 掌握客户沟通的技巧；
4. 掌握不同类型客户的沟通策略。

能力目标

1. 能够针对不同类型客户采取不同的沟通策略；
2. 能够熟练运用语言和非语言沟通技巧。

素养目标

具备平等、文明、诚信、友善的沟通心态；具备爱岗敬业、诚实守信的职业品格；培养热情诚恳与人沟通的意愿和能力。

导入案例

服务无阻，用心沟通
——招商银行不断优化特殊群体客户服务体验

为更好地践行社会责任，不断提升服务品质，招商银行宁波分行各网点积极作为，切实提升特殊群体客户在金融业务办理中的服务体验，受到客户一致好评。

手语服务让特殊人群交流更顺畅

一天中午，一位特殊的客户来到网点。“您好，请出示您的健康码和行程码。”保安对着客户说完，客户便指了指耳朵，又摇了摇手。

这时网点大堂服务专员立马反应过来该客户是位聋哑人，因为之前有接待过聋哑人客户，大堂服务专员特地学习了一些较为基础的手语用来与客户沟通。网点大堂经理用手语向客户表示“您好”后马上用手机打字方式与客户沟通，并将客户带至大堂的可视柜台。

招商银行宁波分行的可视柜台拥有手语专线。得益于手语专线的帮助，客户顺利办理完了业务。客户用手语对大堂经理表示了感谢，大堂经理也用手语回复了客户的谢意。当聋哑客户到访网点时，大堂服务专员会全程陪同，充分重视特殊客户群体服务体验。

“免开口凭条”为特殊人群办理业务提供便利

春节期间，明州支行接待了一位特殊的客户江阿姨。当她行色匆匆地走进网点，大堂服务专员照例询问其所需办理的业务，江阿姨一边比画一边发出焦急的喊声，工作人员这才发现她是位聋哑人。由于双方的沟通不畅，业务的办理一时陷入了僵局，江阿姨的神情越发激动。

明州支行营业厅服务人员立即引导江阿姨至厅堂安静的一角，请她坐下后拿出招商银行专为接待特殊群体客户准备的“免开口凭条”，写上“请问您办理什么业务？需要我们帮助吗？”并向江阿姨示意，江阿姨在凭条上回复“我想取钱，但是ATM上面取不了”。营业厅服务人员马上意识到该客户的账户可能较长时间未使用导致被中止非柜面交易了，他一边再次写上“请您耐心等待，我马上为您去核实情况”，一边协调运营人员第一时间核查客户账户状态。

在确定是因中止非柜面交易的原因后，营业厅工作人员马上安排专属窗口为江阿姨办理资料核实、解除管控、取出现金业务，全程陪同，协助她与窗口工作人员交流。

江阿姨走的时候非常感激，连连鞠躬致意，并在纸上留了一句话：“在我最需要帮助的时候，感谢你们花这么长时间为我忙前忙后，你们这儿和其他银行很不一样。”

上门为老年客户送去暖心服务

客户蒋爷爷退休前是学校老师，现在年纪大了腿脚不方便，又不想麻烦孩子，所以这两年越来越少来网点办业务了。最近，网点接到蒋爷爷的电话，说自己想在家用手机银行给孙子转账，但是又不会使用。主管听后细心地指导但仍沟通不畅，蒋爷爷非常着急，说网上操作连字也看不清楚。主管耐心安抚蒋爷爷，并约好上门服务。

当天下班后，银行的工作人员来到蒋爷爷家，将其手机银行调整到大字号版本，帮助蒋爷爷开通了转账功能，并提醒蒋爷爷一定注意转账安全。蒋爷爷头脑清晰，自己风险意识也非常强，他主动学习了防电信诈骗的知识。看到蒋爷爷如此健朗，招商银行的工作人员也放心地跟他道别了。临走时，蒋爷爷感动地表示：“你们就像我自己的孩子一样，特别感谢你们的耐心帮助。”

【分析提示】

在信息时代，做市场就是做服务。只有不断地、有针对性地为客户提供个性化服务，才能提升服务质量，达到工作目标。在实际工作中，沟通与服务相辅相成，缺一不可。只有通过有效沟通，为客户提供贴心的服务，才能赢得客户的心，企业才能更好地维系与客户的情感。

任务一

初识客户沟通

一、客户沟通的含义

沟通是人与人、人与群体之间思想与感情的传递和反馈的过程，以求思想达成一致和感情的通畅。客户沟通就是企业为了建立与客户关系的桥梁，拉近与客户的距离，加深与客户的感情，从而赢得客户满意度与忠诚度所采取的行动。

二、沟通的过程

沟通是传递信息的过程，在这个过程中至少存在一个发送者和一个接收者，即发出信息一方和接收信息一方。信息在二者之间的传递过程一般经历七个环节：

（1）发送者需要向接收者传递信息或者需要接收者提供信息。这里所说的信息包括观点、想法、资料等内容。

（2）发送者将所要发送的信息译成接收者能够理解的一系列符号。为了有效地进行沟通，这些符号必须适应媒体的需要。例如：如果媒体是书面报告，符号的形式应选择文字、图表或照片；如果媒体是讲座，符号的形式就应选择文字、投影胶片和板书。

（3）发送符号传递给接收者。由于选择的符号种类不同，传递的方式也不同。传递的方式可以是书面的，如信、备忘录等；也可以是口头的，如交谈、演讲、电话等；甚至还可以通过身体动作来表述，如手势、面部表情、姿态等。

（4）接收者接收符号。接收者根据发送来的符号的传递方式，选择相应的接收方式。例如：如果发送来的符号是口头传递的，接收者就必须仔细地听，否则，符号就会丢失。

（5）接收者将接收到的符号译成具有特定含义的信息。由于发送者翻译和传递能力的差异，以及接收者接收和翻译水平的不同，信息的内容和含义经常被曲解。

（6）接收者理解被翻译的信息内容。

（7）发送者通过反馈来了解他想传递的信息是否被对方准确地接收。一般来说，由于沟通过程中存在许多干扰和扭曲信息传递的因素（通常把这些因素称为噪声），这使得沟通的效率大大降低。因此，发送者了解信息被理解的程度也是十分必要的。反馈，构成了信息的双向沟通。

三、客户沟通的作用

客户沟通的作用主要表现在两点：一是客户沟通是实现客户满意的基础，二是客户沟通是维护客户关系的基础。

（一）客户沟通是实现客户满意的基础

企业只有经常与客户进行沟通，才能了解客户的实际需求和期望，特别是当企业出现失误时，有效的沟通有助于更多地获得客户的谅解，减少或消除客户的不满。一般来说，企业与客户进行售后沟通可减少退货情况的发生。

（二）客户沟通是维护客户关系的基础

企业只有经常与客户沟通，才能更好地了解客户需求，才能将企业的产品或服务的信息及时传递给客户，使客户了解并且理解和认同企业及其产品或服务，在沟通中不断加深与客户的感情，稳定客户关系，从而使客户重复购买次数增多。如果企业与客户缺少沟通，那么好不容易建立起来的客户关系，可能会因为一些不必要的误会没有得到及时消除而土崩瓦解。因此，企业要及时、主动地与客户保持沟通，并且要建立顺畅的沟通渠道，这样才能维护好客户关系，赢得大批稳定的老客户。

四、客户沟通的内容

企业与客户之间的沟通是双向的，既要让客户了解企业，也要让企业了解客户，这样才能增进双方之间的了解和交流，拉近彼此间的距离。客户沟通的内容包括信息沟通、情感沟通、理念沟通、意见沟通，有时还包括政策沟通，如表 5-1 所示。

表 5-1　客户沟通的内容

客户沟通的内容	具体描述
信息沟通	企业将产品或服务信息传递给客户，客户将自己的需求或者要求传递给企业。
情感沟通	企业主动采取相关措施，加强与客户的情感交流，加深客户对企业的信赖。
理念沟通	企业把经营宗旨、理念介绍给客户，并使客户认同和接受。
意见沟通	企业主动向客户征求意见，或者客户主动将自己对企业的意见（包括投诉）反映给企业。
政策沟通	企业向客户传达、宣传有关政策。

五、客户沟通前的准备

充分的准备工作会给客户带来良好的印象，形成良好的首因效应，达到或者提升沟通的效果。

（一）资料

资料的准备主要分为客户资料的准备和公司资料的收集，具体包括以下几方面：

首因效应

（1）客户的基本资料，如客户的姓名、客户所从事的行业、客户使用了本公司的什么产品等。

（2）企业新产品介绍。

（3）行业发展状况，以及可能需要询问客户的其他问题。

（二）环境

在与客户沟通前，客服人民需要选择合适的接洽场所。如果见面，就要布置见面的场所，整理自己的装束。如果通过电话进行沟通，则需要选择安静的、不容易被别人打扰的环境，不要因为客观因素影响沟通过程。

（三）态度

集中精力做好专心倾听的准备是有效倾听的基础，也是实现良好沟通的关键。疲惫的身体、无精打采的神态以及消极的情绪等都可能使倾听归于失败。无论客服人员的心情如何，在即将同客户沟通时都需要保持良好的精神面貌。

任务二

客户沟通方式

沟通是一种信息交换的过程，是两个或两个以上的人之间交流信息、观点的过程。

一、语言沟通

语言沟通是指以语词符号为载体实现的沟通，主要包括口头沟通、书面沟通和电子沟通等。语言沟通涉及生活的各个方面，是人们交流、交换和学习的最有效途径。

（一）口头沟通

口头沟通是指借助口头语言进行的信息传递与交流，是日常生活中最常用的沟通形式，常见方式包括面对面沟通、电话沟通等。

面对面沟通可以让客服人员与客户直接对话，进行信息的双向沟通，可使双方从单纯的买卖关系发展为建立个人友谊的朋友关系，进而维持长期的合作关系。客户服务中的面对面沟通主要有三种方式：开座谈会、邀请客户联谊、举办促销活动。

电话沟通是个体沟通的一种方式，也是一种比较经济的沟通方式。在以下几种情况下，客服人员可以选用电话沟通的方式与客户进行沟通：沟通双方之间的距离较远，但问题比较简单；沟通双方之间已经采用面对面或发送电子邮件等方式完成大部分内容的沟通，但仍有个别问题未解决；沟通双方距离较远，很难或无法进行面对面沟通。

需要注意的是，在沟通成本相差无几的情况下，客服人员应该优先采用面对面沟通的方式与客户进行沟通。

（二）书面沟通

1. 书面沟通的含义

书面沟通是以文字为媒体的信息传递，形式主要包括文件、报告、信件、书面合同等。书面沟通是一种比较经济的沟通方式，沟通的时间一般不长，沟通成本也比较低。这种沟通方式一般不受场地的限制，可以在解决较简单的问题或发布信息时采用。在计算机信息系统普及的今天，我们很少采用纸质的方式进行沟通。

2. 书面沟通的特点

书面沟通可以是正式的或非正式的，可长可短，可以使写作人能够从容地表达自己的意思，词语可以经过仔细推敲，而且还可以不断修改，直到表达出个人风格。书面材料是准确而可信的证据。书面文本还可以复制，同时发送给许多人，传达相同的信息。书面材料传达信息的准确性高。

间接性的特点也给书面沟通造成了一些特殊障碍：发文者的语气、强调重点、表达特色，以及发文的目的经常被忽略而使理解有误；信息及含意会随着信息内容所描述的情况，以及发文和收文时的部门而有所变更；发文者选择的格式或时机不当，收文者很可能因为格式不当而不太注意信息内容。

在书面沟通中无法运用情境和非语言要素，而单靠文字很难准确表达出个人的情感和态度，所以对沟通效果可能会产生不利影响。此外，在书面沟通中，文字的表达有存在歧义和误解的可能性。即使在同一语言环境下，不同的人对同一段文字也可能会有不同的理解，尤其是在跨语言和跨文化的情况下，这种情况会更加严重，所以利用书面沟通来传递信息会有一定的不准确性。例如：过去电话联系不方便，有急事只能通过电报联系。张三乘火车 26 日晚上从甲地出发，第二天（27 日）中午到达乙地，希望乙地的朋友李四接站。张三给李四的电报是：接 26 日 ×× 次车。这就引起了误解，乙地的朋友应该是 26 日还是 27 日去接站？结果，乙地的朋友接了两次，第二次（27 日）才完成任务。见面后，张三对朋友的吐槽做了“有力的反击”。张三说：“26 日，当然是我的 26 日了，没有问题啊。”从准确的角度理解，这个 26 日是有语义的，可也确实引起了歧义。怎么才能不引起歧义？应写为“27 日接 ×× 次车”，这是从对方的角度来发送，而且没有歧义，就不会被误解。

3. 书面沟通的原则

7C 准则是书面沟通的基本原则（见表 5-2）。这是一种有效的书面写作技巧。

表 5-2　书面沟通的 7C 准则

准则	描述
完整（Completeness）	职业文书应完整地表达何人、何时、何地、何种原因、何种方式等。
准确（Correctness）	文稿中的信息表达准确无误，从标点、语法、词序到句子结构均无错误。
清晰（Clearness）	所有的语句都应能够非常清晰地表现真实的意图，读者可以不用猜测就领会作者的意图，避免双重意义的表示或者模棱两可。
简洁（Conciseness）	用最少的语言表达想法，去掉不必要的词，把重要的内容呈现给读者，节省读者时间。
具体（Concreteness）	内容要具体而且明确，尤其是要求对方答复或者对之后的交往产生影响的函电。
礼貌（Courtesy）	文字表达的语气上应该表现出一个人的职业修养，客气而且得体。最重要的礼貌是及时回复对方，最感人的礼貌是从不怀疑甚至计较对方的坦诚。
体谅（Consideration）	为对方着想，这是拟定职业文书一直强调的原则——站在对方的立场。

4. 书面沟通的适用范围

（1）简单问题小范围沟通时（如 3 ～ 5 个人沟通一下产出最终的评审结论等）；

（2）需要大家先思考、斟酌，短时间不需要或很难有结果时（如项目组团队活动的讨论、复杂技术问题提前知会大家思考等）；

（3）传达非重要信息时（如分发周项目状态报告等）；

（4）澄清一些谣传信息，而这些谣传信息可能会对团队带来影响时。

（三）电子沟通

电子沟通又称 E 沟通，是以计算机技术与电子通信技术组合而产生的信息交流技术为基础的沟通。电子沟通除了具备书面沟通的某些优点外，还具有传递快捷、信息容量大、成本低和效率高等优点。当然，电子沟通也有一些缺点。首先，电子沟通往往需要使用复杂的技术才能进行，如果操作不当容易出现问题。其次，由于没有直接的视觉接触，可能会导致沟通者之间缺乏足够的了解、信任和理解，也增加了误解的机会。

在客户服务过程中，常用的电子沟通工具包括电子邮件和即时通信工具等。

1. 电子邮件

电子邮件是指两个或多个用户之间通过网络进行信息收发的一种服务，是 Internet 最基本的功能之一。电子邮件的内容可以是文字、图像、声音等多种形式。通过网络的电子邮件系统，用户可以以低廉的价格快速地与世界上任何一个角落的网络用户联系。同时，用户可以得到大量免费的新闻、专题邮件，并轻松实现信息搜索。电子邮件的存在极大地方便了人与人之间的沟通与交流，促进了社会的发展。

想要文明、有效地使用电子邮件与客户沟通，客服人员要掌握以下几点沟通技巧。

（1）标题明确。

同写文章一样，电子邮件也要有明确的标题，因为很多人是以标题来决定是否详细阅读邮件正文的。标题是描述性的、与内容相关的文字，可以让客户快速了解主题，产生阅读正文的兴趣。

（2）内容简明扼要。

由于人们的工作节奏越来越快，因此电子邮件不宜长篇大论，一般不超过两页，应当简明扼要，把重要的信息说清楚就好，否则客户可能没有耐心和时间读完邮件的内容。同时，各个段落之间要留有间隔，可使用序号使内容表述得更清晰。

（3）语言流畅。

电子邮件的内容要便于阅读、语言通顺，不要用生僻字，在引用数据和材料时，应标明出处，以便客户核对。

（4）合理使用附件。

电子邮件通常以正文的形式发送信息，但当邮件涉及的图片、视频较多或邮件的文字量较多时，客服人员可以发送附件。当需要发送多个文件或文件比较大时，客服人员要先把文件压缩之后再发送。如果文件过大，客服人员可以先提醒客户，再向客户发送邮件，以便客户预估收件时间。当附件的格式比较特殊时，客服人员要考虑客户是否方便阅读，并在邮件正文中提示附件的文件格式。

（5）尊重收件人的隐私。

由于人们不愿意让自己的邮箱地址出现在其他人的邮件中，因此客服人员在群发邮件时要尊重他人的隐私，尽量不要把邮件同时发给其他人，发给重要人物的重要邮件一定要一对一单独发送。

（6）避免滥发邮件。

在信息社会中，每个人的时间都是十分宝贵的，客服人员要尊重他人，为他人节省时间，不要滥发电子邮件，以免给收件人增添麻烦。当客服人员情绪波动较大或情绪较低落时，首先要自我克制，待冷静后再撰写并发送电子邮件，以免发送带有不良情绪的电子邮件，引发双方的矛盾，导致关系紧张。

（7）及时回复邮件。

客服人员要定期打开收件箱，查看是否收到新邮件，以免遗漏重要邮件。在收到邮件后，不管客户是提问还是问候，都要尽快回复，尽量在收件当天回复，以保证信息的及时传递和工作的顺利进行。如果无法立即回答对方的问题，客服人员也要告知对方已收到邮件，之后再选择恰当的时机另发邮件具体回复。

2. 即时通信工具

即时通信工具是指通过即时通信技术来实现在线聊天、交流的软件。典型的代表有微信、QQ、钉钉、阿里旺旺等。

在聊天软件中，微信是目前用户数量较多、使用较频繁的一款软件。微信涵盖了文字、语音和视频等沟通形式。为了建立良好的人际关系，客服人员在使用微信与他人聊天时要分别在文字、语音和视频三个方面注意沟通技巧。

（1）文字。

客户服务人员在使用文字形式与客户进行沟通时，要注意以下七点。

1）提炼有效信息。

如果客服人员一次性发送大段信息，会造成“刷屏”，影响客户的阅读体验，因此客服人员在发送微信消息时要提炼有效信息，再将编辑好的文字发送给客户。客户服务人员提炼有效信息要遵循以下原则：避免冗余，重复的称谓、语气词等都要删掉；在保证信息准确、无遗漏的前提下，字数越少越好。单条信息只需 3 ～ 4 行，不要太多，并且要记得分行，保证信息的可读性。

2）聊天速度要适当。

在发送文字消息时，客服人员要遵循“就慢不就快”的原则，如果客户打字速度比较慢，客服人员要迁就一下对方，按照对方的节奏交流。如果客服人员打字的速度过快，容易造成客户因跟不上节奏无法完整表达自己心中所想，而使沟通产生障碍的情况发生。

当客户发来一条消息时，客服人员一定要及时回复，不要让客户等太久，这是对客户的尊重。客服人员如果因为没有看到消息而未向客户做出及时回复，要向客户说明缘由。如果在沟通过程中有其他事情需要中断聊天，客服人员要向客户说明情况。

3）不要使用古怪字体。

很多人不喜欢使用微信上的默认字体，为了体现自己的个性，就把字体修改成个性化风格，如把字体改成可爱风格，但这些个性化字体可能会导致客户的阅读障碍。因此，客服人员不要轻易修改默认字体。

4）语气助词要慎用。

不同于当面交流，文字沟通没有语调，同样的词语会被不同的人理解成不同的含义，因此客服人员尽量不要使用容易产生歧义的语气助词，如“哦”“嗯”等，尽量替换成“好的”“知道了”。

5）让重要信息更醒目。

很多人会通过查看微信聊天记录来处理信息，如果一条条翻看，处理信息的效率会非常低。为了提高效率，客户服务人员可以贴心地在发送消息时用“【 】”符号将重要消息（如时间、地点、事项等）标出，让重要信息变得更加醒目。

6）不要单纯地问“在吗？”。

当有事要与他人沟通时，很多人担心对方没有时间，会先试探性地问一句“在吗？”。但这句话会让对方产生极大的心理压力，就像留有悬念一样，对方不知道会发生什么事情，而且如果对方没有及时回复，双方很有可能会展开“在吗？”“在了。”“现在还在吗？”之类的谈话，浪费彼此的时间。

要想提升沟通效率，客服人员不妨直入主题，或在简单问候一句之后马上进入主题，客户看到之后就会很快给出答复，如：“张总，早上好。我们的方案准备好了，明天下午会去贵公司讲解，您看明天下午 3 点是否方便？”

7）在群内要恰当使用 @ 功能。

微信群类似一个公共场合，群内交流时，应当尽量使用 @ 功能，指定沟通对象，以免消息石沉大海，无人回应。

（2）语音。

在用语音形式与客户进行沟通时，客户服务人员要注意以下五点。

1）提升声音的魅力指数。

声音在一定程度上代表一个人的形象，如果客服人员说话的声音好听，对方对其的好感度自然就会提高。因此，客服人员在发送语音时，嘴巴要和手机话筒保持一定的距离，嘴巴不要正对着话筒，尽量往上或往下一点，在说话之前可以先喝口水，让音色听起来更舒服；说话时要吐字清晰，语速不要过快或过慢。

2）专注倾听，准确理解信息。

客服人员在接收语音后，首先要仔细倾听，听清语音里的内容和客户说话的语气、语调，千万不要把客户的真实意思理解错了，否则沟通效果会大打折扣。

3）事先询问客户是否方便。

客服人员在发送语音之前最好先发文字询问客户是否方便接听语音。因为客户所处的环境很有可能不方便接听语音，如环境嘈杂、环境要保持安静、客户在与其他人说话等。提前询问可以体现客服人员的素养，不至于引起客户的反感。

4）组织好语言再发送。

客服人员在发送语音之前要先整理思路，组织好语言，先练习一遍，确定准确无误后再发送出去，不要在语音信息发送之后回听语音，发现不妥后再撤回消息，这样会给客户留下不严谨的印象。

5）注意语音礼貌。

在和客户用语音进行沟通时，客服人员一定要以积极的态度说话，称呼客户时要亲切自然，发送语音的长度要适当，可以先发送一条 20 秒左右的语音，等待对方回应后再进行互动，尽量不直接发送 50 ～ 60 秒的长语音，这可能会引起客户反感，导致沟通效率降低。

如果客服人员回复客户时想要发送的消息只有短短几个字，语音长度只有 2 秒，在条件许可的情况下应尽量发送文字，如“好的，我知道了”，因为在这种情况下看文字远比听语音的效率高，帮助客户节省时间也是一种礼貌。

（3）视频。

在使用微信视频聊天时，客服人员要注意以下六点。

1）事先询问是否方便。

在发起视频聊天时，客服人员要事先询问对方是否方便，是否有时间聊天，虽然对方不方便的时候可以直接拒绝聊天，但事先询问体现了客服人员的素养。

2）注意眼神交流。

视频聊天类似于面对面交谈，沟通双方相互看得到，因此，客服人员在聊天时要专注，不能心不在焉。客服人员要注意与客户进行眼神交流，眼睛尽量直视客户，表现出自己的真诚和尊重，如果左顾右盼、东张西望，甚至在聊天的同时做其他事情，会给客户留下敷衍或对谈话内容不感兴趣的印象，从而影响沟通效果。

3）固定位置。

在视频聊天时，客服人员尽量不要随意移动自己的位置，以保证画面的稳定性，如果边走边视频聊天，画面背景一直在晃动，有可能会让客户感到晕眩或不适。

4）保持环境安静。

客服人员尽量不要在公众场合进行视频聊天。如果在嘈杂的环境中进行视频聊天，视频通话质量会受噪声影响，从而降低视频沟通的效果。因此，客服人员应尽量避开人群，选择一个安静的场合进行视频聊天。

5）视频环境要整洁。

客服人员在与客户进行视频聊天时，视频的背景要尽量干净、整洁，给客户营造美观的视觉画面。

6）维护个人形象。

在与客户进行视频聊天时，客服人员要注意保持良好的个人形象，不要蓬头垢面、睡眼惺忪地出现在屏幕前，也不要穿得随心所欲，否则会给客户留下不认真、懈怠的印象。

二、非语言沟通

（一）非语言沟通的含义

非语言沟通是相对于语言沟通而言的，是指通过身体动态、体态、语气语调、空间距离等方式交流信息、进行沟通的过程。非语言沟通既是口头语言沟通的辅助，也是独立的沟通形式。

（二）非语言沟通的特征

梅拉比安沟通模型

非语言沟通的特征包括以下几点：

（1）非语言沟通总是产生于某一特定情境之下。相同的非语言符号在不同的情境中有不同的意义。如同样是拍桌子，有可能代表“拍案而起”，表示怒不可遏；也有可能是“拍案叫绝”，表示非常赞赏。

（2）非语言沟通的各个要素会“捆绑式”显现。如当一个人心情比较好时，从面部表情、语调、手势等多方面都可以体现出来。

（3）非语言沟通会受到文化或组织规则的制约。在文化沟通中，相同的手势在不同民族文化的影响下传达出不同的意思，严重的会造成沟通双方的误解，导致不可预测的后果。

（4）非语言信号具有高度可信性。由于语言信息受理性意识的控制容易作假，而非语言信号大都发自内心深处，极难压抑和掩盖，因此更加具有可信性。如当一个人说自己毫不畏惧时，手却在发抖，那么我们更相信他是在害怕。

（5）非语言沟通是一种原始和直接的沟通形式。人类在有正式的文字和语言之前是通过肢体语言、表情和声音来交流沟通的，人类内心深处的想法很容易通过非语言符号直接表达出来。

（三）非语言沟通的分类

非语言沟通一般可以分为三类：行为语言沟通、物化语言沟通、符号语言沟通。

1. 行为语言沟通

行为语言通常是指身体语言，指人通过身体的某个或某几个部位发送的包含某种特定含义的沟通信息，包括手势、身体动作、目光交流、触觉、面部表情等。

面部表情可以充分表达一个人的喜、怒、哀、乐、惊、疑、信、诚的情绪，是行为语言沟通中最易觉察、影响最大的沟通信号。面部表情中最主要的载体是脸部、嘴巴和眉毛。

真诚和自信的目光往往是坚定的，而飘忽不定的目光则意味着不自信、回避或掩饰。目光交流可以表达一个人内心的真诚、自信、喜爱、关注的程度。

手势动作往往可以很好地替代一些简单的口头词语，比如赞成或反对、欢迎或拒绝。当我们使用口头语言表达时，适当的手势能有效地配合表达口头语言的强度。

身体姿势常常能有意或无意地表达情绪或某种心理状态。比如身体前倾意味着专注、服从或尊重，双臂交叉可能意味着拒绝或思考，低头的姿势往往意味着不自信、歉疚或回避。

身体移动意味着沟通者情绪和思想的某种变化。比如点头意味着同意或接受，摇头意味着不同意或不相信，抖腿或许意味着紧张或者犹豫不决。

身体触觉可以有效表达沟通者的友好、真诚、喜爱或者某种微妙的情感。如握手作为一种社交礼仪来表达友好，拥抱表达喜爱、真诚或安慰的情绪，触碰背部或手臂来表达安抚或鼓励。

2. 物化语言沟通

物化语言是指沟通者通过外在的物质性因素来进行沟通的一种信息形式，包括服饰、装饰、相貌、空间等。

服饰作为一种沟通信号，能够表达一个人的某种职业、身份、审美观、民族出身、收入、偏好，甚至对他人的尊重程度。合适的服饰穿着能够增加沟通中的信任度和好感。

装饰是指人们为了舒适或实用目的而使用的一些物品，而这些物品能较好地诠释一个人的某种价值观、审美观、习惯偏好、文化特质等重要的沟通信号，如佩戴的首饰、手表、办公室的家具、用品等。

相貌可以传递年龄、性别、民族等沟通信号，同时也是形成他人好感度、信任度的重要来源，往往是沟通中第一印象形成的重要因素。相貌不仅仅是生理特征，也包含重要的心理特征，比如自信的人其相貌评价会更高。

空间是指沟通双方彼此的间距或间距变化所传递的沟通信号。沟通双方空间距离越小，沟通效率越高。如果有意或者无意中增加空间间距，可能意味着信任度或关注度下降。人际交往中的空间距离如表 5-3 所示。

表 5-3 人际交往中的空间距离

分类	距离	描述
亲密距离	0 ～ 45cm	多用于情侣，也可以用于父母与子女之间或知心朋友之间。
私人距离	45 ～ 120cm	伸手可以握到对方的手，但不易接触到对方身体，这一距离比较适合讨论个人问题，一般的朋友交谈多采用这一距离。
社交距离	120 ～ 360cm	属于礼节上较为正式的交往关系，一般工作场合人们多采用这种距离交谈。
公共距离	360cm 以上	一般适用于演讲者与听众、彼此极为生硬的交谈以及非正式的场合。

3. 符号语言沟通

符号语言是指在沟通活动中所使用的某种特定的、简单的和象征性的沟通信号，包括标识、颜色、语调、沉默、时间等。

标识是指一些简洁的图案或文字，用来表达个人、团队或组织的识别性沟通信号。如员工工作时使用的胸牌、组织的商标或品牌图案。

颜色作为非语言沟通元素，往往能直接地表达某种特定的信息，使他人能够迅速地理解和接受沟通信息，如红色意味着喜庆、热烈或者危险。不同颜色的花、不同颜色的服饰有着不同的情绪表达。

语调是指在口头语言表达时伴随的语速、音质、音高、语气、停顿、重复等沟通信号。同样的文字表达，语调不同，则传递的沟通信号可能会完全不一样。

沉默从表面上看起来什么也没有说，但事实上能够传递复杂的和意味深长的沟通信号，如沉默可以用来表达不满、憎恶、抗议，也可能是默认、同意。当我们对谈话缺乏兴趣或者认为场合不适合表达真实想法时，也会通过沉默来表达。但是在团队互动时，沉默并不比吵架更好。

时间是一种重要的沟通符号，一个人如何看待和使用时间，能很好地传递这个人的价值观、敬业程度、对他人的尊重程度等重要的沟通信号，如开会迟到往往意味着不敬业、不认真、不尊重他人。

任务三

客户沟通策略

一、有效沟通

有效沟通是指为了一个明确的目标，把信息、思想和情感在客户间传递，并且达成合意的过程。

（一）有效沟通的三要素

1.明确沟通目标

沟通要有一个明确的目标，这是有效沟通最重要的前提。例如，客户拨打铁路客户服务中心电话："请问乘车可以携带宠物吗？"客服人员可以通过客户的问题清楚了解到客户来电的目的。但不是所有的客户都能够清楚表达自己的意图，有些客户由于自身的思维逻辑和表达能力欠佳，心里真实想法无法完全用语言表达清楚，出现只言片语，很难让人理解，这就需要客服人员运用技巧去发现客户真正的需求，从而进一步为客户解决问题。

2.双向传递信息、思想和情感

有效沟通不仅仅是传递信息，更关键的是思想和情感的传递。客服人员与客户之间的沟通内容不能仅仅是如"为保障车站、旅客列车等公共场所内外整洁、空气清新，妨碍公共卫生的物品，能够损坏或污染车辆的物品，以及活动物（导盲犬和作为食品且经封闭箱体包装的鱼、虾、蟹、贝、软体类水产动物除外）不得随身携带乘车"等简单的信息传递，这仅仅只能满足客户的最基本的需求。在沟通的过程中，客服人员应该加入更重要的东西，如通过微笑服务让客户感觉自己是受欢迎和被尊重的，微笑服务传递的就是思想和情感。

3.达成合意

当明确客户意图，确定本次沟通目标后，客服人员要做的就是运用各种沟通技巧最终与客户达成合意，也就是沟通结束以后一定要形成一个双方共同承认的协议。只有形成这个协议，才叫作完成了一次有效沟通。如果没有达成协议，就不能称为有效沟通。在实际工作过程中，我们常见到客户与客服人员由于对沟通内容的理解不同而没有达成协议，导致客户不满意甚至升级为投诉的情况，最终导致客服人员工作效率低下。

（二）有效沟通的六个步骤

一般来说，工作中的有效沟通可以分为六个步骤：

1. 事前准备

为了提高沟通的效率，要事前准备以下内容：

（1）设立沟通的目标。客服人员在与客户沟通前，心里一定要有一个目标，明确自己希望通过这次沟通达到什么目的。沟通一定是有目的性的，毫无目的的交流叫作聊天，不是沟通。

（2）制订计划。有了目标，为了达成目标就需要制订相应的计划，把要达到的目的沟通的主题、方式以及时间、地点、对象和一些注意事项等都列举出来。实践证明，计划制订得越充分，沟通的效果就越好。

（3）预测可能遇到的异议和争执。面对可能出现的异议和争执，客服人员首先要有充分的心理准备，其次还要根据具体情况对异议或争执的可能性进行尽可能详细地预测，这些预测可以根据沟通的内容和沟通对象等自己掌握的具体情况列出。这也是沟通的必要准备，有利于提升沟通的效果。

（4）对情况进行 SWOT 分析。客服人员可以运用 SWOT 分析法，明确双方的优势、劣势，设定一个更合理的目标。其中，S 表示优势（Strength），W 表示弱势（Weakness），O 表示机会（Opportunity），T 表示威胁（Threat）。

2. 确认需求

确认需求有三个步骤：

（1）积极倾听。要设身处地的倾听，用心和脑去倾听，正确理解对方的意思。

（2）有效提问。要通过提问更明确地了解对方的需求和目的，以便对自己的目标进行调整，通过相互调整达成共识，最后达成双方都能接受的协议。

（3）及时确认。当没有听清或者理解对方的话时，客服人员要及时提出，一定要完全理解客户想要表达的意图，做到有效沟通。

3. 阐述观点

阐述观点即将自己的观点更好地传达给对方，并且使对方能够真正全部理解。表达能力是一个职业人士必备的基本技能之一，因此，锻炼自己的表达能力、掌握阐述自己观点的技巧是非常必要的。在表达观点的时候，有一个非常重要的原则——FAB 原则（见表 5-4）。

表 5-4　FAB 原则

FAB 具体含义			一件红色 T 恤的 FAB
F	Feature	产品特征（属性）	纯棉质地
A	Advantage	产品特点（作用）	吸水性强，无静电产生
B	Benefit	产品优势（益处）	柔软，易处理，易干，不会刺激皮肤，耐用

4. 处理异议

在沟通过程中，客服人员要塑造一个让客户可以畅所欲言、表达意见的环境，展现支持、理解、肯定的态度，尊重客户的情绪及意见，让客户觉得与客服人员交谈是件轻松愉快并且获益良多的事，这样才有利于排除异议，从而达成共识。

5. 达成协议

沟通的结果就是沟通双方最后达成一个协议。一定要注意的是，是否完成了沟通取决于最后是否达成了协议。

6. 共同实施

达成协议只是沟通的一个结果，但是在工作中，任何沟通的结果都只意味着一项工作的开始而不是结束。达成协议后要按照协议去实施，并取得客户预期的效果，才是真正有效的沟通。

在沟通的过程中，如果按照这六个步骤进行，客服人员的工作效率一定可以得到更大的提升。

二、倾听

（一）倾听的含义

研究发现，每个人平均每天要花费 70% 时间来进行沟通，其中 30% 的时间在说话，9% 的时间在写作，16% 的时间在阅读，45% 的时间在倾听。倾听是指凭借听觉器官接收言语信息，进而通过思维活动达到认知、理解，以求达成思想的一致和感情的通畅。倾听是有效沟通的必要组成部分。倾听和听是有区别的："听"只是一种对于环境做出被动的物理反应的行为；倾听包含"听"、接受、评价、理解，是一种需要特别技能的沟通活动。

按照影响倾听效率的行为特征，倾听可以分为五个层次。一个人从第一层次成为第五层次倾听者的过程，就是其倾听能力、沟通效率不断提升的过程（见表 5-5）。

同理心强的十个表现

表 5-5　倾听的层次

层次	特征
听而不闻	心不在焉，几乎不注意说话者所说的话，心里盘算或考虑着其他毫无关联或关联不大的事情，或心里只是想着如何辩驳对方。这种倾听者真正感兴趣的不是听，而是说，他们虽然表面上在听，心里却迫不及待地想要说话。这种层次上的倾听，往往会导致人际关系的破裂，是一种非常危险的倾听方式。
假装倾听	倾听者只是被动消极地听说话者所说的内容，常常忽视或错过说话者通过表情、眼神等肢体语言所表达的意思。这种层次上的倾听常常导致倾听者出现误解或错误的反馈，从而失去进一步交流的机会。另外，这个层次的倾听者经常通过点头示意来表示自己正在倾听，这往往会导致说话者误以为自己所说的话完全被听懂了。
选择性倾听	倾听者确实在倾听对方说话，也能够了解对方，但他们往往过分沉迷于自己喜欢的话题，只留心倾听自己感兴趣的部分，不合自己口味或与自己意思相左的内容一概过滤掉。
专注倾听	主动积极地倾听对方所说的每一句话，很专心地注意对方的一举一动。这种层次上的倾听虽然能激发对方的注意，但是很难引起对方的心理共鸣。
同理心倾听	善于在说话者的信息中寻找自己感兴趣的部分，因为他们认为这是获取有用信息的契机；在倾听过程中不急于做出判断，而是感同身受对方的情感，并且能够设身处地地看待事物；善于分析和总结已经传递出的信息，质疑或者权衡听到的话；能够有意识地注意到很多非语言线索；善于向讲话者发出询问和反馈，而不是质疑讲话者。这个层次的倾听者是带着理解和尊重积极主动地倾听，这种有感情注入的倾听方式有利于引起讲话者的心理共鸣，在形成良好的人际关系方面发挥着极其重要的作用。

倾听不是被动地接受，而是一种积极主动的行为。倾听者不是机械地"竖起耳朵"，在听的过程中还要"转动脑子"，不但要跟上说话者的语言，还要跟上说话者的思想内涵和情感深度，并在适当的时机提问、给予反馈，从而使交谈能够步步深入。事实上，大概有 60% 的人只能做到第一层次的倾听，30% 的人能做到第二层次的倾听，15% 的人能

做到第三层次的倾听，达到第四层次倾听水平的人最多只有 5%。因此，每个人都应该高度重视倾听的重要性，努力提高自身的倾听技巧，学会做一个出色的倾听者。

有效倾听是指在对话中，把感观、感情和智力综合起来，理解说话者所说内容的含义的智力和感情过程，即“听着”的不仅是耳朵，还包括眼睛、脑和心。有效倾听包括三部分内容：感知，接受或感受对方的语言和非语言信息；分析，解读接收到的表层和深层信息；反馈，向说话者表达自己倾听的意愿和同理心。有效倾听是客服人员了解客户需求的基本手段之一。

（二）倾听的意义和障碍

1. 倾听的意义

倾听可以表达尊重、接受和合作意愿，可以提升解决问题的能力，可以增加对方对你的观点的接受度，可以极大地改善人际关系。

2. 倾听的障碍

倾听的障碍主要包括客观因素和主观因素。其中客观因素包括沟通对象信息质量障碍和环境障碍；主观因素包括倾听者的自身障碍。

（1）信息质量障碍。

双方在试图说服、影响对方时，并不一定总能发出有效信息，有时会有一些过激的言辞、过度的抱怨，甚至出现对抗性的态度。

（2）环境障碍。

环境从主观和客观上都会影响倾听的效果：一是干扰信息的传递过程，消减或歪曲信息；二是影响沟通者的心境。环境障碍主要包括四个方面：空间环境、时间环境、氛围环境、对应关系。

（3）倾听者的自身障碍。

倾听者的观念或文化差异、假设、预期、兴趣、说话速度与思维速度的假设都会造成倾听障碍。倾听者自身障碍主要表现在三个方面：急于表现，以自我为中心，个人偏见。例如：个人对一些人或事务的偏见，会让你无法客观地聆听对方所要表达的意义，从而导致对人或事物的主观臆断。

（三）倾听的步骤

倾听一般有四个步骤，如表 5-6 所示。

表 5-6 倾听的步骤

阶段	描述
准备阶段	客服人员要消除双方的对立紧张气氛，并让自己的情绪保持稳定，以使客户产生友好感。
启动感应	在沟通的过程中鼓励对方去说，并适时地附和客户，可以使用积极的沉默，用眼睛注视客户，适当重复对方的话，表示完全了解及尊重。这种积极的姿态表示你愿意并努力在听，同时对方也会有更多的信息发送给你。
善用同理心	站在客户的立场考虑事情，用客户的说话方式（速度、音调）进行回应。
解读客户信息	倾听的目的是准确理解对方的全部信息。在沟通的过程中，如果你没有听清楚或者没有理解时，应该及时告诉客户，如“您能不能解释一下……”在客户表达了自己的观点后，可以复述客户的话以核对自己所接收的信息，如“您的意思是……”“您看看我是不是准确理解了您的意思……”

（四）提升客服人员倾听能力的技巧

良好的倾听技巧可以帮助客服人员解决在客户沟通过程中出现的许多实际问题。听得不够认真会影响客户的情绪，听得不清楚会误解客户的意思。因此，为了达到良好的沟通效果，客服人员就必须不断修炼倾听的技巧。

1. 专注并表达兴趣

听人说话是一门学问，在倾听客户谈话时，应集中注意力，避免外界的干扰，安静、专心地倾听。不要心存偏见，只听自己想听的或是以自己的价值观来判断客户的想法。当客户说话速度太快，或所讲内容与事实不符时，客服人员绝不能心不在焉，更不能流露出不耐烦的表情。一旦客户发觉客服人员并未专心地听他谈话，那么将失去客户的信任，从而导致服务的失败。

2. 换位思考

经过长时间的学习和积累，每个人都形成了特定的价值观和立场，这些并不能只通过简单的沟通和引导就发生改变。因此，客服人员在与客户沟通时不能总是站在自己的角度去反驳客户的观点，强制客户赞同自己的看法，而是要懂得换位思考，站在客户的角度去倾听，设身处地为客户考虑，理解客户的想法，尤其是在双方产生冲突的时候，更不能急于反驳，应当静下心来，站在客户的角度倾听对方的表达。

3.仔细评价对方的观点

要想达成沟通目的，客服人员从客户的话语获取有效信息后，还要进行仔细评价、认真解读，确定自己能够理解客户所表达的内容。在沟通过程中，客服人员不仅要站在客户的角度倾听，还要转变自己的思维模式来理解客户表达的内容，并且在理解之后与客户确认是否存在偏差，如存在偏差可以请求客户进一步说明，以明确客户的真实想法。

4.复述或提问以确保自己的理解无误

复述是指倾听者用自己的语言去重新阐述表达者的观点，一方面复述事实，另一方面复述情感，确保自己理解的内容是正确的。例如：在餐厅吃饭，点完菜，服务人员会把所点的菜名复述一遍，这就是复述事实；复述情感是对客户的观点不断给予认同，“我非常理解您的心情”“我知道您很着急”就是情感的复述。复述的关键不是照搬重复，而是要自己组织语言将个人理解陈述出来，澄清对方所说的内容，以验证是否正确。通过复述和确认可以有效达成表达和倾听的一致性，避免因为理解的偏颇而给工作带来损失。

提问是搜集事实和细节、澄清意义和鼓励沟通者阐述的好方法，真诚的提问是对沟通的尊重和重视，能够鼓励沟通双方开放交流，提高沟通的质量和效果。利用好提问这个工具，可以大幅度提升对沟通内容理解的准确性。

5.必要时记录重要的表述

客服人员每天要面对许多客户，每位客户的要求都不尽相同。在沟通过程中记录与客户谈话的重点是避免遗忘客户信息的最有效的办法。记录除具有防止遗忘的作用外，还具有核对的作用。客服人员可以在复述的时候核对自己听到的与客户所要求的是否相同，并且在达成协议并实施的时候，可以根据记录检查是否完成了客户要求，避免由于遗忘造成客户投诉。

此外，客服人员与客户在沟通开始，可以运用话术来表示愿意为客户提供帮助，如

"很高兴为您服务"。当客户正在关心自己的问题是否能够得到解决的时候，客服人员体贴地表现出愿意提供帮助，客户自然会感觉到安全、有保障、可信任，从而消除疑虑，对客服人员充满依赖感。客户在表达自己观点的时候，客服人员也不要急于表达而打断客户，这会让客户感觉沟通受到阻碍，甚至受到伤害。更重要的是，由于人们说话的习惯是往往将重要的内容都放在后面说，因此打断客户就无法获取更多重要的信息，而通常这些信息就是客户真正的意图、需求。

三、积极回应

积极回应是指主动参与沟通，用关注对方的语音语调、肢体语言来回应对方的情感信号。积极回应可以让两个人的情感链接越来越紧密。积极回应包括四个步骤：确认事实、回应情绪、行动计划、寻求反馈。

（一）确认事实

确认事实是为了进一步确认客户的需求，以确保信息对接是一致的。如："您是不是这个意思？"

（二）回应情绪

客服人员要肯定客户需求的合理性，赞同、赞美对方的意见，以响应对方的情绪。

（三）行动计划

客服人员提出自己的行动策略或者方案建议，挑选最重要的、最好是立即能做的事（不要超过三件）告诉客户，将沟通引导向执行性方向。

（四）寻求反馈

最后保留一个开放性结尾，确认对方针对这个方案是否还有其他需求或者建议，防止执行方向与对方需求不符。如："您还有什么建议？"

四、提问

在服务客户的过程中，只有倾听是远远不够的，还必须适当地向客户提出问题，以真正了解客户的需求。提问可以推动沟通的深入，厘清问题的实质，进一步激发问题答案的产生。

（一）提问的方式

封闭式提问和开放式提问是客服人员常用的两种提问方式。客服人员通常可以先提出一个开放式的问题，然后马上转入封闭式的问题。两种方式交互使用，可以迅速判断出客户的需求或问题。

1. 封闭式提问

封闭式提问是指提问者提出的问题带有预设的答案，回答者的回答不需要展开，从而使提问者可以明确某些问题。封闭式提问一般在明确问题时使用，用来澄清事实、获取重点、缩小讨论范围。如当客户描述完问题以后，客服人员说："您的意思是想重新更换产品，是这样吗？"

封闭式提问需要客服人员具有丰富的专业知识，这种提问方式可以充分体现其职业素质。

2.开放式提问

开放式提问是指无预设选项，很难用一两个词来回答，可以根据自己的理解自由回答。如：“您能说说当时的具体情况吗？”

开放式提问有利于引导客户比较自由地把自己的观点都讲出来，可以帮助客服人员迅速了解客户需求。

（二）有效提问的技巧

（1）预先列出问题清单；

（2）提问要由易到难；

（3）问题要相对聚焦，最好是“小问题”；

（4）充分理解对方的回答，并从中找到新的问项；

（5）对于重要的问题可以直接提问。

五、与不同类型客户沟通的策略

（一）冷淡傲慢型客户

这类客户比较不通情理，高傲孤僻，不重感情，不重视别人，主观性强，顽固且心胸狭窄，好猜疑，不相信别人，自以为是。对待冷淡傲慢型客户，客服人员在与其沟通时应该先很有礼貌地以低姿态方式介绍自己，以博取对方的好感，如仍遭受对方刻薄、恶劣态度拒绝时，则可采用激将法试一试，但言辞不能太过激烈，以免刺激对方，引起冲突。

（二）刚强型客户

这类客户性格坚毅，个性严肃、正直，对待工作认真、严肃，决策谨慎，思维缜密。对待刚强型客户，客服人员最好不要随意行动，应显示出严谨的工作作风。如果在拜访前得知目标客户是该类型客户，最好经第三者介绍，这样会提升沟通效率。

（三）顽固型客户

这类客户多在消费上具有特别偏好，对新产品往往不乐意接受，不愿意轻易改变原有的消费模式与结构。对待顽固型客户，客服人员在沟通时要有耐心，最好用手中的资料和数据等说服对方，这样比较有把握。对这类客户应先发制人，不要给对方拒绝的机会，因为对方一旦表明态度，再让其改变就比较困难了。

（四）谨慎稳定型客户

这类客户较理性，不冲动，思虑周详，客观明智，脚踏实地。对待谨慎稳定型客户，企业只要按照正常拜访客户的方式，注重礼貌、理性，按部就班就可以了。对待该类型客户应不卑不亢、规规矩矩，坦诚、细心地向客户介绍产品并与之洽谈，这样才有可能取得良好的沟通效果。

（五）犹豫不决型客户

这类客户多数判断力差，没有主见，优柔寡断，胆小怯懦，性情善变，易受人左右。对待犹豫不决型客户，客服人员应先获得对方信赖，进而把握时机，以坚定的态度协助客户做出最佳抉择。在与犹豫不决型客户沟通时，客服人员的自信心显得尤为重要。沟通者一定不要受客户的影响，要始终对自己的产品充满信心，最好用一些专业数据、专业评论来帮助自己说服对方。在价格上最好不要做出让步，否则会使对方对产品产生怀疑，从而使自己的努力付诸东流。对于该类型的客户来说，客服人员端庄严肃的外表与谨慎的态度会增强客户的信任度。

（六）内向型客户

这类客户生活比较封闭，对外界事物表现冷淡，和陌生人保持一定距离，对自己的小天地之中的变化异常敏感，对待客服人员的反应不是很强烈。内向型客户因为对产品过于挑剔，对客服人员的态度、言行、举止异常敏感，所以在与之沟通时最好不要过分热情，应投其所好，这样容易得到客户的认可，否则会难以接近。一般来说，这类客户比较重视第一印象，因此客服人员最好在第一次与这类客户沟通时就能给对方留下一个好的印象。

（七）虚荣型客户

这类客户在与人交往时喜欢表现自己、突出自己，不喜欢听别人劝说，且嫉妒心较强。对待虚荣型客户，客服人员应尽量引出客户熟悉并且感兴趣的话题，为客户提供发表意见的机会，而且不要轻易反驳或打断其谈话。在沟通过程中，客服人员不要表现得太突出，以免给客户留下极力劝说的印象，而且还应注意不要轻易亮出自己的底牌。

（八）自夸自大型客户

这类客户喜欢自我吹嘘，喜欢炫耀自己的财富、才能和成就，凡事均要发表意见，高谈阔论，自以为了不起。对待自夸自大型客户，最好的沟通方法就是先当客户的忠实听众，给予喝彩，表现出诚恳、羡慕及钦佩，并提出一些问题请对方指教，让其尽情畅谈，以满足其表现欲。

（九）好斗型客户

这类客户好胜、顽固，同时对事物的判断比较专横，喜欢将自己的想法强加于人，征服欲强。这类客户有事必躬亲的习惯，尤其喜欢在细节上与人争个高下。对待好斗型客户，客服人员要做好让步和丢面子的心理准备，不要与其争论，准备好足够的数据资料来“压制”其气势，此外还要防止这类客户提出额外的要求。

（十）讨价还价型客户

这类客户大多精打细算，爱贪小便宜，小气短视，且不知足，但精明能干。对待讨价还价型客户，客服人员应先用一些小礼物等吸引他们。在价格上可以先提高一些，让他们有讨价还价的余地，同时不要轻易松口，让他们讨价还价的本领发挥到极致时再做出让步。

素质提升

让微笑成为高速公路亮丽风景线

广西交通投资集团南宁高速公路运营有限公司青秀分公司南宁东收费站党支部书记、副站长农凤娟，在三尺岗亭，15 年如一日，用真诚微笑为广大司乘人员提供一流通行服务；在我国面向东盟开放合作的前沿与窗口，她带头创新创优，推动高速收费站业务和党务工作不断取得新突破。

2007 年，走出校门的农凤娟选择进入高速公路行业工作，成为南宁石埠收费站的一名收费员。彼时，石埠收费站车流量较大，在远离市区的三尺岗亭，这位年轻的壮族姑娘日夜坚守，用心做好每一次微笑服务。

“工作中有时会遇到一些突发情况，需要我们细心去化解矛盾。”农凤娟回忆，一天凌晨，一辆客车涉嫌逃费，她请司机耐心等候交警来验证车辆信息，可司机很暴躁，不停辱骂，有的司乘人员甚至多次向她泼矿泉水。在处理这件事情的过程中，农凤娟一直微笑面对。

“当时心里很委屈，但是我还是保持微笑，耐心解释收费政策。后来，这个司机冷静下来，足额缴纳了通行费，并表达了歉意。”类似的突发情况并非个例，在农凤娟眼中，微笑是化解矛盾的“利器”，能够增进司乘人员对收费站工作的理解。

在收费工作一线，农凤娟十多年来不断磨炼自己，累计服务210余万辆车辆通行，先后为司机排忧解难1万余次。“虽然和司机们的交流时间很短，但希望能用我们的微笑服务，让每个司机都感受到回家般的温暖。”农凤娟说。

“岗亭虽小，意义重大，岗位虽微，任重道远。收费站是文明的窗口，我和同事们坚持用微笑，为南来北往的司乘朋友做好服务，传递温暖和正能量，每次听到司机们对我们工作的点赞，就感觉特别暖心。”农凤娟说。

2015年，“凤娟标杆”团队成立，短短几年间，人数由39人增加到93人。面对一个平均年龄只有22岁的年轻团队，如何克服90后乃至00后新生代员工对职业性微笑的倦怠心理？农凤娟表示，新人入职时都会接受“微笑服务”文化的培训，她相信企业文化对员工的感染力，她也呼吁为年轻人提供更多成长路径。

适应新时代新的通行服务需求，“微笑服务”的外延也在不断扩展，已不再局限于收费窗口。随着2020年全面实施高速公路ETC通行，传统人工收费模式逐渐被取代，“凤娟标杆”团队里新增了科技标杆团队，重点针对ETC收费设备不稳定、车牌识别不精准等问题进行攻坚，通过一系列技术创新，规范车辆快速处置步骤，提升了车辆通行效率。

农凤娟接待过来自越南、缅甸、新加坡、泰国等多国的学习参观代表团，也曾受邀到港珠澳大桥、2022冬奥会举办地张家口做微笑服务培训交流。14年来，农凤娟用实际行动践行、传承，见证了“微笑冲击波”如何从广西波及全国乃至东盟，也正经历着“微笑服务”在新时代的变迁。

资料来源：

1. 徐海涛，农冠斌．农凤娟：“最美”微笑成为高速公路风景线 [EB/OL]. 新华社，2021-08-12.
2. 甘智锐．让微笑成为高速公路亮丽风景线——农凤娟 [EB/OL]. 北部湾在线，2022-10-15.

知识巩固与技能提升

扫码练习

06

项目六

客户业务处理

- 任务一　呼入型业务处理
- 任务二　呼出型业务处理
- 任务三　网店客服业务处理

学习目标

知识目标

1. 了解呼出型和呼入型业务的类型；
2. 掌握呼出型和呼入型业务的基本流程；
3. 了解网店客户服务的概念和作用；
4. 理解网店客服销售流程；
5. 理解网店客服售后服务管理内容。

能力目标

1. 能够运用呼入和呼出业务服务技巧掌握与客户通话的主动权；
2. 能够根据网店客服销售接待的基本流程和客户进行沟通；
3. 能够较好地处理网店售后工作。

素养目标

遵守相关行业的道德准则和行为规范；树立良好的服务意识，具有较好的职业素养和应变力；弘扬敬业、诚信的社会主义核心价值观。

导入案例

12306 的呼入客服

12306 是全国铁路统一开设的服务热线电话，主要为旅客提供电话资讯查询和人工在线服务，并受理社会投诉、咨询和建议，特别是节假日，更是火爆。铁路局客服中心的每张办公桌上都放置着一部智能电话机和一台计算机，客服人员面对显示屏，一边接着热线电话，一边记录。

情景案例一：

春运正酣，热线接听室电话呼入的声音此起彼伏。在客服中心墙上悬挂着规章制度，工作人员接听每一个电话、回答每一个问题，都有一套标准的工作流程和礼貌用语，无论遇到什么问题，都要求耐心细致地做好回答。

客服：“您好，我是铁路 12306 客服中心，有什么能帮您的吗？”

（工作人员用热情温馨的话语为旅客服务。）

旅客：“请问，我想在网上订张去深圳的票，能告诉我怎么操作吗？”

客服：“好的，不要着急，我把具体步骤告诉您，麻烦您用纸笔记录一下，以免忘记……”（客服人员将流程告知一遍，大约 8 分钟后完成。）

旅客：“谢谢您。”

客服：“请问您还有什么需要帮助的吗？”

旅客：“我其实就想问一下怎么取票。”

客服：“您可以携带您的身份证到取票大厅进行取票，也可以到自动取票机凭身份证自助取票。”

旅客："好的，那我没什么问题了。"

客服："好的，再见，我代表铁路全体员工祝您春节愉快！"

（刚刚挂断电话不到5秒，座席的电话再一次响起。客服人员赶紧喝上一口水，接通电话。）

情景案例二：

客服："您好，我是铁路12306客服中心，有什么能帮您的吗？"

旅客："我想在网上订张去深圳的票，能告诉我怎么操作吗？"

客服："请问您过去在网上订票成功过吗？"

旅客："没有问题啊，但今天在网上为什么不能订票？"

客服："对不起，预售期调整给您带来不便请原谅。目前铁路预订票系统调整为可以提前12天订票（含购票当日），您可以在3天后预订火车票。我代表铁路部门向您表示深深的歉意！"

旅客："好的，那我没什么问题了。"

客服："好的，再见，我代表铁路全体员工祝您春节愉快！"

资料来源：王鑫．客户服务实务[M].2版．北京：高等教育出版社，2019.

【分析提示】

上面两则案例，客服人员接通电话即先提问，掌握了对话的主动权，显示出专业水准，同时表现出礼貌谦逊的态度。第一通电话，旅客并未清晰表达哪个环节需要帮助，为此客服人员将所有流程告知一遍，用时较长。第二通电话通过客户来电的语音语调，客服人员判断出客户非常着急，因此客服人员将说话速度调整到中速，两人交流的语速频道接近，客户并未感到与客服人员之间有隔阂。再者，客服人员通过主动提问锁定客户提问的真实意图，有的放矢地进行服务，从而使呼入电话业务在较短时间内保质保量完成。

任务一

呼入型业务处理

一、电话咨询类业务处理

电话咨询类业务是企业客户服务工作的重要环节。通常来说，只要客户有疑问或者因为对产品（服务）不了解而需要解答帮助的时候就会打电话给企业进行咨询。在呼叫中心的业务中，许多客户来电都是为了查询问题，这就需要客服人员正确认识电话咨询类业务，熟悉业务知识，为客户提供满意的服务。

电话咨询类业务的处理流程包括以下几个步骤：

（一）问候语 / 开场白

在呼入型通话中，客户是发起沟通的人，他们知道在与谁（客服中心）通话，也知道呼叫的具体原因，但是坐席代表仍要礼貌地问候客户、介绍公司和自己，让客户知道是在与谁（客服人员）通话，并为通话营造一个友好、信任的氛围。通话的最初几秒钟对建立一个良好的人际关系至关重要。所以要通过问候语告知客户自己的姓名或工号、公司名称、部门和所能提供服务的特点等。例如："欢迎致电 ×× 客服中心，我是 ××，请问有什么可以帮您？""您好，欢迎致电 ×× 客服热线，坐席代表 ×× 很高兴为您服务，请问您需要什么帮助？"

（二）倾听与回应

在客户打电话进来的时候，应该先了解客户的问题，让客户感受到我们在听他们诉说。一旦了解了来电原因后，就可以通过发问的技巧，让客户慢慢跟着我们的节奏走，直到最后提出解决方案，并得到客户认可。

在客户表达自己的问题时，可以对客户所讲述的事情适时地进行回应或复述，让客户感觉到你在用心地听他说话，并且理解了他的意思，这样有利于建立融洽和谐的沟通氛围。当然，当客户喋喋不休没有重点时，你也可以有技巧地适时打断，对客户所描述的事情进行总结和重复，使业务可以顺利进行下去。例如："您的意思是您现在无法上网了，是吗？""先生，现在让我们来确认一下，您之前打电话来反映过，但没有收到回复，您现在需要我们尽快为您办理，是吗？"

（三）提出合适的问题

在客户服务工作中，需求分析通常就是寻找客户需求的具体内容，并把产品或是服务的好处与这些需求紧密结合。提出恰当、即时和相关的问题能帮助客服人员建立与客户的信任关系，因为客户可以感受到客服人员对他们问题的关心。如果只是倾听而不提问题，客户往往会感觉客服人员没有认真为其解决问题。因此，通过恰当的提问找到信息至关重要。例如："我现在为您下单可以吗？""请问您考虑的是哪方面呢？""您希望我们什么时间完成呢？"

（四）给出解决方案

客户的需求一旦得到确认，下一个步骤就是寻找并给出相应的解决方案。由于呼叫类型不同，因此解决方案也有相应的不同形式。在这里，方案可以是对客户提问的简短回答，可以是对复杂技术问题的诊断和解决，也可以是对产品的购买建议等。

根据在需求分析中了解的情况，向客户解释解决方案，有助于客户接纳建议，从而有利于客服人员挖掘新客户、巩固老客户。

（五）核实信息

当客服人员确认所服务的客户的所有问题都已经解决，这时需要再次核实客户的主要信息以确保整个服务过程的完整性。例如："请问还有什么可以帮助您的？""请问您还有其他问题需要解决吗？""先生，方便留下您的联系方式，以便以后为您提供更好的服务吗？"

（六）结束通话

当客服人员确认所服务的客户的所有问题都已经解决，这时需要再次核实客户的主要信息以确保整个服务过程的完整性。例如："感谢您对我们工作的支持！""感谢您使用我们的服务，祝您生活愉快，再见！"

今后我要在自己的岗位上，发挥光与热，继续为人民服务

二、技术支持类业务处理

（一）了解技术支持类业务

技术支持类业务是指产品公司为其产品用户提供售后服务的一种形式，帮助用户诊断并解决其在使用产品过程中出现的由产品导致的技术问题。技术支持类业务一般是面向 C 端的消费群体，C 端消费群体数量庞大，所以产品出现的一些小问题、小故障不可能都找企业的技术工程师去解决，50% 以上的问题都可以由接听电话的客服人员解决。

技术支持类业务受理的一般流程与电话咨询业务流程差异不是很大，都需要明确客户所咨询的问题。不同之处在于，由于咨询的是技术类问题，因此需要客服人员熟练掌握产品故障的相关解决方案，能够在客户咨询问题的第一时间指导客户排除故障、解决问题，而不是现场翻阅相关手册。当然，如果客服人员在对解决手册非常熟悉的情况下，可以快速检索到相应故障问题的位置，按照提示步骤指导客户完成，但是反应一定要非常迅速。对于无法解决的问题，客服人员可以在取得客户谅解的前提下转交到公司相关技术部门去解决。

（二）技术支持类业务的受理流程

技术支持类业务的受理流程（见图 6-1）有以下几点：

1. 开场与问候

客服人员接到客户技术支持类来电时，首先要向客户致欢迎语、问候语、自我介绍并询问客户的需求。例如："您好，我是 ×× 公司 021 号客户专员，请问有什么可以帮您？"

2. 探求客户需求

在问候语之后，客服人员要认真倾听客户的诉求并快速地整理出客户的主要问题。有的客户因为产品出了问题而心焦气躁，说话重点不突出，或者带着抱怨来陈述问题。这个时候客服人员一定不要被客户的情绪给带跑，可通过安抚、重复客户问题来确认客

户所陈述的重点或者主要问题。

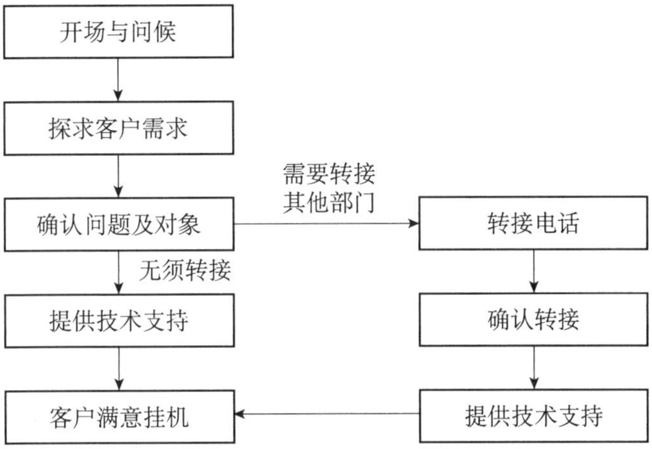

图 6-1　技术支持类业务的受理流程

3. 确认问题及对象

确认客户来电问题，判断客户问题应由哪个部门负责解决。如果客服人员可以解决，则迅速为客户提供解决方案；如果已超出客服人员的技术范围，则告知客户需要转接相关人员或部门。

4. 转接电话及确认转接

当客户所咨询的问题不在自己的能力或职责范围之内时，客服人员在征得客户的同意后可以为其转接电话。将客户电话进行转接时需要注意：要向客户解释转接电话的原因，以及将电话转接至哪里，并且要确保转接的电话有人接听，同时将客户的姓名和电话内容一起转接过去。

5. 提供技术支持

了解客户的需求后，要尽快提供技术支持，解决客户来电问题。当客户的问题有多种解决方案时，不仅要为客户罗列出各种解决方案，还要为客户详细说明各方案之间的优缺点，最终由客户决定使用哪种解决方案。

6. 客户满意挂机

客户的问题如果在自己的帮助下解决了，那么客服人员就可以询问客户是否还有其他需要帮助的，如果没有，就告知客户可以挂断电话；如公司有要求，可以要求在挂机后对服务进行满意度评价。在客户挂断电话后，客服人员要做好工单录入。

三、订单类业务处理

（一）了解订单类业务

在当今的互联网时代，尤其是在移动互联网时代，很多个人消费者的订单都是在电子商务网站上产生的，每个人随时随地都可以拿起手机下一个订单。如果一个消费者在手机上下了订单，没有意外情况，这个订单可以顺利完成并快递到消费者手中。但是，由于快递滞后、退换货、质量缺陷、退款等问题，客服人员需要介入来协调解决，并跟踪订单的处理结果。还有一类订单是在客户打入呼叫中心之后，在与客服人员沟通的同时生成了订单。因此，每个企业无论是线上还是线下订单，都会有规模不同的呼叫中心来作为后台服务，制定标准的订单服务处理流程，来提高订单处理的效率。

在呼叫中心领域，订单业务大致分为网上订单业务和电话订单业务。电话订单业务是指客服人员接通客户打入的业务电话，进行相应的业务处理。网上订单业务是指客服人员受理客户通过登录企业网站进行商品的订购、支付或退订等业务。订单业务类的客服人员主要负责以下工作：售前支持，向客户介绍企业的产品或服务，引导并说服客户达成交易；售中跟踪，持续跟进客户订单的生产、发货、物流状态；售后跟踪，处理客户反馈的信息或问题、客户的投诉、退换货等。

（二）订单类业务的受理流程

整个订单类业务的受理流程可以分为 3 个主要步骤：（1）订单呼入电话受理，也就是电话接入阶段；（2）订单录入，按照客户的订单处理需求，进行订单录入或订单操作；（3）订单追踪，在订单生成之后所产生的订单状态查询、订单取消、订单修改等相关内容，都属于订单追踪业务。

订单类业务受理流程如图 6-2 所示。

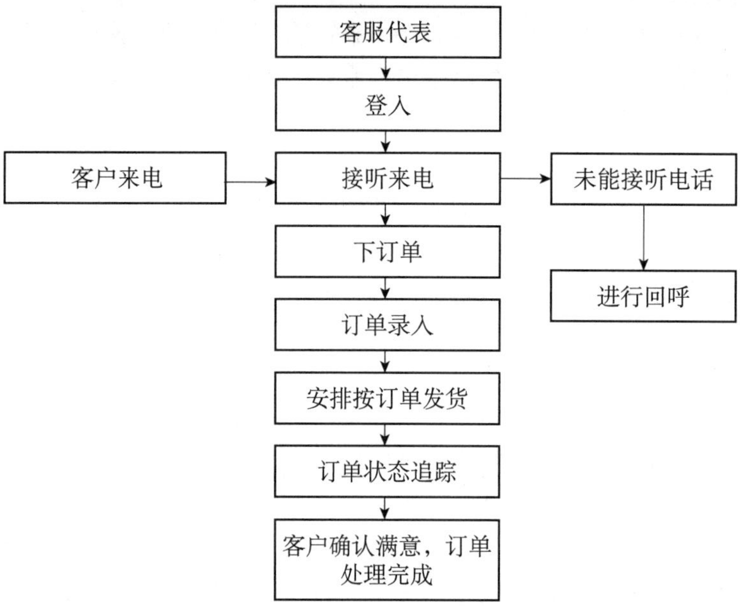

图 6-2　订单类业务受理流程

（三）订单呼入电话受理

有些企业会产生很多电话订单，客服人员通过接听客户打进来的业务电话进行下单操作，帮助客户完成订单。有的客户已经确定好了购买意向，这时客服人员只要帮助客户完成购买流程就可以了。客服人员不用对客户再进行推介，而应快速准确地将交易程序完成。另外，当客户来订货时，会说出产品的名称或编号、要货或取货时间等信息，这时，客服人员不仅要将这些仔细记录下来，还应该向对方复述一遍，以确认信息无误。

（四）订单录入 / 操作

订单录入指在订单实际履行前，也就是订单商品在实际发出前所进行的各项工作。

这个工作一般是客服人员在接听电话时以及电话挂断之后操作完成的。

1. 核对订单信息的准确性

一般在客户提出订购需求后，客服人员需要在结束电话之前重新核实一遍订单信息，包括商品名称与编号、数量、价格等，以及订单的发件地址、收件人身份等信息，以确保订单内容能准确无误地到达客户手中。

2. 检查所需商品是否可得

当客户提出订单信息时，客服人员首先要快速查询业务系统里的库存情况，以免产生因库存不足而导致给客户的承诺不能兑现的情况。如果发现库存不足，要及时告知客户暂时缺货或者到货时间可能延迟等实际情况。

3. 订单录入

在确定订单生成时，客服人员要录入订单产品信息、客户信息、地址等。

4. 其他需要备注的订单信息

除了在系统中录入标准信息之外，很多时候客户还有一些额外的个性化需求，如送货时间要求等，这些都需要以备注的形式录入系统，以便线下人员在订单发送和配送时满足客户需求。

（五）订单追踪

这是订单处理过程的最后环节。客服人员要不断向客户报告订单处理过程中或货物交付过程中的任何延迟，确保优质的客户服务。具体包括：在整个订单周转过程中跟踪订单、与客户交换订单处理进度、订单货物交付时间等方面的信息。

案例链接

3 名客服，90 万通电话，230 万分钟通话时长

携程第六届客服节上，3 名普通客服的故事感动了受众。他们 3 个人在 10 年的时间里接听了超过 90 万通电话需求，在和客人沟通上累计花费了超 230 万分钟。在他们心中，耳麦就是他们的战场。

“帮帮我，我柏林转机回不了北京了，怎么办？”

2023 年 1 月 14 日 10 时，梁文浩接到了一通来自柏林的电话，70 多岁的加拿大华人顾先生，时隔 3 年后首次回国过春节，由于没有直达航班，顾先生选择了海南航空从多伦多到柏林转机，最终回到北京的航班。但没想到多伦多到柏林的航班延误，导致第二程柏林到北京的航班也无法赶上。

让顾先生焦虑的是，行程变动会带来超过 2.4 万元的航变退票及改签损失。更让他慌乱的是，他发现第二天飞往北京的航班全部都是转机航班，如何选择又成了难题。无奈之下，他拨打了携程客服电话。

这是梁文浩当晚接到的第 8 个电话咨询。作为一名司龄超过 11 年的夜班客服，一到晚上他就不由得紧张起来，因为每次接入的大都是国外订单，情况复杂，解决流程烦琐。

“您先别着急，顾先生。您预订的是携程多票组合订单，所有的航变引起的损失，携程承担全部损失并负责到底。”“我爷爷和您年纪相似，很能理解您在异地的担忧，问题您交给我，一定给您适合的方案。”这两句话犹如一剂定心丸，让顾先生紧张的心顿时放

松了下来。

在机场改签无望的情况下，梁文浩从机票价格、转机时间、核酸要求、行李托运等方面为顾先生推荐了最适合的转机航班，用了200分钟帮助其成功地解决了问题，并帮助他在次日登上了前往北京的转机航班。同时由于多票组合订单保障的政策，梁文浩还为顾先生申请了改签费用、酒店和餐饮免费等政策，减少了旅行损失。

当接到转机方案后，顾先生表示："我都不知道怎么感谢你好了，在我看来这么困难的事都被你解决了，我走过很多地方，这次真的是一言难尽，梁先生你真给力。"

由于性格感性和内向，梁文浩曾经一度都不敢看着陌生人的眼睛说话。2012年，走出校园的梁文浩加入携程客服团队，33647的工号已经陪伴了他11年。在这11年里，他接待了超过40万人次的客人咨询，感性的特点让他能感同身受客人的心理焦虑，尽管他已经是一名客服"老司机"，但是还会偶尔在听电话时因为担忧客人而落泪，"感同身受"让他更容易走近客人、获得信任，也驱使他更快更好地解决问题。

"感同身受和专业技能必不可缺，我很高兴家人教会了我感同身受，能让更多人因为我而受益，不用再担心旅途中的问题。"梁文浩表示。

他只是携程客服中的万分之一，在2023年全球旅游爆发背景下，携程客服的咨询量同比2022年增长了277%，其中海外客服咨询量同比增长了399%。他们撑起了携程服务的底座，保障了中国亿万旅行者的出行。

资料来源：车辉．3名客服，90万通电话，230万分钟通话时长[EB/OL]. 工人日报客户端，2023-06-19.

【分析提示】

相比较呼叫中心其他的业务类型，咨询类业务并不是难度最大的。但是客服人员想要处理好这类业务也是需要下一番功夫的。首先，客服人员要热情、礼貌、耐心地接听每一位客户的来电，准确、详细地解释业务内容，用自己的专业服务来维护公司的形象。其次，客服人员还要注意收集关于公司概况、新产品动态、产品性能、技术服务、促销活动等相关内容的资料，以便准确、迅速地为客户的咨询提供解答。

任务二

呼出型业务处理

一、电话调研业务处理

近年来，随着企业对市场调研重视度的提高以及越来越多咨询调研公司的成立，电话调研业务已经成为呼出型业务的重要组成部分，被广泛应用于各个企业的市场调研中。电话调研工作通常是针对整个行业市场上的消费者，无论是否是自己企业的客户，都可以成为调研对象，目的在于了解市场需求，为进一步开拓市场提供依据。

（一）市场调研的类型

1. 消费需求调研

消费需求调研是指对竞争对手的用户和自己的用户进行研究，摸清消费者的消费变动趋势，挖掘潜在需求，以采取更好的服务策略，并为产品和服务的创新奠定基础。

2. 竞争动态调研

竞争动态调研是指对竞争对手的产品和服务进行研究，摸清竞争者的一些营销战略、战术以及营销政策、产品优劣势等。

3. 市场环境调研

市场环境调研是指对目标市场进行诸如国家政策、地方政策，特别是物价、城管、工商、行业监管部门、传播媒体、社区管理等市场环境进行充分调研。

4. 渠道通路调研

渠道通路调研主要是针对目标市场的经销商网络、零售商网络等渠道通路进行充分调研，以确定自身产品的通路方向、渠道政策。

5. 市场轻重调研

市场轻重调研主要是对目标市场进行市场细分调研，以确定目标市场的轻重缓急。根据消费者的习惯、所处区域和生活形态等对其进行细分是企业深层服务和延长产品生命周期的有效策略。

（二）电话调研问卷的格式

一份完整的调研问卷通常包括问卷标题、问卷说明、被调查者的基本情况、调查内容、编码等。

1. 问卷标题

问卷标题就是为了让人一眼看清问卷的主题是什么，而且还能使被调查者对所要回答的问题有一个大致的了解。

2. 问卷说明

问卷说明是问卷的重要组成部分，旨在消除被调研者的顾虑，引导其积极参与调研。问卷说明一般包括调研目的、调研意义、调研内容和选择方式等。

3. 被调查者的基本情况

被调查者的基本情况是指被调查者的一些主要特征，如在消费者调查中，消费者的性别、年龄、婚姻状况、文化程度、所在地区、收入、民族、家庭人口、职业、单位等。又如，对企业调查中的企业名称、所有制性质、地址、职工人数、主管部门、商品销售额（或产品销售量）等情况。根据问卷需要，此部分有时放在问卷的最后进行提问，因为很多时候被调查者比较排斥被询问自己的基本情况，容易产生抵触心理而不愿意配合。

4. 调查内容

调查内容是调查问卷中最重要的部分，这部分内容设计的优劣将直接影响整个调查的价值。

5. 编码

为了最后的统计分析还需要对调查的内容进行编码。编码的过程其实就是将问卷中的调查项目变成数字的过程，目前大多数市场调查问卷均需要加编码，以便于整理及进行计算机处理和统计分析。通常是在每个调查项目的最左边按顺序编号。

（三）调研问卷的问题设计

调研内容（即问题）是问卷的核心。在进行问卷设计时，必须对问题的提问方法和类别仔细考虑，否则会使整个问卷产生很大的偏差，导致结果没有效用。因此，在设计问卷时应对问题设计的方式有较清楚的了解，并善于根据调查具体情况和调查目的选择适当的询问方式。

1. 问题的主要类型及询问方式

（1）开放性问题和封闭性问题（见表 6-1）。

表 6-1　开放性问题和封闭性问题

问题类型	解释
开放性问题	所提出的问题并不列出所有可能的答案，而是由被调查者自由作答。 开放性问题一般提问比较简单，回答比较真实，大多出自被调查者的真实感想和观点，但结果难以做定量分析，在对其做定量分析时，通常是将回答进行分类。例如：对某项政策持支持或反对的态度，在反对态度中对反对的理由再进行分类。
封闭性问题	已事先将各种可能的答案设计好，被调查者只能从中选定一个或几个现成答案的提问方式。封闭性问题由于其答案标准化，不仅回答方便，而且易于进行各种统计处理和分析。但缺点是回答者只能在规定的范围内被迫回答，有时候由于选项的局限性，无法反映其他各种有目的的、真实的想法。

（2）直接性问题、间接性问题和假设性问题（见表 6-2）。

表 6-2　直接性问题、间接性问题和假设性问题

问题类型	解释
直接性问题	直接性问题是在问卷中通过直接提问得到答案的问题。直接性问题通常给回答者一个明确的范围，所问的是个人基本情况或意见，可获得明确的答案。这种提问对统计分析比较方便，但遇到一些窘迫性问题时，采用这种提问方式可能无法得到想要的答案。

续表

问题类型	解释
间接性问题	间接性问题即不宜直接提问而采用间接的提问方式得到所需答案的问题，通常是指那些被调查者有顾虑，不敢或不愿真实地表达意见的问题。采用这种提问方式往往会比直接提问收集到更多信息。
假设性问题	即先假设某一情景或现象存在，然后询问被调查者对这种情景或者现象的看法或者意见。这类问题可以用于了解客户潜在的动机、态度和选择。

（3）事实性问题、行为性问题、动机性问题和态度性问题（见表 6-3）。

表 6-3　事实性问题、行为性问题、动机性问题和态度性问题

问题类型	解释
事实性问题	事实性问题是指能够被证实的、有具体资料可参考的问题，通过事实性问题可以了解客户的现状。
行为性问题	行为性问题是为了对被调查者的行为特征进行调查。
动机性问题	动机性问题是为了解被调查者行为的原因或动机等设计的问题。
态度性问题	态度性问题是关于对被调查者的态度、评价、意见等设计的问题。

2. 问卷的答案设计

问卷的答案类型如表 6-4 所示。

表 6-4　问卷的答案类型

答案类型	解释
二项选择式	即提出的问题仅有两种答案可以选择，一般是“有”或“无”、“是”或“否”、“好”或“坏”等。这两种答案是排斥的、对立的，被调查者的回答非此即彼，不能有更多的选择。这种方法的优点是易于理解和可迅速得到明确的答案，便于统计处理，分析也比较容易。但对于被调查者选择这种选项的原因还不能进行深入了解。
选择式	即所提出的问题事先预备好两个以上的答案，被调查者可任选其中的一项或几项。由于所设答案不一定能表达出填表人的所有看法，因此在问题的最后通常可设“其他”项目，以便被调查者表达自己的看法。这个方法的优点是答案有一定的范围，也比较便于统计处理。
顺位式	即列出若干项目，由被调查者按照自己的意愿决定先后顺序，具体排列顺序则由被调查者根据自己喜欢事物和认识事物的程度等进行排序。顺位式调查项目不宜过多，特别是在电话调研中，被调查者无法亲眼看到题目，只能由调查者来读题和选项，如果选项太多，被调查者往往就只能记住最后的两三个，这样就很难再做出排序。
填空式	这种题型一般适用于填写被调查者的一般信息。
比较式	即采用对比提问方式，要求被调查者做出肯定回答的方法。比较法适用于对质量和效用等问题做出评价，使用时要注意考虑被调查者对所要回答问题中的项目是否熟悉，否则将会导致出现空项。
列举式	一般也称回忆式，是让被调查者自己通过回忆列举出答案。
矩阵式	这种形式的题型一般适用于想同时了解被调查者对多种同级项目的评价。
开放问答题	是指被调查者可以自由发表意见，并无已经拟定好的答案。这种方法适用于那些不能预设答案或不能限定答案范围的问题。

（四）电话调研的流程

电话调研的流程大致可以划分为六个阶段，如图 6-3 所示。

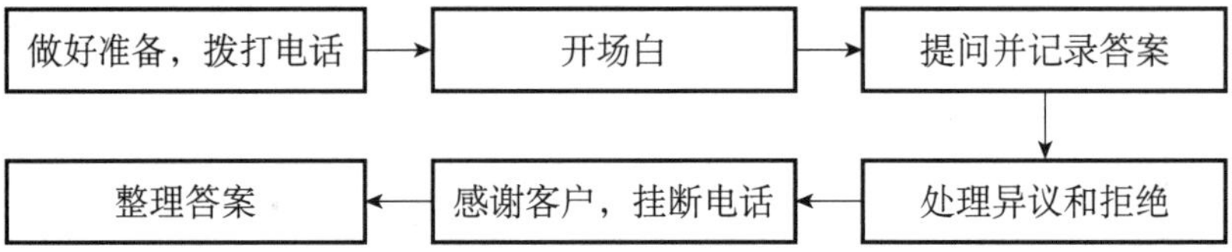

图 6-3　电话调研的流程

1. 做好准备，拨打电话

呼出任何电话之前都需要做好充分的准备。首先了解调研项目和调研目的，这样便于整体理解调研问卷的内容，而不是机械地提问。了解调研项目和调研目的之后，对于客户提出的问题也可以自如灵活地应答。

由于会面对不同的客户，而客户的反应也会不同，有可能客户比较忙而不会配合电话调研，因此也需要做好话术准备，调整好心态。

2. 开场白

开场白一般包含的信息有：自我介绍、打电话的目的、对占用对方时间表示歉意等。这部分内容最好能够吸引人并强调打电话的目的，否则很可能会使对方误认为是电话销售而主动挂断电话。

3. 提问并记录答案

得到对方的允许之后就要进行提问了。提问要严格按照问卷中的问题进行，而且要控制好提问的时间，一般在 10 分钟左右，超过 10 分钟会严重影响问卷调研的完成率。调研过程中不能跳题或者自己增加问题，也不应该根据个人喜好来影响被调研者的回答。在对方回答问题的时候要及时对答案进行记录。

4. 处理异议和拒绝

在提问之前以及提问的过程中都可能遭到客户的异议和拒绝，此时要根据事先准备好的 FAQ 来进行应答，使客户配合完成问卷调查。处理异议的原则是耐心、专业、礼貌、果断，不可让被调查者觉得不专业。

5. 感谢客户，挂断电话

无论客户是否配合完成了调研，在挂断电话之前都应该向客户表示感谢，礼貌地挂断电话。

6. 整理答案

挂断电话后，不能直接结束本次调研任务，而是要仔细回忆通话过程，检查调研答案的记录是否准确以及一些开放问题的答案记录是否周全等。否则，一段时间之后再整理就很容易混淆记忆。完成这些工作之后，就可以进行下一个调研电话的呼出了。

二、电话邀约业务处理

（一）电话邀约的目的

电话邀约应用到的最主要的领域之一是会议营销。会议营销是指寻找特定客户，通过产品说明会和亲情服务的方式来销售产品。会议营销的实质是对目标客户的锁定和开发，以专家顾问的身份对意向客户进行关怀和隐藏式销售。一般在会议之前需要收集消费者名单，通过不同渠道收集适合产品功效的消费者名单，要求名单真实、实用；收集完名单后，确定时间、地点来进行会议营销中间部分的准备工作，如现场布置、控制与实施，之后，将名单根据不同的状况进行分类处理，然后通知消费者到会议现场，这种通知工作就是电话邀约。

警惕"会销"骗局

电话邀约的目的如图 6-4 所示。

图 6-4 电话邀约的目的

很多客服人员拿到邀约名单后会直接使用同样的邀约话术机械地和客户沟通，这种邀约方式最大的问题就是经常会遭到客户的拒绝，成功率非常低。只有对邀约的目的、活动内容、产品的相关信息了解得越多，才会有更多机会去获得客户的认同和同意，进而会提高成功率。

当然，电话邀约最重要的目的是邀请客户参加活动、会议和见面，因此如果客户对活动感兴趣并已经成功邀约了，就不要再谈话术以外的问题。客服人员要明晰自己的职责范围，在向客户进行介绍的时候注意拿捏好度，对于自己无法回答的问题，不要因贸然回答而引起客户的误解。对于不太了解的问题，可以承诺客户在之后会由更专业的人员回复或者邀请客户参加会议，会议上会有更专业的解答。

（二）电话邀约的一般程序

电话邀约与电话销售一样是带有销售性质的，所以电话邀约不仅是通知客户参加会议的时间和地点，而且要尽可能提高邀请成功率，在会议开始前进行追踪并提醒客户参会时间，确保客户能够准时到场。

电话邀约的一般程序如图 6-5 所示。

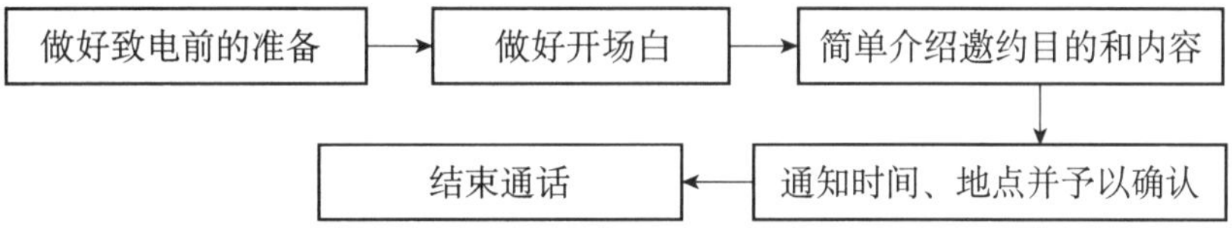

图 6-5 电话邀约的一般程序

1. 做好致电前的准备

（1）使用合适的称谓。

读错别人的姓名或是使用不当的称谓是一件很不礼貌的事情。电话邀约人员遇到陌生的姓氏或字词不能正确读出时，应提前做好准备，查出正确的读音。

（2）做好回答客户疑问的准备。

电话邀约是双向沟通的过程，虽然客服人员在进行电话邀约的过程中都有固定的邀约话术，但是很难避免客户会打断并问到邀约话术之外的一些问题，所以要熟悉常见问题，而不能等到客户问出才去翻找标准答案。

（3）熟悉公司周边及当地交通。

会议邀约项目的客服人员必须对会议的地理位置以及到达会场的交通方式非常清楚，在电话邀约的过程中对有意向或者没有拒绝的客户需清楚地告知其参会的地点。

（4）选择合适的时间拨打电话。

拨打电话的时间最好是在上午 10—11 时，下午 2—5 时。尽量不要占用对方的私人时间，如用餐、午休、周六日等，工作时间的电话邀约成功率会较高。

2. 做好开场白

一般常用的开场白为："您好！我是 ×× 公司的客服专员，我们想邀请您参加 × 月 × 日的 ×× 会议展览，本次会议主要是 ×× 展览会。"这是最简单常见的开场白方式。

3. 简单介绍邀约目的和内容

开场白之后就是介绍邀约目的，如果是会议邀约，就会议内容、意义以及吸引客户的亮点做一个介绍。如果客户没有疑问，则可以通知时间、地点，如果客户还有其他问题，则要及时回答客户的问题。

4. 通知时间、地点并予以确认

客户如果没有拒绝电话邀约，就需要明确告诉客户参加会议的时间和地点，并且要确定客户的时间是否方便，引导客户、得到客户可以确认参会的承诺。

5. 结束通话

挂断电话之前要有一些感谢客户的礼貌用语，如"祝您生活工作愉快"，之后就可以让客户先挂断电话。

案例链接

讲座电话邀约

第一次打电话

电话邀约人员：您好，请问是王佳的家长吗？我是 ×× 教育咨询师 ××，我们本周六下午两点在市体育中心有一场非常规学习的公益讲座，我们请来了资深教育专家 ××，针对"如何提高孩子学习效率，家长如何与孩子正确沟通"等方面做全面地分析和讲解，我第一时间把这个消息告诉您，您看是自己来还是带着孩子一起来呢？我这边给您安排座位。

家长：我很忙，没有空。

电话邀约人员：是的家长，像您这样的人肯定每天里里外外有很多事情需要去做的，但是孩子是头等大事，我们每天辛辛苦苦地工作更多的不就是为了孩子吗？您说呢？这次机会也是非常难得的，这次有幸邀请 ×× 教授来专门针对"提高孩子学习效率及学生与家长沟通"开展讲座和研究，机会非常难得。您看这样行吗，我稍后把这次讲座的地址和时间发到您的手机上，我这边先把位置给您预留着，到时看您的时间安排好吗？

第二次打电话（讲座开始的前一天）

电话邀约人员：您好！王佳的家长，我是 ×× 教育咨询师 ××，前两天我们通过电话，我这边把位置给您预留好了，请问您是和孩子一起过来吗？

情况一

家长：好，我去。

电话邀约人员：好的，我这边给您预留两个位置够吗？

家长：可以。

电话邀约人员：好的，祝您工作顺利，生活愉快，再见。

情况二

家长：我有事，可能去不了。

电话邀约人员：没关系的，将来我们再有这样的讲座我会第一时间把消息告诉您。祝您工作顺利，生活愉快，再见（为下次邀请留下伏笔）。

第三次打电话（讲座开始前 2 个小时）

电话邀约人员：您好，我是 ×× 教育咨询师 ××，我们的讲座将在 2 小时后于市体育中心准时开始，提醒您一下，请准时到场。

家长：好，正准备出发（或者在路上）。

电话邀约人员：好的，一会儿见。

【分析提示】

成功的电话邀约往往不是一通电话就可以的，客户产生疑问或拒绝，更需要客服人员去耐心解答，把关键重要的信息及时传递给客户，为客户建立信心。之后还需要多次跟进，以保证成功邀约。

三、满意度调查业务处理

满意度调查是一种客户关怀业务，调查者（一般是企业）通过满意度调查问卷对客户进行访问，了解客户对公司的服务、产品、流程等的满意程度，通过询问来了解客户满意或者不满意的原因并征求客户的建议，其主要目的在于改进产品质量、提高服务水平、改善服务流程，为企业发展提供最可靠的依据。客户满意度可以很好地评估出企业提供的产品和服务是否让消费者感到满意，在不同阶段了解消费者态度的变化趋势，进一步发掘出有价值的客户群体来进行细心维护。了解客户对产品或服务的满意度是企业进行客户维系的常用方法，更是企业完善客户数据库、提升客户满意度的重要方法。实践证明，充分利用在满意度调查实施过程中的沟通技巧可以为企业带来意想不到的效果。

一般来说，对于一个面向 C 端（用户）的产品，企业自身无法在短时间内集中完成大规模的客户满意度调查，大规模的客户满意度调查一般都是委托呼叫中心通过电话调研呼出项目来完成的。

四、数据清洗业务处理

客户数据信息随着时间的推移与日俱增，企业数据库里的数据信息也日益庞大，但是数据量的增加并不等于数据带来价值的增加。企业虽然将数据视为宝贵的资源，但其自身没有多余的精力去完成所有数据更新的工作，因此数据清洗业务显得非常重要。将数据进行“清洗”是指个人或企业委托呼叫中心对其现有数据进行校对或更新，对数据进行筛选过滤，提高数据质量，完善和增加当下需要的额外数据资料，区分客户状态，从而为企业产生新的订单提供保障。

（一）数据清洗的特点

1. 周期性特点

数据清洗业务不是一蹴而就的，更不是一次就可以完成的。清洗数据是一个循环反复的过程，每次数据清洗都要不断地发现问题，进而去解决问题。对于过滤、修正与否一般需要与客户确认，对那些过滤掉的数据根据实际需要选择是否重新录入或存储。

2. 数字化特点

为了便于后期长久地维护客户数据信息，通常会将客户信息数字化。数据清洗时，如果客户的信息已经是数字化的，则可直接进行数据清洗；如果是纸质的，则要对数据进行录入，将数据数字化后再进行数据清洗。

（二）数据清洗的类型

准确的数字化客户数据信息能够帮助企业提高产品销售率，需要清洗的数据对象可以分为以下三类。

1. 重复数据

重复数据是指数据项或数据内容重复，将重复数据的内容导出，让客户确认并整理。

企业的数据源可能来自多个渠道，或者同一渠道上的数据可能存在重复。因此，在进行数据清洗时，需要去除重复的数据，以避免数据冗余、浪费存储空间和影响数据质量。

2. 残缺数据

由于各种原因，数据源中可能存在缺失数据的情况，这些数据可能会影响后续分析的准确性和完整性。因此，在数据清洗过程中，企业需要对缺失的数据进行补全。这类数据主要是部分信息缺失，如供货商的名称、客户的位置区域信息、主表与明细表不匹配、内容不全面等。企业可以按缺失的内容分别写入不同文件向客户提交，要求在规定的时间内补全，补全后再重新写入数据库。

3. 错误数据

错误数据是指数据项或数据的内容有错误。这类数据产生的原因是初始业务系统不够完善，接收数据后没有进行判断就直接写入客户信息数据库。

（三）数据清洗的业务流程

数据清洗的业务流程如图 6-6 所示。

图 6-6　数据清洗的业务流程

1. 前期准备

数据清洗的业务电话呼出前需要做好相关准备工作，如记录的纸笔、相关数据等。

2. 呼出

登录系统并拨打将要访问的客户的电话。

3. 清洗数据

利用专业沟通技巧和话术根据要筛选审核的信息对客户进行访问，获得企业所需的数据资料。

4. 录入信息

将清洗数据过程中获取的内容重新登记到系统。

5. 结束通话

对客户的配合致谢。

任务三

网店客服业务处理

一、网店客服概述

（一）网店客服的含义

网店客服是网店的一种服务形式，是指通过网络向客户提供咨询和售后等相关服务。目前，网店客服主要利用阿里巴巴、京东等电子商务平台提供在线客户服务，旨在让网店经营者更高效地管理网店，及时把握商机，从容应对繁忙的交易。

（二）网店客服的重要性

1. 提高店铺的销售额

很多客户在网购时，都会在下单之前针对商品和服务提出疑问。客服人员可以及时解决客户的疑问，让客户了解自己需要的商品，达到成交的目的。在客户比较多个店铺的商品或者没有立即下单支付的时候，客服人员也可以及时跟进，解答客户的疑问，促成转化，提高店铺的销售额。同样，客服人员在与客户沟通的过程中，可以向客户推荐店内不同的优惠套餐或者其他搭配商品，从而提高客单价。

2. 提高客户的购物体验

客服作为一个直接影响客户购物体验的岗位，对店铺形象的塑造具有很重要的作用。在与客户交流的过程中，客服人员通过耐心地询问、认真地倾听，主动为客户提供帮助，让客户享受良好的购物体验。

3. 提高客户对店铺的忠诚度

由于现在的网络平台上商品繁杂，客户的浏览成本越来越高，因此客户在选择一家店铺以后，假如对产品满意，感觉服务贴心，就很少会选择到其他店铺购买，因为更换为其他店铺会增加新的购物风险和时间成本。因此，良好的客户服务能有效地提高客户对店铺的认可，提高客户对店铺的忠诚度。

4. 改善店铺的服务数据

目前，淘宝等电子商务平台会对店铺的服务质量有一系列的评分，店铺评分如果不符合标准，就会影响商品的竞争力，以及店铺参加活动的资质。因此，商家要尽量保证自己店铺的服务类评分达到或者超过同行业的均值。客服在售前和售后都会和客户亲密接触，客服的服务质量会直接影响店铺服务类数据的分值。淘宝的 PC 端和移动端的店铺首页会显示店铺的综合评分，客户可以通过综合评分判断店铺的经营状况。平台也会在后台数据中给出店铺的综合评分，以判断店铺是否被广大客户喜欢，是否值得把店铺推荐给平台的客户。

5. 降低店铺的经营风险

商家在经营过程中难免会遇到退换货、退款、交易纠纷、客户投诉、客户给出不良评价、平台处罚，甚至欺诈等经营风险。客服人员如果对商品熟悉，能够做到精准推荐，就会有效地控制退换货和退款，尽量避免出现交易纠纷；客服人员如果熟悉平台规则，能够很好地应对客户投诉，就不会导致平台对店铺做出处罚；客服人员如果积极、良好地与客户沟通，就有可能降低客户给出不良评价的概率；客服人员如果警惕性高，就可以避免店铺被少数不良分子恶意欺诈从而导致损失的情况。

二、网店客服销售流程

（一）销售接待

销售接待的流程如图 6-7 所示。

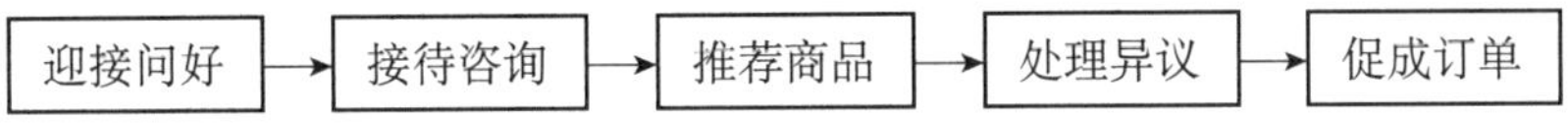

图 6-7　销售接待的流程

1. 迎接问好

电子商务平台上的客服人员不同于实体店的导购员，其情感没有办法通过面对面的真诚微笑和友好交流的语气来体现，只能通过键盘输入的文字让客户感知其热情。在开门迎客环节，建议客服人员使用规范、标准化的迎客语，同时礼貌待客、热情周到，可以配合合适的表情，提升店铺在客户心中的专业形象，并设置好自定义签名，做好关联销售，有效提升转化率。

2. 接待咨询

迎接问好后，接下来要准备接待客户的咨询。为了更好地接待客户，准确回复客户的咨询，需要注意以下几点：

（1）回复及时，给客户留下好印象——拒绝长时间无响应、冷漠待客。

客户呼入的前六秒被称为“黄金六秒”，客服人员只有迅速回复客户的咨询，才能及时留住客户，获得下一步向客户推荐商品的机会。客服人员在回答客户的疑问时要讲究时效性，快速回答客户的问题可以让客户感受到客服人员对自己的在意与重视。

客服长时间无响应的原因有很多：一是由于自身的原因，如客服人员开小差、离开工位或心不在焉；二是由于店铺分流的客观原因，如咨询人数过多，无法及时回应等。除了提高自身的专注性之外，客服人员还需要从以下两方面找到解决办法（以淘宝平台为例）：

第一，客服人员应及时将旺旺状态设置为“在线”，以便客户可以随时与其联系。

第二，设置好旺旺自动回复。有时候由于店铺咨询量过大，客服人员无法一一快速回复客户的咨询。为了给客户留下良好印象，通常可以使用旺旺自动回复，取得缓冲时间，以便进行下一步的接待咨询工作。

（2）用词热情生动，提升客户体验。

网络对话没有语气、语调，很容易使客户感觉简单生硬，所以客服人员可以在一些回复中适当使用语气词，有助于提升客户体验。

（3）站在客户的立场，让客户留得更久。

让客户在店铺里留得更久的方法不是拼命向客户推荐商品，而是先和他们交朋友，只有这样才能让客户放下戒备，产生信任。

（4）产品专业知识丰富。

在与客户的沟通中，对话大部分是围绕产品本身进行的，客服人员对产品知识的熟悉是客户交流谈判的基础。对产品越熟悉的客服，客户在购买过程中也就对其越信赖。因此，客服人员要具备丰富的产品专业知识，能够从容应对客户的每个问题，并从专业的角度提出合理化建议，从而给客户树立一个专业的客服形象。产品的专业知识包括对产品质量的了解、对产品大小的掌握以及对产品注意事项的说明。

（5）建议搭配适当的表情符号。

一个合适的表情符号能够拉近买家和卖家之间的距离，建议在跟陌生客户沟通的时候，适当使用积极向上、能表达善意的表情符号。

3. 推荐商品

在推荐商品的过程中，客服人员要做到有针对性和说服力地“说”。

（1）明确自身的优势。

客服人员应该明确，自己店铺的商品究竟和竞争者有什么样的差异。商品的优势通常都会详细地表现在商品描述页面里，而商品描述页面里的这些内容其实不光是给客户看的。客服人员如果能通过细致的观察和学习吸收到其中的信息和精髓，那么在和客户沟通的时候就可以直接用来展现商品的优势。

（2）参考一些店内的历史数据，有意识地把店铺中销售的商品进行统计和划分。

在进行关联销售的时候，要知道哪些商品做关联卖得比较好，哪些商品适合哪种类型的客户，此外店铺本身的库存参数也是一个参考依据。从营销上来说，永远要推荐给客户库存充足的商品，但是又要从心理上让他觉得这是最适合他的。

（3）重视买家的利益。

站在买家的立场为他们解决问题，其结果最好能够做到双赢。如果只是遵从低价“走量”的原则，那么可能得到的只是虚拟的成交数据，而无法真正获得利润。

客服人员除了会说，还要学会通过“问”来挖掘客户的真实需求，这样才能有针对性地做出推荐。客服人员在与客户进行沟通时可以使用封闭式问题和开放式问题进行提问：售中沟通的时候可以多采用封闭式问题引导客户；售后阶段可以多使用开放式问题给客户更多的释放空间。

4. 处理异议

有买卖就有纠纷，有满意的必然就有不满意的，由于每个客户对商品的需求不一样，他们对商品的衡量也就存在很大的差异。在经过了沟通和推荐商品之后，客户可能会产生一些异议，为了更好地处理这些异议，客服人员需要对客户提出的各种问题进行回应和解释。正确地解决异议的过程就是打消客户顾虑、建立信任，从而促进转化的过程。

5. 促成订单

在促成交易时，客服人员可以尝试以下六种技巧：

（1）利用“怕买不到”的心理。当对方已经有比较明显的购买意向，但还在最后犹豫的时候，客服人员可以这样说：“今天是优惠价的截止日，请把握良机，明天就遇不到这种折扣价了。”

（2）利用客户希望快点拿到商品的心理。大多数客户希望在付款后卖家越快寄出商品越好，所以在客户已有购买意向，但还在最后犹豫的时候客服人员可以说：“我们是按照付款顺序发货的，您如果现在下单，今天就可以发货。”

（3）采用“二选其一”的问话技巧。当客户一再出现购买信号，却又犹豫不决时，可采用“二选其一”的问话技巧来促成交易。例如，客服人员可以说：“请问您需要 A 款还是 B 款呢？”

（4）帮助准客户挑选。许多准客户即使有意购买，也不喜欢迅速下单，而总要东挑西拣，在商品颜色、规格、式样上不停地选择。这时候客服就要改变策略，暂时不谈订单的问题，转而热情地帮对方挑选颜色、规格、式样等。一旦解决上述问题，订单也就水到渠成了。

（5）巧妙反问。当客户问到的某种商品正好没有货时，客服人员可运用反问来促成订单。例如，客户问：“你们有银白色的冰箱吗？”客服人员不可以直接回答没有，可以这样问：“抱歉，我们没有生产这个颜色，不过我们有白色、黑色、灰色、蓝色，您比较喜欢哪种呢？”

（6）积极推荐。当客户拿不定主意，需要客服人员推荐时，客服人员可以尽可能多地推荐符合其要求的款式，并在每个链接后附上推荐的理由。

（二）催付

经过长时间沟通，买家终于拍下产品却未付款。对于未付款订单，客服人员要与客户进行沟通，了解未付款的原因，也就是常说的催付；当因邮费或其他原因需要修改价格时，客服人员修改价格后要做好备注。

只要买家回复了，催付的第一步就成功了。不管买家回复了什么内容，客服人员重新发起与买家沟通的目的就达到了。接下来买家会付款，或者会主动说不买的原因；如果买家没有付款，也没有主动说不付款的原因，这时候客服人员就可以询问买家不付款的原因了。

（三）订单处理

从买家进店拍下商品开始，会出现很多个订单节点，这些节点被称为订单状态。

1. 等待买家付款

如果订单状态为等待买家付款，客服人员可以使用催付技巧与客户进一步沟通。

2. 买家已付款

买家付款后，接下来就是等待卖家发货。在交易中，有不少订单因为买家地址留错或者商品拍错，导致退换货的情况出现，所以在发货前客服人员有义务跟买家进行订单信息核对，包括收货地址信息以及商品信息。

3. 卖家已发货

当买家付完款后，有部分买家会询问发货了没有、快递到哪儿了这类问题。如果仓库已经发货且已经在后台录入单号，客服人员这时可以告诉客户点击“查看物流”按钮查看物流状态，再将物流信息告知买家。

4. 交易成功

当买家收到商品，确认收货后，交易状态会变为交易成功。交易成功不代表交易结束，这时候作为在线客服人员，可以对买家进行回访，比如，询问买家在使用方面有什么不懂的地方、衣服是否合身等，以此来体现对买家的关怀，提升买家的购物体验，提高店铺回购率以及口碑。

5. 交易关闭

在等待买家付款、买家已付款、卖家已发货、交易成功这几种订单状态中，因为卖家缺货、少货或者买家对服务不满意、不想购买、退款等原因，都有可能变为交易关闭状态。这时客服人员需要分析为何交易会关闭，并且在必要的情况下把问题提交给店长，协助找到交易关闭的原因，优化商品结构和服务，降低交易关闭率。当已经有解决方案时，客服人员需要积极促成买家重新下单。

三、网店客服售后服务

客户付款完毕并不代表客服人员工作的结束。售后服务是考验客服人员综合素质的重要环节，而且比售前服务更加复杂。

（一）售后服务的重要性

1. 提升客户的满意度，获取优质口碑

从品牌层面来看，良好的售后服务是维护消费者对品牌价值统一认识的重要措施。从电子商务实践来看，良好的售后服务本身也具有交易价值，消费者往往愿意为优质的售后服务体验付出相应的成本。在交易过程中，如果售后服务不到位，直接结果就是DSR（Detail Seller Rating，卖家服务评级）的降低、店铺的负面评价增加，从而影响店铺的形象。

2. 提升复购率

在电子商务交易过程中，客户如果产生了不满意体验，首先想到的是在线售后客服。售后服务做得好，不但可以消除客户的不愉快，而且还会和客户产生更深入的接触，甚至可以把对店铺有过不满情绪的客户转化成店铺的长期重要客户。因此，做好售后服务，正面、积极的客户评价可以提升店铺的复购率。

3. 降低店铺的负面影响

如果客服人员没有很好地解决客户问题，很有可能因为客户的投诉或差评导致店铺受到降权、商品下架、扣分、限制活动、屏蔽等处罚，严重者还会导致店铺被封。因此，在线售后客服承载着整个接待过程中的沟通和交易完结后跟踪服务把控的重要使命。只有把控好售后服务，才能使店铺规避风险，把负面影响降到最低，从而提升客户的满意度。

（二）售后服务管理

1. 订单处理

客户付款以后非常关心的一个问题就是卖家能否快速发货，如果卖家没有按照约定的时间发货，客户往往会催促商家尽快发货，甚至个别客户可能会发起投诉。针对这些情形，客服人员首先应尽可能保证所有的订单在预定的时间内发货。如果由于特殊原因没有发货，那么客服人员一定要与客户主动沟通、说明原因，必要时可以给予客户一定的补偿。当客户提出查单需求时，客服人员要快速反应，减轻客户的焦虑度，同时要注意热情、主动、耐心地解答；当快递出现意外情况（如爆仓等）时，客服人员要及时告知客户。

如果客户收到商品以后对商品不满意，主要原因大致有两个：一个是质量问题；另一个是非质量问题。如果是质量问题，客服人员可以要求客户提供照片，待确认属于产品质量问题以后做出退货或换货的决定，客户提出退货申请并按照客服人员提供的退货地址将商品退回，商家收到货以后审核无误并做出退款或重新发货的决定。如果是非质量问题，如快递无法派送、客户已经不需要本产品了等情况，若客户还没有收到货，客服人员就可以让客户拒收；如果客户已经收到货了，则按照七天无理由退换货的方式处理。

2. 维权申诉

在交易过程中也会碰到一些不讲理的客户，对于这些因不合理要求而发起的投诉，客服人员也要做好维权和申诉工作。

在客户发起了售后或投诉以后，客服人员不要慌张，要主动和客户沟通。如果沟通成功，客户会撤销维权；如果沟通不成功，将进入申诉阶段。申诉首先要收集证据，客服人员要做好旺旺聊天截图、物流信息拍照或截图及其他证据的搜集准备工作；同时客服人员还要查找规则，寻找与投诉内容相关的规则，进而操作申诉。

3. 管理评价

在现代网络购物中，买家可对卖家所提供的商品、服务、双方交易所必需的第三方提供的服务以主观认为或客观意见给出评价；卖家也可对买家在交易中的态度、语言以主观认为或客观意见给出评价。评价是双方的权利，评价方的评价会影响被评方的信誉。

评价分为好评、中评和差评。好评率是网店能够向上发展的持续动力。根据淘宝网的数据统计，在购物前浏览查看商品评论的客户占全网购物人数的 89% 左右，因为客户希望通过其他购买者的信息反馈得到一个对商品较为完整的认识。因此，如何管理评价对于客服人员来说是一项重要的工作。任何一个商家都无法一直保证 100% 的好评，所以当出现中、差评的时候也不要太紧张。客服人员首先要和客户及时沟通，如果客户不愿意修改评价，客服人员也要做好解释工作。

动态评分标准

在网店经营中，难免会碰到某些挑剔的客户给予中差评的现象。卖家要学会正确处理客户给予的中差评。

（1）反思。

遇到中差评，卖家首先应该自我反思，检查自己在交易过程中是否犯错、服务是否周到，而不要先寻找借口为自己开脱。如果反思过后，发现自己确实有工作不到位的地方，就要吸取教训，并在以后的工作中逐渐改善。如果发现是客户的误解，那么最好发信息给客户，向客户说明事实真相，但千万要注意用词，不要因为占理而口无禁忌。

（2）保持良好心态。

面对非好评，如果错在卖家，那么卖家首先应保持良好的心态。如果卖家诚信经营，发生问题也能与客户认真沟通，就应该坦然面对非好评，把时间和精力集中到其他客户身上，努力用更多的好评去弥补非好评带来的影响。如果碰到恶意评价，则可以选择向电商平台投诉，以维护自己的正当权益。

（3）及时回复。

在客户给出评价以后，卖家的及时回复尤为重要。及时回复不仅能让客户觉得卖家重视他们，而且卖家也能及时解决客户给出的不良评价。

（4）客观解释。

先针对出现的问题给出合理的解释，因为每个评价都会展示在其他客户面前，如果卖家对这些评价既不理不睬，也不给出解释，那么其他客户就无法相信商品不会再出现类似的问题。在给出解释之后，别着急提交，可以借着这个契机趁机打广告。在给出解释时，可以附上同款商品其他客户的好评。

4. 客户关系维护

客户关系维护是指客服人员对已经建立的客户关系的维护。客户关系维护的内容包括：做好客户基本信息的数据收集，包括客户的姓名、性别、联系方式、生日、特殊纪念日等；根据客户的基本信息建立完整的客户资料库；按照客户的级别和喜好对客户进行分组管理。同时，要定期通过微信、短信等方式回访客户，将店铺的活动信息及时告知客户。

素质提升

恶意下单后给“差评”？这不是维权，是犯罪！

网络购物虽便利，奈何商品质量良莠不齐。仅有的参照物除了其他购买者的“买家秀”之外，也只剩下店铺和商品的评价了。由于评价的重要性，一些犯罪嫌疑人向爱惜羽毛的卖家们下了手。

2021 年，福建莆田仙游网安部门在工作中发现线索，网民“小刘”组织多名成员频繁地在各个网络电商平台上下单，随后差评并申请退款，行为异常。

经多日奋战，民警对上千条网购平台交易、评价记录进行了梳理，确定该组织存在实施敲诈勒索的犯罪嫌疑。莆田市县两级网安部门迅速成立专班，筛查研判嫌疑人员活动特点，最终成功掌握了这个网络涉恶犯罪团伙的内部架构及作案流程。

该团伙以犯罪嫌疑人刘 ×× 为核心，共有十几名骨干成员，自称地下“执法队”。这伙人从黑产渠道购买大量网络账号，通过有组织地在多个电商平台恶意下单后“差评”“投诉”等方式敲诈卖家获利，参与“狩猎”者则以“分红”名义分赃。由于手法恶劣，涉及电商卖家数量众多，他们的行为在网络电商平台内形成了恶劣影响。

无论是有偿刷单，还是恶意差评，都侵犯了消费者或商家的利益，更扰乱了互联网公平交易的秩序，损害了电子商务的营商环境。请消费者不要因为法律意识的淡薄，在贪念的驱使下参与此类活动。这不是“薅羊毛”，更不是“消费维权”，这是赤裸裸的违法犯罪行为，很可能要为此付出惨痛代价。

知识巩固与技能提升

扫码练习

07

项目七

客户投诉处理

学习目标

知识目标

1. 了解客户投诉的含义和意义；
2. 理解客户投诉的原因和类型；
3. 了解客户投诉的心理需求；
4. 了解客户投诉的原则；
5. 掌握客户投诉的流程；
6. 掌握客户投诉处理的技巧和方法。

能力目标

1. 能够正确分析客户投诉的原因和类型；
2. 能够独立使用恰当的技巧和方法处理客户投诉；
3. 能够按照客户服务基本流程处理客户投诉。

素养目标

培养耐心、细心、专业的职业素养；培养法律意识，正确认识维护公民合法权益的行为；培养敬业精神和责任意识。

导入案例

2022年度“3·15”消费投诉大数据报告

又到一年一度的“3·15”国际消费者权益日，《中国质量万里行》连续七年发布“3·15”消费投诉大数据报告。这是一份围绕投诉渠道、投诉月份、行业类别、投诉性质以及投诉诉求五大维度的综合统计分析报告。

1. 按投诉渠道分析

按投诉渠道划分，《中国质量万里行》主要分为电脑端和移动端来接收消费者的实名投诉。《中国质量万里行》2022年消费者投诉数据来源显示电脑端网页略高于移动端渠道。

2. 按投诉月份分析

根据《中国质量万里行》2022年消费投诉数据显示，3月、1月、2月，成为月度消费投诉量排名前三位的月份。一方面，受传统的“3·15”国际消费者权益保护日的影响，消费者对3月的消费维权问题的信息量增幅明显，对于自身合法权益的保护意识不断增强。另一方面，受电子商务行业的消费投诉占比最大的因素影响，《中国质量万里行》消费投诉数据的峰值与电商平台的6月、11月、年底大促等购物旺季息息相关，投诉量也会相应增加。

3. 按行业类别分析

结合《中国质量万里行》2022年消费投诉数据，针对企业和消费者广泛关注的电子商务、教育培训、电子电器、汽车行业、物流快递、房产家居、旅游行业等重点行业数据进行梳理后，不难发现：

第一，电子商务成为消费投诉的重点行业。近年来，随着我国数字经济的蓬勃发展，网络消费已经成为社会大众的基本消费方式。《中国质量万里行》消费数据显示，电子商务类消费投诉占全年投诉的31%，居各行业之首。

第二，电子电器行业投诉多集中在“网红”小家电。《中国质量万里行》2022年消费投诉数据显示，消费者反馈的电子电器类投诉多以网购平台方式购买为主，问题集中在以下几个方面：一是部分“网红”家电产品质量受诟病；二是售后问题。

第三，新能源汽车制动系统的关注度较高。2022年，汽车行业的质量问题、服务问题、销售合同问题、未按时交付以及提车后降价问题，是车主们投诉较多的几个方面。

第四，教育培训行业“退款”问题集中。2022年，从《中国质量万里行》的投诉内容和舆情监测的数据来看，教育培训行业的消费投诉问题主要集中在以下几个方面：一是涉嫌虚假宣传，不按合同约定履行义务；二是诱导贷款消费；三是机构收费容易退费难。

第五，房产家居行业，“保交付”成房企实力体现，装修按工期执行。

第六，新冠保险理赔难成为消费者关注的问题。

第七，旅游交通行业，退款问题、网络欺诈、霸王条款成旅游行业消费投诉的重点。

第八，快递不“快”，成为物流消费者最在乎也是最容易产生投诉的问题。《中国质量万里行》2022年收到的物流快递行业的投诉数据，涉及多个物流快递公司，涵盖八类问题：送货慢、丢件、损坏、服务、赔付、虚假/代签收、价格/费用、偷盗/掉包物品等。

4. 按投诉性质分析

根据消费者投诉的性质，《中国质量万里行》对消费投诉的关注分为三大类：质量类、合同类、服务类，其中质量类问题突出。

5. 按投诉诉求分析

《中国质量万里行》在受理消费投诉时，“投诉诉求”是消费者投诉时的“必填项”。消费者的投诉诉求被分为10类：退款、赔偿、道歉、发货、改善服务、换货、退货、维修、延长质保、问题解答。

【分析提示】

客户投诉是企业运营中必须面对的一个问题。客户投诉是一把双刃剑，它在给企业造成不良影响的同时，对企业也具有一定的积极意义，它能使企业对自身形成更清晰的认识。所谓“知彼知己，百战不殆”，客户投诉是反映企业经营状况的信号灯，如果企业能够利用好这盏信号灯，企业经营将会收到事半功倍的效果。

任务一

认识客户投诉

一、正确看待客户投诉

现代市场竞争的实质就是一场争夺客户资源的竞争，但由于种种原因，企业提供的产品或服务有时会低于客户期望，造成客户不满意，进而引发客户投诉。相关研究显示，对于 50% ～ 70% 的投诉客户而言，投诉如果能够得到迅速、圆满的解决，客户的满意度就会大幅提高，客户会比投诉之前具有更高的忠诚度。不仅如此，有些满意而归的投诉者还会成为企业的义务宣传员，即这些客户会鼓动其他客户也购买企业的产品。

（一）客户投诉的含义

客户投诉是指客户因对企业产品质量或服务上的不满意而提出的书面或口头上的异议、抗议、索赔和要求解决问题等行为。

作为商家，接到客户投诉的情况一般是避免不了的，但是在处理客户投诉的时候，工作人员也不能不管投诉是否属实就一刀切处理。企业接到客户投诉，有时候确实是商家的问题，但是有时候却是一些客户故意寻衅滋事，投诉内容也不合理，所以处理投诉的时候注意客人投诉的内容是否属实，是有效投诉还是无效投诉，不能因为害怕客人闹事，就委曲求全满足客人的一切要求。客服人员在处理投诉时应该全面考虑，设置是否有效等处理投诉时的一些准则。

客户的投诉往往会导致退货、索赔甚至法律纠纷，会给企业带来一定的经济损失，所以长期以来很多企业想方设法回避客户的投诉，然而所导致的结果不是客户投诉越来越多就是逐渐听不到投诉，同时也逐渐失去了客户。对于客户投诉，一般的企业通常有三种心态和对策：害怕、不予理睬、十分重视。在这三种心态和对策中，只有第三种是可取的。要有效处理客户的投诉，实现客户投诉价值的最大化，企业应正确认识客户投诉。

有效投诉和无效投诉

（二）客户投诉的意义

统计数据显示，96% 的对服务或产品不满的客户不会进行投诉，他们绝大部分不愿意花费时间和精力去自找麻烦。但是，在默默离开的同时，他们会将不愉快的消费经历分享给周围的人，影响产品的潜在消费人群。相关调查表明，每个满意的客户会将满意告诉 5 个人，而每个不满意的客户会将这份不满意告诉 15 个人。简单来说，当客户愿意进行投诉的时候，企业应该给予重视。

1. 客户不投诉不等于满意

单从客户没有投诉，不能得出客户主观上对商品满意的结论。不投诉的客户，或许更加理性，他权衡了各种得失，例如：

不满意的商品对自己的损害有多大（D）；

投诉可能带来的利益有多大（B）；

投诉可能需要付出的成本有多大（C）。

这里的损害、投诉利益和投诉成本不仅直接表现在经济上，还表现在时间、精力、精神等多个方面。当 C ＞ D（投诉成本大于损害）、C ＞ B（投诉成本大于投诉利益）或者 D ＞ B（损害大于投诉利益）时，最基本的心理状态是不信任，即不信任商家能解决问题，或者不信任商家能为他顺利、及时地解决问题。于是客户就选择了沉默，或选择走掉。当然，这里有一个重要的前提，即客户因不满意商品遭受的损失在自己的忍受限度之内。

客户服务中存在的问题好比一座冰山，几乎 90% 隐藏在水面之下，公司或员工根本无法直接看到客户服务中 90% 的核心问题。因此，企业必须通过多种途径去了解客户，尤其是要健全投诉制度，鼓励客户投诉。

2. 令人满意的投诉处理，可以培养客户的忠诚度

麦肯锡在一次调查中发现，不满意的消费者是否继续选择企业产品或服务的情况如表 7-1 所示。

表 7-1 不满意的消费者是否继续选择企业产品或服务的情况

客户类型	客户保持比例	客户流失比例
不满意又不投诉	9%	91%
投诉没有得到解决	19%	81%
投诉得到缓慢解决	54%	46%
投诉得到迅速解决	82%	18%

注：这里的客户是指虽然进行投诉但还会继续购买商品的客户；其中 4% 的不满意客户会向企业投诉，96% 的不满意客户不会向企业投诉。

事实证明，那些向企业提出中肯意见的人，都是对企业依然抱有期望的人，他们期望企业的服务能够加以改善，并愿意无偿地向企业提供很多信息。因此，从某种意义上讲，投诉的客户对企业意义非凡。

3. 客户投诉可以促进企业成长

市场营销的核心理念是以消费者需求为导向，消费者需求或期望什么样的产品或服务，企业就应提供什么样的产品和服务。这些道理说起来容易做起来难。因为在一般消费者的“期望”与企业的“期望”之间，总会存在一定的偏差；企业认为这样好，而消费者不一定领情和认可。因此，正视客户投诉是个有效方法，因为客户投诉的地方也是商家的问题所在，客户的批评、指责是商家纠偏的“良方”。

4. 巧妙处理客户投诉可以帮助企业提升形象

对于有些投诉，如果有效地采取了补救措施，并巧妙地处理好，不但会消除客户的抱怨，也能体现企业良好的信誉，树立积极的企业形象，使坏事变成好事。

5. 客户投诉可以帮助企业发现隐藏的“商机”

在市场竞争日益激烈的今天，一些聪明的企业家善于从客户的投诉中发现商机，开辟一个又一个新的经济增长点。

例如：计算机刚面世时，一些客户由于操作不当，常常造成计算机系统死机，因而对计算机的质量和功能非常不满意，对厂商投诉较多。此时，有一家计算机公司从客户的投诉中受到了启发，开发了“一键恢复”功能键。当客户操作失误，可按下“一键恢复”键，被损坏的系统就会自动恢复，还会把各种文件完整地保存起来，装有这种软件的计算机，一上市就受到了消费者的青睐。

二、客户投诉的原因

（一）企业方面的原因

1. 产品问题

产品问题主要是指由于产品质量不达标，或者产品存在重大缺陷等造成的客户投诉。例如：客户购买产品后，发现产品的质量不好，或者产品已经变质；客户发现企业所生产的产品是以次充好、以假充真的；客户发现产品存在严重问题，导致产品在使用的时候出现故障等。

2. 服务问题

服务问题是指由于企业提供的服务未达到客户期望值所引起的投诉。例如：企业或客服人员的服务态度较差；企业为客户提供的服务环境较差；企业在为客户提供服务的过程中发生失误，给客户造成损失；客服人员能力不足，不能很好地满足客户对服务的需求等。这些都会让客户感到不愉快，引发客户的不满意，从而引起客户投诉。

3. 宣传误导

企业在广告中过分夸大宣传产品的某些性能，如包装过度，造成实际产品与客户预期不符；或者企业对客户做了某种承诺而没有兑现，使客户的期望没有得到满足。

4. 企业管理不善

企业内部管理存在问题，内部运转不畅，导致客户无法及时享受应有的权益。例如：企业内各个职能部门各行其是，业务流程混乱；企业各部门职责不明，出现问题后相互指责、相互推脱，无法使问题得到及时处理等。

（二）客户方面的原因

客户投诉与客户自身有一定的关系，如客户的个性特征、自我保护意识、经济实力、闲暇时间的充裕度等都会对客户投诉产生一定的影响。

1. 客户个性特征与客户投诉

处理问题比较客观、冷静的客户，即使因自己的需求没有得到满足而提起投诉，也会保持理智，不会使矛盾升级，但他们今后可能不会再次购买企业的产品或服务。喜欢斤斤计较的客户稍有不满就会提起投诉，若企业没有处理好这些投诉，投诉很可能会继续恶化，对企业造成负面影响。

2. 客户自我保护意识与客户投诉

如果客户的自我保护意识较强，其一旦遭受了不公平待遇，就会采取行动来维护自己的合法权益；如果客户的自我保护意识较弱，其即便遭受了不公平待遇，也可能会选择沉默，而不是想方设法维护自己的权益。

3. 客户经济实力与客户投诉

一般来说，客户是根据自身的经济实力来选择产品或服务的。当然也不尽然，经济实力稍差的客户可能会选择高端产品，经济实力较强的客户也可能选择低端产品。如果经济实力稍差的客户选择了高端产品，这些客户对产品的期望值往往要比其他客户的期望值高，潜在的投诉率也会较高。

而当一款高端产品或服务从高端市场转向中低端市场时，客户投诉量往往会较之前有所增加。导致投诉量增加的原因，一方面可能是企业产品销量上升，企业对产品质量的控制和服务没有及时跟上，从而造成产品或服务质量下滑；另一方面可能是客户对高端产品的期望值较高。

企业要特别注意，原来定位于高端市场的产品，一旦由于经济的发展和人们生活水平的提高，出现了“飞入寻常百姓家”的趋势时，不能沾沾自喜于销售量的大增，而要看到其中的隐忧，即在满足市场需求的同时，要加倍做好服务和投诉管理。

4. 客户闲暇时间的充裕度与客户投诉

投诉需要花费客户大量的时间和精力。有些客户在权衡了自己的时间价值和投诉所得后，会选择放弃投诉。当然也有一些客户闲暇时间较多，他们往往会非常认真，不达目的决不罢休，所以企业要重视对这部分客户投诉的处理。

三、客户投诉的类型

客户投诉的类型可以从不同的角度来进行划分，对于某一具体的投诉，也可以从多个角度来进行界定。常见的客户投诉的类型如表 7-2 所示。

表 7-2　常见的客户投诉的类型

划分标准	客户投诉的类型	说明
按投诉严重程度划分	一般投诉	投诉的内容、性质轻微，投诉事件未对投诉人造成很大的损害，或者投诉人的投诉言行对企业的影响不是很大。
	严重投诉	投诉所涉及的问题比较严重，对投诉人造成了较大的物质或精神上的伤害，使投诉人非常愤怒从而做出对企业不利的言行。
按投诉的行为划分	消极抱怨型投诉	投诉人向客户服务人员不停地抱怨、诉说自己各个方面的不满意，投诉人投诉的重心在于表达“不满意”。
	负面宣传型投诉	投诉人在公共场合或除企业外的其他人面前传播产品或服务的负面评价，其投诉的重心在于“广而告知”企业的缺陷与不足。
	愤怒发泄型投诉	投诉人情绪激动或者失控，投诉的重心在于以愤怒、敌对的方式宣泄自己的“不满意”。
	极端激进型投诉	投诉人以极端的方式与客户服务人员发生争吵或做出一些过激的行为，不达目的决不罢休，这类投诉一般也称为客户冲突。
	建议型投诉	投诉人可能不是在自己心情不好的情况下向企业提起投诉，恰恰相反，这种投诉很可能是伴随投诉人对企业的赞誉而发生的，即投诉人是怀着一种“尽管这样不错，但那样会更好”的想法来向企业提起投诉的。
	批评型投诉	投诉人对企业心怀不满，但情绪相对平静，只是把这种不满向企业表达出来，但不一定要让企业给出相应的承诺。
	控告型投诉	投诉人已被激怒，情绪激动，要求企业做出某种承诺。

续表

划分标准	客户投诉的类型	说明
按投诉的原因划分	产品质量投诉	投诉人因产品的质量、性能、安全等方面存在问题而引发的投诉。
	服务投诉	投诉人因对企业提供的相关服务、客服人员的服务方式和态度等方面不满意而提出的投诉。
	价格投诉	投诉人认为他所购买的产品或服务价格过高或者物非所值而引发的投诉。
	诚信投诉	投诉人因购买产品或服务后，发现产品的实用价值或自己感受到的服务与企业宣传和承诺不相符而引发的投诉。

在一定情况下，同一标准下的客户投诉是可以互相转变的。例如：一般投诉如果处理不当，极有可能演变成严重投诉，甚至导致企业发生重大危机；相反，如果严重投诉处理得比较得当，也可以转化为一般投诉。企业如果没有对建议型投诉给予一定的重视，那么建议型投诉可能会转变成批评型投诉，进而可能发展成控告型投诉。

四、客户投诉的心理需求

客户投诉心理是客户对所要购买产品（服务）或已经购买的产品（服务）不满意而产生的一种心理活动。只有了解客户投诉的心理需求，在客户投诉时才能树立起自信，有利于客户问题的有效解决。客户投诉的心理需求一般有以下几种。

（一）求发泄的心理

客户在带着怒气和抱怨进行投诉时，有可能只是为了发泄不满情绪，让郁闷或不快的心情得到释放和缓解，来维持心理上的平衡。耐心地倾听，使客户不愉快的心情得到释放和缓解是最好的处理方式。当客户发泄不满情绪时，客服人员一定要耐心倾听，切忌随意打断客户。直接发泄不满意的情况多见于重复投诉，在处理具有这类心理的客户时，客服人员要以恰当的言辞和善地安抚客户，并需要及时与相关部门联系以确认问题所在，分清责任后再给予客户合理解释。

案例链接

胖东来人教你如何处理客诉

胖东来官方网站上有这样一段留言：

昨天买的饺子，是你们包好冻起来的，结果今天冬至煮着吃呢，盛出来一碗烂半碗，都没法吃了，都倒了，只是提个建议，希望你们以后注意吧！

针对客户的留言，胖东来是这样回复的：

（修改前）

尊敬的顾客：

您好！看到您的留言我们非常重视，首先给您带来的不便真诚地向您表示歉意，主管第一时间与顾客取得联系，电话沟通后立即安排人员上门按照《客诉补偿标准》为顾客办理并赠送饺子一份，由于顾客不在家，先以微信转账的形式为顾客办理退货，约定

24日晚上6:00上门赠送顾客饺子一份，使顾客满意；

针对您所反馈饺子烂的问题，由于在制作过程中出现包不严实、冷冻后张口现象，并且在销售过程中员工未能按照标准进行挑拣，导致销售给顾客的商品出现煮烂的现象；我们按照胖东来各项管理制度对责任人及各级主管逐级连带处理；同时利用例会给员工分享案例，并要求员工在上货、理货过程中时刻注意饺子的完整度；主管不定时地抽查，发现不合格的产品不予上架，避免类似的问题再次发生；

如果您有其他需要帮助的地方可直接拨打我们的值班电话：187××××8062，祝您生活愉快！

（修改后）

尊敬的顾客：

您好！看到您的留言我们非常重视，首先为给您带来的不便真诚地向您表示歉意，主管第一时间与顾客联系，由于我们工作的失误，给您带来一个不愉快的冬至，影响了您及家人的用餐心情。为了表达我们的歉意，邀请您全家在小区附近饭店安排用餐！顾客由于孩子小出门不便婉言谢绝！经沟通后，我们按照胖东来《客诉补偿标准》为顾客先以微信转账形式办理退货，并制作多种口味饺子，制作后安排专人于24日晚上6:00之前已送到，并赠送礼品一份，使顾客满意。

针对您提出的建议，我们立即对该批次商品进行排查，由于在制作过程中出现包不严实、冷冻后裂口现象，我们已将该批次商品全部下架报损，同时我们通知各门店，将严格按照制作标准流程加工，保证商品口感和品质，并利用例会给员工分享案例，要求员工在上货、理货过程中时刻注意饺子的完整度，主管不定时抽查，如果发现不合格的产品不予上架，避免类似的问题再次发生。

如果您有其他需要帮助的地方可直接拨打我们的值班电话：187××××8062，祝您生活愉快！

【分析提示】

从客户留言可以看出来，客户的情绪是比较稳定的，只是说出了事实，发泄了自己情绪。对比胖东来修改前后的回复，修改后显然更有温度，让顾客心里更舒服。因为企业照顾到了“因为我们的商品问题，导致顾客产生了不愉快的情绪”，又主动承认自己的过失、真心道歉，并邀请顾客吃饭去尽量弥补，顾客知道自己的心情被理解，对胖东来处理问题的满意度自然就更高了。

（二）求尊重的心理

客户总希望他们的投诉是对的，是有道理的，他们最希望得到的是同情、尊重和重视。处理投诉的工作人员要及时向投诉的客户表示歉意，承诺进一步追查，并感谢客户的建议和支持，是化解客户因为自尊心理受损导致不满的有效途径。客户服务人员要牢记，虽然客户不一定是对的，但他们是需要被尊重的。

（三）求补偿的心理

当客户的权益受到损害时，他们希望能够及时得到补救。一般来说，客户希望得到适当补偿的心理越急切，而又无法得到补偿时，其投诉升级的可能性就越高。投诉升级后，客户满意度和忠诚度都会严重下降，导致客户离开的可能性也极大。因而，从一开始把为什么没有补偿、在何种情况下可以得到补偿、怎么补偿等问题向客户解释明白，远比处理投诉升级来得快捷、有效。

客户投诉时心情十分急切，因此设计服务补救系统时，应当有适当程度的员工授权。对于小问题，一线员工就能解决；对于大问题，也必须有一个迅速传递信息的渠道，使有权处理者能迅速解决客户的问题。

案例链接

海底捞授权制度

一、授权对象

经过培训合格的所有员工。

二、授权操作方式

1. 打单后退菜：任何员工均有权力打单后退菜。

2. 打折、免单：无论任何原因导致顾客不满意，员工可以给顾客打折（任意折扣包括免单），除此之外的打折、免单必须由收银服务员及以上人员操作，谁打折用谁的工号。

3. 抹零、奉送：正常情况下，服务员有5元以内的抹零和30元以内的菜品奉送权，超过权限必须由领班以上人员操作。海底捞分店出纳：每月汇总一次免单、抹零、打折、买单后退菜等总金额前10名的员工名单给店经理。分店经理对前5名的员工数据进行分析，并且将分析结果提交给销区经理，及给出纳备案。

4. 免单：无论什么原因免单必须是领班及以上人员亲自落单。

三、买单、交账的要求

1. 服务员在给客人核对账单时必须用系统中打印的两张预打单，一张用来落单，另一张用来和客人对账。

2. 服务员必须在落单后将开发票凭证提供给顾客，用以开发票。

3. 清账员收账时必须核对收银员所交账是否正确，并做好登记工作，将相应的单据交给财务人员。

四、回馈顾客的活动要求

不得利用职权贪污积分或者其他回馈顾客的礼品。

五、奖惩

1. 财务人员不定期检查，对于异常情况统一由财务部发给内审部，必须等到内审部的调研结果出来后，由分管副总通知销区经理方可处理员工。

2. 一旦发现员工吃单，则给予开除处理，根据情况移送司法机关处理；若为举报，且举报情况查实，则给予举报人不低于1万元的现金奖励，且保密；各级人员自查到部门内吃单，则奖励金豆豆一枚。奖金由海底捞（中国）总经办确认后由片区财务统一发放，金豆豆由海底捞（中国）总经办确认后门店或者部门走OA流程领取。

3. 一旦上级查出吃单现象，则由上级决定下级是否负有管理责任，并决定如何处罚。

【分析提示】

经营餐厅，没有完美的“现场”，一些小意外、小插曲不可避免，关键是如何处理。可怕的不是遇到客诉，而是没有第一时间控制住事态，让矛盾升级。海底捞的授权制度保证了在服务过程中顾客合理的要求可以得到及时满足，质量事故可以得到及时解决，有效避免了投诉升级。

（四）期待问题解决的心理

如果客户期待问题能尽快解决，这意味着客户心理尚没有达到信任危机的状态，只要相关部门密切配合，在客户可以容忍的时限内解决问题，那么客户的满意度和忠诚度就不会受到影响。所以，把握住“客户期待问题尽快解决”的心理后，应马上采取行动。如果是常见的可控问题，就应该给客户承诺，提出一个解决问题的期限，以安抚客户。当然，如果是不可控的问题或者需要进一步确认的问题，那么更应灵活地对客户表示企业会尽快地为他解决问题，并会及时与他联系，也欢迎和感谢客户主动沟通。

任务二

解决客户投诉

一、客户投诉处理的原则

（一）态度积极

企业要以积极的态度去处理客户投诉，不可以对客户投诉不理不睬，或者敷衍了事。如果企业对客户投诉采取消极态度，会增加客户对企业的不满，使客户失去对企业的信任。

（二）尊重客户

企业和客服人员要懂得尊重客户，懂得站在客户的立场看问题。企业要提高客服人员的素质和业务能力，让客服人员树立全心全意为客户服务的思想。面对情绪较为激动的客户，客服人员要避免感情用事，与客户产生争执。客服人员要注意倾听客户的投诉，先让客户将自己的不满发泄出来，然后再寻找解决问题的方法。

（三）迅速处理

企业在处理客户投诉的时候切忌拖延时间、推卸责任，而是要各部门通力合作，迅速处理客户投诉，力争在最短的时间内解决问题，给客户一个满意的答复。企业拖延时间或推卸责任，只会进一步激怒投诉的客户，让事情变得更加复杂，很可能导致客户因投诉的问题没有得到解决而去损毁企业的信誉、形象。

快速处理客户投诉

（四）专业规范

企业要建立完善的投诉系统，由专业人员来管理和处理客户投诉问题，制定明确的投诉处理程序和标准，让客户投诉的处理过程专业化、标准化、规范化，让客户在投诉的过程中也能享受专业、规范的服务，从而提高客户的满意度。

二、客户投诉处理的流程

客户投诉处理的流程一般包括以下几个步骤。

中国邮政银行客户投诉指南

（一）记录投诉内容

客服人员要根据客户投诉登记表详细记录客户投诉的全部内容，如投诉人、投诉时间、投诉对象、投诉要求等。

（二）判断投诉是否成立

客服人员在了解了客户的投诉内容后，要分析确定客户投诉的理由是否充分，投诉要求是否合理。如果投诉并不成立，要以委婉的方式答复客户，以取得客户的谅解，消除误会。

（三）确定投诉处理责任部门

客服人员要依据客户投诉的内容，确定受理单位和受理负责人。如果是运输问题，交储运部处理；如果是质量问题，则交质量管理部处理。

（四）责任部门分析投诉原因

客服人员要查明客户投诉的具体原因及造成客户投诉的具体责任人。

（五）提出处理方案

客服人员要依据实际情况，参照客户的投诉要求，提出解决投诉的具体方案，如退货、换货、维修、折价、赔偿等。

（六）提交主管领导批示

针对客户投诉的问题，主管领导应对投诉的处理方案一一过目，并及时做出批示。根据实际情况采取一切可能的措施，尽力挽回已经出现的损失。

（七）实施处理方案

对直接责任人和部门主管要根据有关规定做出处罚，依照投诉所造成的损失大小，扣罚责任人一定比例的绩效工资或奖金。对不及时处理问题而造成延误的责任人也要追究相关责任。将处理结果通知客户，并尽快收集客户的反馈意见。

（八）总结评价

对投诉处理过程进行总结与综合评价，吸取经验教训，并提出改善对策，从而不断完善企业的经营管理和业务运作，提高客户服务质量和水平，降低投诉率。

三、处理客户投诉的技巧

投诉处理具有比较明显的技巧性，如果能掌握投诉处理的技巧，客户投诉处理的效率就会大幅提高。

（一）一般投诉的处理技巧

对于一般投诉的处理，通过采用 LSCIA 处理法，可以较好地解决客户的投诉问题。LSCIA 是 Listen（倾听）、Share（分担）、Clarify（澄清）、Illustrate（陈述）、Ask（要求）这五个英文单词首字母的组合。

1. Listen（倾听）

当客户进行抱怨或投诉时，客服人员首先要学会倾听，搜集数据，并做好必要的记录。然后，要弄清问题的本质及事实。

为了能让客户心平气和地诉说，客服人员在倾听时应注意以下三点。

（1）让客户先释放情绪。

客服人员切记不要打断对方的谈话，一定要让客户把自己想说的话都说出来，把想表达的情绪都充分释放出来。因为客户在尽情释放自己的不满情绪后，心情往往就能平静下来，从而有利于问题的解决。

（2）善于运用肢体语言。

如果是面对面的交流，客服人员在倾听客户谈话时，要专注地看着对方，并用间歇的点头来表示自己正在仔细倾听对方说话，这会让客户感觉自己被重视了。同时，客服人员还要注意观察客户在说话时的各种情绪和反应，以便采取更好的应对方式。

（3）仔细确认问题所在。

倾听不仅是一个动作，还必须注意同时了解事情的每个细节，以便确认问题的症结所在。倾听时最好用纸笔将重要的信息记录下来。如果对客户所抱怨的内容不是特别清楚，可以在客户说完之后再仔细询问对方。这时要特别注意，应以婉转的方式请对方提供信息，避免让客户产生被质问的感觉。

2. Share（分担）

如果基本上弄清了问题的实质及事件发生的原因，客服人员可以采用分担的方式安抚客户。例如，客服人员可以对客户说："您讲得有道理，我们以前也出现过类似的事情。"无论是产品本身的问题，还是客户使用不当等原因，客服人员都不能责备客户，而是应帮客户分担一份责任和压力。

3. Clarify（澄清）

在已经基本了解客户投诉的原因和目的的基础上，客服人员此时可以对问题加以定义，是产品本身的问题还是由于客户使用不当造成的问题。如果是产品本身的问题，应立即向客户道歉，并在最短的时间内给客户解决问题；如果是客户使用不当造成的问题，要说明问题的实质。但无论如何，客服人员都要诚心诚意地对客户表示理解和同情。

4. Illustrate（陈述）

在客户投诉的问题得到确认之后，客服人员可提出并对客户说明处理方案，同时要用鼓励的话语感谢客户的抱怨和投诉。无论客户的投诉正确与否，必要时客服人员可对其予以精神或物质的奖励。

5. Ask（要求）

在基本解决客户的抱怨和投诉后，客服人员还要再次询问客户还有什么要求，以诚恳的态度告诉客户，假如还有其他问题，请随时联系自己。

（二）严重投诉的处理技巧

与一般投诉相比，对于严重投诉的处理需要更多的耐心和技巧。对于所出现的投诉，首先要识别其是否为严重投诉。

对于严重投诉，前来投诉的客户心情往往不好，有很大一部分客户情绪激动，甚至失去理智。这时候采用令客户心情晴朗的 CLEAR 处理法，即客户愤怒清空法，可以较好地解决问题。CLEAR 是 Control（控制）、Listen（倾听）、Establish（建立共鸣）、Apologize（道歉）、Resolve（解决）这五个英文单词首字母的组合。

1. Control（控制）

客户的过激语言和行为往往会让客服人员因感觉受到攻击而不耐烦，从而被惹火或难过。为了避免客服人员以暴制暴，使客户更加激动，客服人员首先要控制好自己的情绪。这里要坚持的原则是，客服人员可以不同意客户的投诉内容，但一定要认可客户的投诉方式。不管面对什么样的投诉方式，客服人员都要控制好自己的情绪。

2. Listen（倾听）

面对情绪激动的客户，客服人员不要急于解决问题，而应先安抚客户的情绪，等客户冷静下来后再解决他们的问题。为了处理好客户的抱怨，客服人员需要弄清楚客户为什么抱怨或投诉，应静下心来积极、细心地聆听客户愤怒的言辞，做一个好的听众。这样，才能有助于把握客户所投诉问题的实质和客户的真实意图，真正了解客户想表达的感觉与情绪。

3. Establish（建立共鸣）

共鸣被定义为站在他人立场，理解他人的思想、感情、行为的一种能力。共鸣与同情不同，同情意味着被卷入他人的情绪，并丧失了客观的立场。与客户共鸣的原则是换位思考，真诚地理解客户，而非同情。只有站在客户的角度，想客户之所想，急客户之所急，才能与客户形成共鸣。客服人员所表现的对客户的理解，必须使客户听起来很真诚，而不能给客户造成敷衍应付或老套油滑的感觉。

4. Apologize（道歉）

面对客户投诉，客服人员不能推卸责任，可以通过向客户表示歉意，使双方的情绪得到控制。要及时向客户道歉。要特别注意的是，客服人员道歉时一定要发自内心而不能心不在焉，不能一边道歉，一边说“但是……”。这个“但是”会否定前面的努力，使道歉的效果大打折扣。

5. Resolve（解决）

对于客户的投诉，客服人员要迅速做出应对，针对具体问题提出应急方案；同时，还要提出杜绝类似事件再次发生或对类似事件进行处理的预见性方案，而不仅仅局限于消除眼前的问题。

四、有效处理客户投诉的方法

产品出了问题，客户是被动的，也是无助的，如果问题总得不到解决，客户难免要发脾气。有的客服人员觉得客户脾气那么大，自己怎么可能解决？其实，脾气越大的客户越好解决，只要把问题处理了，客户自然不会胡搅蛮缠。

（一）一站式服务法

当今的消费者已经不仅仅满足于产品本身的品质过关，更注重企业相关服务及其服务态度，因此，在面对同等产品时，消费者更倾向于有良好企业形象以及口碑的企业产品，这也是对于企业服务的选择。

当产生矛盾、形成问题时如何化解并使客户继续进行消费行为是对企业的一个考验。服务是使企业获得市场信誉的关键，也是企业自身文化的体现，不良服务导致的问题轻则使企业遭受经济损失，重则使企业失去信誉，继而无法在市场上立足。

案例链接

一站式服务法：全过程跟踪投诉，从受理到解决

北京一家电器企业，以它成熟的服务模式赢得了众多消费者的喜爱，同时成为其他企业竞相学习和模仿的典范。其服务模式的成功之处在于注重贴合、完善整体。每位用户在进行投诉或表达个人意见后，企业都会组织相关人员上门服务，这样的服务更能依照用户的实际情况减少摩擦、提升好感、解决问题。

例如：工程师在接受服务任务时，首先会明确用户信息，其中包括用户姓名、地址、联系电话、购买日期、故障内容、用户需求等详细内容，以便明确用户需求以及对用户需求进行分析。其次是在服务过程中，工程师会耐心倾听用户意见，礼貌应对用户问题，具体问题具体分析，解除故障后还要详细填写保修单内容，并主动要求用户对自己评价，以此确保企业服务质量。最后，在解决投诉内容后该企业还会继续对用户回访以及收集反馈信息，及时了解情况，如果再次出现问题则会重新派人上门服务直至客户对服务质量满意为止。

资料来源：董亮．客户服务与客户投诉处理实务手册 [M]. 北京：企业管理出版社，2017.

【分析提示】

这家企业采用的服务体系所体现的就是“一站式服务”体系的概念。简而言之，用户有需求，企业专业的服务部门就会将问题解决。“一站式服务”体系的本质是系统销售服务，当用户的投诉、意见、咨询等需要沟通协调的意愿传递到企业后，企业专业的负责部门就对这些意愿进行信息搜集、分析，调和处理方案，对投诉的处理进行全程跟踪服务。

“一站式服务”模式主要包含以下四个方面的内容。

1.“一站式”沟通

想要实现用户对服务的满意，企业就需要掌握客户的需求和意向，积极地与客户进行沟通协调，因此就需要实现“一站式”沟通。企业相关部门与用户进行沟通，对用户的投诉、意见、咨询、协调等内容及时接待、收集、处理，快速有效地处理有关管理信息，并对客户的要求进行跟踪，确保落实到底。

2.“一站式”服务

“一站式”服务是指客户在需要服务时，企业会根据客户需求的类别和特点进行分析并与专业机构进行沟通。这就要求任何一位客服人员都能根据客户的需求来协调服务资源，综合客户实际情况，制订合理的服务方案，联系相关服务部门，合理完善服务行为并保证服务结果。

3.“一站式”资源调配

每位客户都期望获得优质的服务，企业也期望创造更高的利润，如何在两者之间进行平衡是保障双方利益的关键。“一站式”服务将用户感兴趣的资源信息进行整合，形成资源信息网，企业对其进行统筹、筛选、调配，满足客户的资源信息需求。而企业也可以作为资源的供应者，从中获得差价的利润，这样便能够实现企业与客户的双赢。

4. 首接责任制

“一站式”服务模式作为一种理念需要一套能够相配套的管理制度来促进其成为现实，“首接责任制”应运而生。“首接责任制”是指首位接受客户需求的工作人员，就是保证为该客户提供满意服务的责任人，首接工作人员可以调动相关的人力、物力以及相关的服务资源为用户提供服务。同时，首接工作人员负责对所提供的服务进行组织、监督、验收、回访、处理回馈等工作。

（二）服务承诺法

很多大型企业对于自己产品的宣传越来越倾向以对消费者的承诺作为主题，这些企业在进行商品销售时已经不是在进行单一的产品推销，而是同步推销企业的信誉。

企业一般在表达自己的服务承诺时都会用到以下几种形式。

1. 将企业的经营目标及企业的服务宗旨展现给大众

这是企业应用最普遍的形式，国内外许多大型企业都会向客户宣传自己的服务宗旨。如唯品会，它的服务宗旨以及经营目标就是百分之百正品销售，它为自己打造的企业标签是“一家专门做特卖的网站”，个性十足又能使消费者产生信赖。

2. 使用传播媒介，树立良好的企业形象

企业在宣传自己的产品时，如果有能力都会选择通过一些传播媒介来进行宣传，当前的传播媒介十分丰富，有电视、广播、报纸、自媒体等，传播形式多样，传播范围广、效果好。

3. 以海报、公告牌等形式对消费者给出服务承诺

海报、公告牌作为最接近大众而且经济实惠的宣传方式受到许多企业的青睐。以海报、公告牌给出服务承诺可以更直接地阐明企业的理念，降低消费者对于企业的疑虑，还可以更好地令消费者了解企业的服务信条。

4. 按照有关规定向消费者保证

不同行业处理投诉的方式有所不同，企业对消费者的承诺要依据有关规定给出，不可以夸大其词，也不能闪烁其词。

5. 企业工作人员与消费者直接接触，向消费者表达企业的具体承诺

这种方式最直接有效，面对面与消费者接触，可以清楚明白地向消费者表达企业的立场。

企业向消费者给出服务承诺可以增强消费者对企业的忠诚度，提升企业的经济利益。从内部来说，服务承诺还可以促进企业工作人员的热情，加强企业内部团结，打造良好的企业文化。

（三）补偿关照法

很多时候，企业在面对投诉事件时会手足无措，不知道该如何减少消费者的损失。很多企业也会在这种情况不明确、问题已经激化的情况下做出错误的决定，使得买卖双方矛盾进一步激化，甚至造成无法挽回的局面。在投诉者面前，客服人员应沉着冷静地对情况进行分析，从心理上令消费者保持对企业的信任，并找出合理的处理方案缓和双方的矛盾。

对过错进行及时补偿关照的行为就是处理投诉事件中常用的补偿关照法。补偿关照法的目的就是安抚消费者，使消费者明白企业对待过失积极处理的态度，也让消费者相信这样的过失不会再次发生，企业很在意消费者，不希望失去消费者的信任。补偿关照法是企业在特定的环境下不得已使用的一种处理方法，在提出补偿关照法时要明确消费者的需求和想法，这样才可以有针对性地对消费者提出补偿方案，更加准确快速地与消费者达成共识。

补偿关照法一般会使用以下方式来实现。

1. 打折

为消费者提供优惠服务，通过对一些商品打折对消费者进行赔偿。

2. 免除费用

免除消费者的部分费用，令消费者得到一定的心理平衡。

3. 经济赔偿

如果造成消费者经济损失，需要对消费者进行适当的经济赔偿，这样既符合规定，又能有效地对消费者进行安抚。

4. 精神赔偿

精神赔偿包含赔礼道歉、赠送礼品、额外赔偿等形式。

（四）五步工作法

每位客户都希望自己在消费过程中能够被尊重，消费行为完成后享受自己的权益。

对企业而言，懂得理解消费者，完善服务行为就是对消费者尊重的体现。

企业处理客户投诉时一般会有两种态度：一种是积极处理，妥善解决；另一种是消极对待，推卸责任。很明显，消极对待只会激化矛盾，加深误解，对于企业来说没有益处。这是一个很简单的道理，但是很多企业在处理投诉事件时还是会将问题激化，造成更多损失。

面对客户的投诉，客服人员应当做到五步工作法，即热情接待、倾听、道歉、分析、解决。客户希望自己在维权的过程中被安慰，问题可以快速有效地被解决，所以对客服人员来说，注意情绪、冷静分析十分重要。

1. 认真倾听客户需求

遇到投诉的客户，一定要从对方的角度来分析问题，理解客户此时的心情。每一位购买了商品但是却出现问题的客户的心情都是失望、气愤和委屈的。客服人员要认真听取客户的意见和诉求，不要打断或者冰冷地对待客户的抱怨。

2. 收集客户相关信息，分析细节

当客户表达完自己的诉求，客服人员要与客户充分沟通，引导客户进行信息补充，尽量还原事件始末，掌握事件的关键细节，找出问题的重点，最后和客户一起制订有效的处理方案。

3. 态度真诚，减少摩擦

在双方了解问题的重点后，不论是否确实为企业的过错，客服人员都要以真诚的态度向客户表达自己的歉意，并帮助客户分析问题，制订有效的解决方案，也可以适当地补偿客户，让客户觉得自己找到了可以解决问题的方法，而不是令客户一直处于焦虑的状态中。

4. 制订方案，邀请客户参与其中

在制订投诉解决方案时，客服人员一定要征求客户的建议并及时对方案进行修改和补充，与客户达成对解决方案的一致意见。在处理过后，对客户进行回访，询问客户意见，确保事件处理妥善。

5. 方案执行力度大，客户问题快解决

制订合理的方案后，不要拖延，要尽快采取行动，不能让客户有被敷衍的感觉。

（五）外部评审法

很多时候消费者投诉后没有得到妥善处理，他们会寻求其他方式来解决，其中选择第三方进行调解的方式较为公正有效。这样可以帮助企业与消费者更为冷静地处理相关纠纷及摩擦，为双方找到更好的处理方法。

由于买卖关系是双向的，当产生双方无法调和的矛盾时，双方更倾向于维护自身利益的想法是可以理解的，但也可能由此造成矛盾升级，问题拖延得不到解决。这时，第三方介入就显得十分必要。第三方可以根据双方的需求及事件发生的原委帮助双方找到平衡点，化解矛盾。

对消费者而言，外部评审是保障；对企业来说，外部评审也是维护利益的利器。所谓第三方，指的是独立于企业与消费者之外的组织，与当事人各方在法律上没有任何关联，没有任何利害和利益冲突，能够保证客观、公正的态度。

（六）替换法

替换商品是企业接到投诉后会结合其他解决方案一同实施的一种处理方法。面对消费者的投诉，对企业最基本的要求是解决商品或服务出现的质量问题。替换商品或服务能同时满足消费者和企业的要求，它可以在把消费者的损失降到最低的同时又以最低的成本维护企业的形象。

企业在采用替换法时，还应注意以下两个关键点。

1. 确认客户投诉内容的可靠性

接到客户投诉时，首先应与相关人员核实客户投诉内容是否真实可靠，并对相关产品或服务出现的问题是否在企业规定的退货、更换及保修的时间范围内确认。

2. 明确责任划分

如果产品或服务问题确是由于企业自身原因造成的，无关客户，企业应主动致歉并争取客户的谅解。产品或服务在规定的退换时间范围内时，销售与服务人员应积极耐心地向客户推荐可替换产品，力求征得客户的认同。如果产品或服务问题是由客户自身原因造成的，且已过了退换的时间范围，企业也应换位思考、耐心沟通，得到客户理解。同时必须明确责任归属，给出合理的解决方案。

（七）变通法

企业的服务质量是企业立足的基础，只有过硬的服务质量和超高的服务水平才能得到良好的客户反馈，获得社会好评，持续地支持企业发展壮大。软件服务设施和硬件服务设施都是影响企业服务质量的关键，而硬件服务设施的改善则能给予客户明显的体验差别，能在提高企业服务质量上起到立竿见影的作用。

企业的硬件服务设施包括业务区、休息区、接待客户区和销售区的各种设施设备等。一个企业所需配备的硬件服务设施与该企业所属行业密切相关，硬件服务设施在酒店、餐饮业等企业中显得尤为重要。

案例链接

变通法：完善或添加硬件服务设施等

某五星级酒店的电梯按规定应每月检查维修，然而有一次一位客户乘坐电梯时出现了 1 分钟的运行停止，客户把这个问题反映给酒店经理，经理嘴上应付着客户说马上找工人来检修，但心里想：每月都进行检查维修，这次也没出现什么大问题，等下次月检时再检查也好。

然而，正是在下次月检的前一天发生了电梯事故。一名孕妇带着一名儿童乘坐那部电梯时，出现了运行停止。孕妇和儿童都受到了惊吓，儿童大哭起来，孕妇慌张之中拨打了电梯中的求救电话。然而呼救电话打通了却没有人接，反复拨打数次后酒店客服才接到求救电话并通知人员施救。后来，孕妇因为过度紧张引发肚子剧痛入院抢救。

事后，孕妇家人投诉酒店，酒店管理人员主动联系客户致歉，对客户的经济损失和精神损失给予了赔偿，并且马上对酒店的所有设施全面检修。然而这件事很快被多家媒体报道，产生了不小的负面影响，极大地打击了酒店的运营。

资料来源：董亮 . 客户服务与客户投诉处理实务手册 [M]. 北京：企业管理出版社，2017.

【分析提示】

案例说明，发现问题应及时解决，不能等更大的问题出现了才意识到完善硬件设施的重要性，尤其是关乎客户生命财产安全的设施，不能有丝毫马虎。完善提升硬件服务设施在提高服务质量上的效果显而易见。当客户投诉问题已经被解决后，只有真正做到完善服务设施，才能提高客户对企业的好感度，有效减少投诉数量。

完善提升硬件服务设施，要做到以下几点：

1. 保证设施设备运营的安全和效率

企业的后勤管理人员应本着“以人为本”的理念，定期对设施设备进行全面检查和维修，建立和完善日常检修制度，严格按照设施设备的使用守则和注意事项对设施设备进行日常检修，并加强监督。

2. 针对不同功能区添加完善相应的硬件服务设施

在办理业务区域内，应根据业务扩展情况，添加叫号机、增加办理业务窗口、增加自助服务功能，并通过添加主推业务宣传栏、功能指示牌、咨询台等来完善硬件设施；在休息区内，应通过添加植物花草等装饰物、提供饮用水、电视、舒适的座椅等设施来让客户尽可能放松，还可以添加与企业相关的杂志、宣传手册等供客户阅读；在销售区内，可陈列产品实物及介绍标签，张贴最新产品的海报进行宣传，根据客户可能停留时间的长度选择提供适量的座椅等。

3. 注重细节

不同的场所可能需要添加同一类设施，但设施的风格类型、数量、功能不尽相同，应根据场所的变化选择最适合的，这就是细节问题。例如：同样是灯光，在业务区只需简洁明亮即可；在销售区则要根据销售产品的属性应用不同的灯光来营造或明或暗、或深沉或多彩的环境；而在休息区，考虑到为客户提供放松的环境，应选择柔和不刺眼的灯光。

4. 善于听取客户提出的意见和建议

不管是企业的管理层还是员工，对企业的感受和想法都只能出于有限视角，而对企业长远发展和改进起巨大推动力的还是那些接受服务的客户。他们的意见和建议一定程度上代表着社会的走向和大众的选择，所以，明智地接受客户在改进硬件服务设施上的意见和建议，可以带来更高的客户满意度，在竞争中占得先机。

五、客户投诉处理禁忌

处理投诉的人员如果不注意自己的语气、态度及言辞等方面的问题，就极有可能让客户更加不满，令一些原本可以很容易解决的投诉升级，对个人及企业的形象和利益造成更大的损失。

（一）使用命令的语气

客服人员处理投诉的时候，情绪可能会受到客人的影响，但是既然客人投诉了，客服人员就应该本着“客户是正确的”原则，尽力理解并尊重客户，迅速找出矛盾所在，并尽快给客户满意的答复，不能让客户的投诉影响公众对企业的信任，应该争取变坏事为好事。

处理客户的投诉时，客服人员应该使用哪种语气跟客户交谈才能达到事半功倍的效果呢？

1. 不卑不亢

有时候确实是企业方面的问题给客户造成了不便，导致客户投诉，一些客服人员就会不由自主地对客户低声下气，希望客户息事宁人，但实际上这样唯唯诺诺的语气并不利于问题的解决，也不利于客服人员专业形象的树立。同样，用盛气凌人、居高临下的姿态对待客户也是错误的，如果客户觉得你用命令的口气跟他说话，就会觉得心里不痛快，这样更加不利于投诉问题的解决。所以，正确的语气是不卑不亢，用冷静理智的姿态解决问题。

2. 语言委婉

相同的意思用不同言辞表达出来，给人的感觉是不一样的，可以让人感觉如沐春风，也可以让人觉得寒风刺骨。

例如，一个客户因为没有听明白你讲的意思，希望你能再解释一下。如果你直接说："这还没明白？我再说一遍，你听好了。"这时客户一定会颇为恼火。如果换一种委婉的说法："也许我刚才没有解释清楚，那我再给您详细说一遍。"这时，客户就会感觉到你的善解人意。一句话用不同的方法表达会影响对方的情绪。

（二）与客户争辩

有一些客服人员非常排斥客户投诉，他们一般不会主动询问客户使用产品的情况；即使客户打电话抱怨或投诉时，也采取漠不关心的态度，或者推卸责任、与客户争辩，使问题越闹越大。

事实上，真正的销售始于售后。销售的过程就是通过产品满足客户需求，消除客户不满的沟通过程。客户投诉的时候，正是在主动描述自己的不满，这时客服人员就有机会改进产品与服务，为进一步销售做准备。

前面已经提过，没有投诉并不等于客户对服务满意。客服人员应当主动了解客户使用产品的情况，积极处理投诉，增进客户的满意度。面对态度激烈的客户投诉，应该如何应对呢？

1. 倾听客户，让客户发泄不满

面对客户投诉，客服人员要扮演好听众的角色。如果客服人员拒绝倾听客户的异议，妄加猜测，那么就会进一步激化与客户之间的矛盾，引起更大争执。让客户多说说，其实就是在给客户一个发泄的机会，切不可无故打断客户，甚至加以责备，与之辩论。

2. 真诚道歉，对客户表示理解

当客户发泄不满之后，客服人员应当真诚地向客户道歉。真诚道歉的行为不仅表明了企业勇于承担责任的态度，也塑造了客服人员诚实可信的形象，有利于强化客户的信任，缓解其不满情绪。此外，客服人员需要在情感上对客户表示理解，以勇于分担的方式争取客户谅解。

3. 冷静分析，委婉表明自己的观点

针对态度激烈、爱争论的客户，"先礼后兵"是最好的应对方法，即先向客户道歉，表示理解后，再拿出具体的事实或权威论证，委婉地表明自己的观点。

需要特别注意的是，讲述具体事实的时候，尽量回避一些生硬的词语，态度诚恳、语气平和，这样才能让客户心服口服。

4. 商量一个双方都能接受的解决方案

通过倾听，客服人员需要发现问题所在，然后询问客户对解决问题的意见。针对客户的要求，客服人员需要与之商讨一种双方均能接受的合理的解决方案。在此过程中，不可以误导欺骗客户，以免出现新的问题，引起二次投诉。

（三）语言含糊

客户投诉是希望自己的问题能够得到快速解决，如果客户满怀希望地去找客服人员，得到的却是“不知道”“不了解”之类的敷衍之词，客户又怎么会满意呢?

1. 坦诚相告，做好记录

客服人员应对客户实话实说，如果问题不能在当下解决，也没有给客户其他的信息，客户肯定不满意。客服人员可以请客户留下联系方式，并说明问题已经被记录下来，稍后会去找相关部门和工作人员解决，一有消息就会立刻告诉他。

2. 请教同事或上级

如果有老同事或者上级在旁边，客服人员可以立刻求助，请其帮助为客户解答；如果问题是有关技术方面的问题，可以直接连线技术部门，不要因为不知道就直接回绝客户。

3. 避免不懂装懂

在遇到不懂的问题时，客服人员可以直接告知客户自己不能解决，但一定会想办法追踪解决，一般客户也会理解，但若是不懂装懂，对客户的问题胡乱回答，也会造成不良后果。

（四）直接拒绝客户

有时候客户投诉时会提出一些不合理的要求，面对客户的无理要求，客服人员直接甩手走人或者来一句“这不在我们的受理范围，你去找管这事的人吧”。这种处理方式不仅会影响客户对服务人员的评价，让客户感到没有受到尊重，还会影响企业形象。客服人员应该怎样拒绝客户的要求，而客户又能接受呢?

1. 学会有效沟通

拒绝客户不仅仅是对客户简单说“不”，而要考虑怎样让客户接收信息并且要把握对方的感受。客服人员要明确沟通目的，注意沟通的时间和态度。

2. 采取一些照顾客户面子的方法

面对客户的不合理要求，客服人员可以采用借力法、委婉法、幽默法、回避法等方法，避免直接拒绝客户，从而更好地维护企业的利益和形象。

（五）对客户置之不理

对客户的要求不理不睬是处理投诉的大忌。例如：面对客户提出的打折优惠，既不能给客户太多优惠，又怕不满足客户的要求会失去客户，所以很多时候不知道该怎么回应。下面，我们来看看如何应对这种局面。

1. 以权限受到限制为由回应客户

客服人员可以告诉客户自己的权限受到限制，告诉客户“现在给您的价格已经是我能给的最大优惠了”，以这种方式回应客户已经委婉地告诉客户不能再给他优惠了，这种情况是客观条件造成的，不是客服人员的主观态度，这个时候客户一般能够体谅，对抗情绪也会弱一些。

2. 以一定的利益补偿回应客户

如果一下子回绝客户不合理的要求，客户很可能就会结束你们之间的合作，或者以后都不会再选择与你合作，所以可以考虑以另外的方式补偿客户。如承诺下次合作可以给出一些额外赠品。

但是如果拒不回应客户的要求，客户肯定会急躁，而且觉得这个企业或者个人不可靠，肯定不会与你进行下次合作，还有可能在商业圈散布消息，严重影响企业的信誉和形象。

（六）故意拖延不作为

只有积极维护消费者的合法权益，切实处理好客户的投诉，才能化解消费者心中的抱怨，化干戈为玉帛。没有 100% 的把握就不要轻易向客户许下承诺，而承诺后却故意拖延不作为是对自己的不尊重、对消费者的不尊重、对企业的不负责。无论从哪个方面说，客服人员都应该调整心态，及时并且积极地为客户解决问题。

（七）批评和讽刺客户

大多数人都希望自己能够得到肯定，希望自己的问题被重视，而不是被人讽刺挖苦。但是，在实际生活中，有些客服人员由于自己精通专业知识，就认为客户提出的一些问题不值得花费时间解决，在言语中忍不住批评和讽刺客户。客服人员应该认识到，讽刺批评客户是不恰当的行为。无论是对客户，还是在生活或者学习中对家人、朋友、陌生人，尊重别人是获得别人尊重的前提。

（八）发生肢体冲突

有时候来投诉的客户可能怒气冲天，一言不合还可能与客服人员发生肢体冲突。而有的客服人员对客户同样不客气，把所有的职业道德、服务礼仪早就抛到九霄云外。这样做不仅会给客服人员本人和其企业带来经济损失，企业的形象也会因此一落千丈。与客户发生冲突，最终受影响的还是企业和自己，所以客服人员要学会控制自己的情绪，学会以客观的态度和谦让的精神对待客户，避免与客户产生冲突。

素质提升

利用行业规则恶意投诉索赔，被判敲诈勒索

各行各业为了加强监管、约束员工行为，都有相关的奖惩规定，然而总有一些自以为聪明的人恶意利用规则牟取不义之财。山东济宁某区检察院办理的一起敲诈勒索案，被告人就依靠对快递行业规则的了解，敲诈勒索多家快递公司。

2017 年，毕业后的王某在一家快递公司从事客服工作，没过多久他便离职去了一家家具厂当司机。由于前期快递客服工作的经验积累，他十分熟悉快递公司的工作流程及客户投诉惩处规定，这让他萌生了“敲竹杠”的念头。

2019 年 9 月 14 日，王某通过 App 下单寄出快件，寄出后又要求退回，退回后因快递员未及时派送并进行了代签，王某便利用这个小细节进行恶意投诉。对于该快递公司提出的多种补偿方案，王某均不接受。

接下来，王某将该快递公司投诉到当地邮政管理局，并威胁该快递公司必须让其满意才会撤销投诉。该快递公司为了不影响自身考核要求，让工作人员多次与王

某进行电话沟通，后来工作人员赔偿了王某 1 300 元，王某才停止投诉。

尝到甜头后，王某变得更加肆无忌惮。2020 年 10 月 17 日，王某借用他人名义再次通过该快递公司邮寄两个快递单，业务员收件后，寄件人快速离开且未提供身份证件信息。后王某利用寄件未实名的理由进行内部投诉，并威胁说处理结果不满意便会继续投诉。该快递公司工作人员迫于无奈，最终确定每单赔付王某 1 500 元，两单共计 3 000 元，收到赔付款后王某才停止投诉。

然而，遭到王某敲诈勒索的远不止这一家快递公司。另一家快递公司在 2020 年 9 月 16 日，同样被王某以揽件员未验视、未实名认证、拦截货物不规范等理由进行投诉。该公司赔付王某 500 元后，王某以继续投诉为由再次向快递员索要钱款，他威胁道："如果我继续投诉下去，能把你罚得干不了，你们公司也在济宁干不了。"后经协商，快递员又赔偿王某 2 000 元，王某方才作罢。

2020 年 10 月 30 日，王某又通过该公司寄送两个快递单，并用同样的套路向当地邮政管理局进行投诉。王某要求按每单 2 000 元进行赔偿，该公司多次与王某就赔偿金额进行沟通，协商未果后，该公司选择报警。

近日，经济宁某区检察院提起公诉，被告人王某因犯敲诈勒索罪被法院判处有期徒刑七个月，并处罚金 3 000 元。

消费者购买商品或接受服务时，因权利受到侵害，可以向有关部门投诉维权，但这一权利并非没有限度，如触碰法律底线将会受到严惩。企业遇到恶意投诉，也要善用法律武器维护自身合法权益。

资料来源：郭树合 . 利用行业规则恶意投诉索赔，被判敲诈勒索 [N]. 检察日报，2021-04-28.

知识巩固与技能提升

扫码练习

08

项目八

客户满意度管理

- 任务一　认识客户满意
- 任务二　客户满意度测评
- 任务三　提升客户满意度

学习目标

知识目标

1. 了解客户满意的内涵；
2. 掌握客户满意度的测评内容和步骤；
3. 理解客户满意度的测评体系的层次；
4. 理解提升客户感知价值的措施。

能力目标

1. 能够设计客户满意度测评表并进行客户满意度测评；
2. 学会进行客户满意度分析；
3. 能够根据客户需求实施客户满意度管理。

素养目标

弘扬工匠精神，培养注重细节、追求品质的思想；践行绿色发展理念，弘扬社会主义核心价值观；强化诚信意识、责任意识、规则意识。

导入案例

阿芙，用极致思维为客户制造惊喜

精油品牌阿芙运用极致思维，将从吸引客户购买、发生购买行为、收货到二次购买这一购买过程中的客户服务与客户体验做到了一个新的高度。

1. 借助口碑营销，吸引客户购买

在上线的最初阶段，阿芙利用口碑营销宣传品牌和精油产品的功效，借助具有网络发言权的博客达人的推荐带动网友自发进行转发讨论。低成本的口碑宣传给阿芙带来了高质量的流量，阿芙的最初一批客户开始聚集。

2. 具有特色的客户服务

在客户购买产品的过程中，阿芙的客服人员起到了关键作用。他们 24 小时无休轮流上班，使用窗口切换更加方便、快捷的便携式计算机工作，以便快速对客户的询问进行回应。

阿芙还将客服人员分为“淑女组”“小清新组”等不同风格的组别。客服人员可以根据自己的性格特点选择不同组别，客户也可以根据自己喜欢的性格类型来挑选客服人员。这样的分组设定也更容易达成阿芙客服部一直追求的“和客户成为朋友”的目的。更具有特色的是，阿芙的每个客服人员都配备视频设备，他们可以远程看到客户的皮肤状态，从而为他们提供销售建议，这彻底了打破网购的距离感，改善了客户体验。

3. 刺激客户二次购买

在刺激客户二次购买的环节，阿芙对客户体验的关注更是做到了极致。

（1）试用品。

购物体验是电子商务的短板，这在化妆品行业中表现得尤其突出。客户在网上购买化妆品时无法试用，缺乏良好的客户体验。为了克服这一缺点，阿芙会在发给客户的包裹中放入各种小型试用装。即使客户只购买一款产品，小型试用装也多达五六个。客户免费获得小型试用装，不仅会感到满意，还能通过试用装尝试其他产品，进而引发二次购买。

（2）惊喜赠品。

除了随包裹寄给客户试用品，阿芙的客户服务人员还会在包裹中加入各种让客户惊喜的赠品，如手套、面部小按摩锤等。这些颇费心思的小赠品都成为阿芙的间接营销工具，吸引客户再次购买。

（3）道歉卡。

为了降低网购中因快递延误给客户带来的不满，阿芙的包裹中常常还有一封“心碎道歉信”。实际上，在网上买东西难免会遭遇快递延误这种让客户不舒服而商家又无力控制的问题，而阿芙却以一番小心思赢得了客户的好感。

4. 设置惊喜官

除了购买过程中极致的客户体验，阿芙还设置了“惊喜官”。他们每天在客户留言里寻找有价值的客户，猜测哪个客户可能是一个潜在的推销员、专家或者联系人，找到之后惊喜官就会询问客户的地址并向他们寄出包裹，为这个可能的“关键意见领袖”制造惊喜，进而使阿芙获得更大的曝光量和更高的推荐概率。

资料来源：吕梁 . 客户服务与管理 [M]. 北京：人民邮电出版社，2022.

【分析提示】

在当今日趋激烈的市场竞争中，企业想要立于不败之地，固然受到很多因素的影响，但客户满意在其中发挥着至关重要的作用。客户满意是企业持续发展的基础，是企业战胜竞争对手的有力手段，是实现客户忠诚的基础。在完全竞争的市场环境下，没有任何一家企业可以在客户不满意的情况下获得发展。对于企业来说，做好客户满意度管理对企业的健康成长至关重要。

任务一

认识客户满意

一、客户满意的内涵

在竞争残酷的市场中，留住客户不是容易的事情。诸多研究都表明客户数量的决定因素与企业为提供优质服务所做出的努力有密切关系。一般来讲，企业为优质服务所做出的努力越大，客户的满意度就越高，给企业创造的利润值也就越高。

客户满意是20世纪80年代中后期出现的一种经营思想。菲利普·科特勒认为：满意是指个人通过对产品的可感知效果与他的期望值比较后所形成的愉悦或失望的感觉状态。

客户满意是一种心理活动，是客户的需求被满足后形成的愉悦感或状态。当感知没有达到期望时，客户就会不满、失望；当感知与期望一致时，客户就会满意；当感知超出期望时，客户就会感到“物超所值”，就会很满意。

二、客户满意的特征

（一）主观性

客户满意的主观性是指客户的满意程度是建立在其对产品或服务的体验上，感受的对象是客观的，而结论是主观的。客户满意的程度与客户的自身条件，如知识和经验、收入状况、生活习惯、价值观念等有关，还与媒体传播有关。

（二）相对性

客户满意的相对性是指客户通常对产品的技术指标和开发成本、生产成本等经济指标不熟悉，他们习惯于把购买的产品和同类其他产品，或者与以前的消费经验进行比较，从而得出对产品、服务满意或不满意的结论，这种满意或不满意具有相对性。

（三）层次性

客户满意的层次性是指处于不同层次需求的人对产品或服务的评价标准不同，因此不同地区、不同消费水平的人或一个人在不同条件下，对同一款产品或同一项服务的评价也不尽相同。

（四）阶段性

客户满意的阶段性是指任何产品都具有生命周期，服务也有时间性。客户对产品或服务的满意程度来自购物过程和产品的使用体验，是在过去多次购买或享受服务中逐渐形成的，因而呈现阶段性。

案例链接

海底捞生日歌惹争议！祝福歌秒变“骂人歌”，消费者直呼受不了

随着市场经济不断扩大，服务业的模式变得越来越多元化。很多饭店开始针对顾客举行一些特殊的庆祝活动，以便吸引顾客光顾。近日，海底捞火锅店也在万众瞩目中推出了一个生日庆祝活动——唱《生日祝福歌》。但是随着海底捞员工的生日祝福送到后，网友争议不断，一度冲上热议。

据 2021 年 11 月 5 日媒体消息，近日在广东广州一家海底捞饭店内，海底捞的服务员集体为食客唱《生日祝福歌》，魔性的歌词和欢快的旋律让人印象深刻，热闹的气氛让人流连忘返，现场有人将这段歌曲视频传到网上，看似很无意的行为，竟让不少本土的广东人直呼接受不了，原因很简单，这首歌曲中有一句歌词“说嗨嗨”与粤语中的一个不雅词汇谐音。这样的生日祝福让一些广东人很气愤：这是在送祝福吗？明明是在骂人！

据悉，海底捞已经购买了这首《生日祝福歌》版权，该祝福歌曲被授权在海底捞火锅店全球使用。虽然这首歌曲很火，但是对于土生土长的广东人来讲，因为歌曲的歌词本身存在歧义，所以这样的生日祝福变了味道。

随着争议越来越大，相关媒体针对市民对此事的看法做了一些采访。随着采访的不断深入，广东本土市民针对此事形成了两个阵营。一些相对传统的人表示，这样的歌曲祝福无法让人感到快乐，只会觉得生日过得非常堵心。当然对于另外一波人来讲，因为这首歌的歌词里并没有特定主语，因此即便有“嗨嗨”这个词，也不会有什么特殊的含义，自己不但可以接受，还会专门慕名而来。

有关这件事的舆论愈发激烈，海底捞公关部钱女士针对此事做出回应。钱女士表示，自己也是最近才了解到这首歌有点歧义，因此对于给部分食客带来的困扰表示非常抱歉，以后海底捞在选择歌曲的时候会参考当地风俗文化，做好顾客的意见收集，避免此类事件再次发生。鉴于食客的要求想法不同，如果食客不喜欢“说嗨嗨”，海底捞员工可以将这首歌换成其他歌曲以免发生不愉快事件。

【分析提示】

海底捞的生日服务是其十大服务特色之一，有消费者认为在海底捞过生日非常欢乐，很轻松温馨。但也有消费者表示，海底捞的生日服务会给性格内向的人造成社交压力，会让人“社死”。同一项服务，不同的消费者、不同的消费阶段、不同的现场气氛会让消费者有不同的感受，满意程度也不一样。为了提高消费者的满意度，海底捞应该根据消费者需求的不同积极落实细节服务，避免纠纷的产生，以优质的服务实现客户满意。

三、客户满意的内容

客户满意因人、因时、因地而异，客户在接受产品或服务的过程中获得的满意程度和满意层次是不一样的。客户满意的内容可按横向和纵向两个维度划分，不同维度包括不同的内容，如图 8-1 所示。

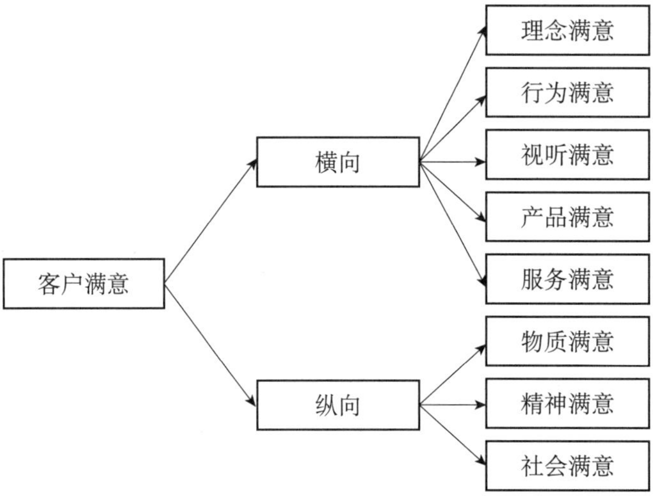

图 8-1　客户满意的内容

（一）横向

客户满意的内容按横向维度可以划分为理念满意、行为满意、视听满意、产品满意和服务满意五个方面。

1. 理念满意

理念满意是指企业的经营理念带给客户的满意状态，其基本要素包括企业的经营宗旨、质量方针、企业精神、企业文化和服务承诺等。理念满意是客户满意的基本条件，不仅要体现企业的核心价值观，而且要让企业的核心价值观得到内部与外部所有客户的认同。

2. 行为满意

行为满意是指企业的经营行为带给客户的满意状态，包括对企业的行为机制、行为规则和行为模式的满意状态等。行为是理念的具体体现，再好的理念如果不能通过行为去兑现，就只能是一句空洞的口号。虽然企业的理念满意是客户满意的基本条件，但并不意味着它是主要条件，因为客户满意主要来自对企业具体行为的要求被满足程度的感受和体验。企业的理念再诱人，如果与其行为差距很大，客户非但不会感觉满意，反而会深深地感到被欺骗和愚弄，从而产生很大的失望和不满。所以，企业在努力实现理念满意的同时，应更多地关注理念支持下的行为。只有言行一致才能获得客户真正的信任和满意。

3. 视听满意

视听满意是指企业具有的可视性和可听性的外在形象带给客户的满意状态，包括企业的名称、品牌标识、广告语、办公设施和环境、外在形象设计等给人的视觉和听觉带来的美感和满意度。视听满意可以将企业理念满意和行为满意的各种信息传达给客户，让客户通过视觉和听觉直接去感受。视听满意有四个主要特征：强烈的个性、丰富的美感、鲜明的主题和时代的特征。

企业是否拥有一套视觉满意系统，将直接影响客户对企业的满意程度。

4. 产品满意

产品满意是指企业产品带给客户的满足状态，包括产品的内在质量、价格、设计、包装、时效等方面的满意。产品的质量满意是构成客户满意的基础因素。

5. 服务满意

服务满意是指企业提供的服务带给客户的心理满足状态，包括优良的服务状态、简便的服务程序、快捷的服务行为、完整的服务内容等。

（二）纵向

客户满意的内容按纵向维度可以划分为物质满意、精神满意和社会满意三个方面。

1. 物质满意

物质满意是指客户在消费企业提供的产品或服务过程中产生的满意。影响物质满意的主要因素是产品的使用价值，如功能、质量、设计、包装等，它是客户满意中最基础的层次。

2. 精神满意

精神满意是客户在对企业提供的产品形式和外延层的消费过程中产生的满意，客户对企业的产品给他们带来的精神上的享受、心理上的愉悦、价值观念的实现、身份的变化等方面的满意状况。影响精神满意的因素有产品的外观、色彩、设计理念、服务质量等。因此，产品仅仅满足客户物质层面的需求是不够的，企业还应该在产品生命周期的各个阶段采取不同的营销手段和服务方式，为产品创造人情味，迎合客户精神层面的需求。

3. 社会满意

社会满意是指客户在对企业产品和服务的消费过程中所体验到的对社会利益的维护。影响社会满意的因素有产品的道德价值、政治价值和生态价值。产品的道德价值是指在产品的消费过程中，不会产生与社会道德相抵触的现象；产品的政治价值是指在产品的消费过程中不会导致政治动荡、社会不安；产品的生态价值是指在产品的消费过程中不会破坏生态平衡。

这三个满意层呈递进关系，只有前一层基本满意后，才会考虑后一满意层。即客户首先寻求的是物质满意，只有这一层次基本满意后，才会推及精神满意；而精神满意基本达到后，才会考虑社会满意。

蚂蚁森林

四、客户满意的意义

客户满意对于企业的长期成功至关重要，企业需要不断努力提高客户满意度，了解客户需求和期望，并不断改进产品和服务，以满足客户的需求和期望。

（一）客户满意是企业战胜竞争对手的重要手段

通过客户满意度的调查，企业可以了解客户对产品或服务的评价和期望，从而根据客户的需求和反馈，不断改进产品或服务的质量，提高客户满意度。

（二）客户满意是实现企业长期成功的重要因素

客户满意直接影响企业的销售额、市场份额和客户忠诚度。如果客户对企业的产品或服务感到满意，他们就会增加购买量，将该产品或服务推荐给其他人，并忠诚于该企业。

（三）客户满意可以帮助企业建立良好的口碑和品牌形象

通过客户满意度调查，企业可以了解客户对产品或服务的评价和反馈，从而针对客户的需求和反馈，不断改进产品或服务的质量，提高客户的满意度。

（四）客户满意可以帮助企业提高市场占有率和增加销售额

如果客户对企业的产品或服务感到满意，他们就会更愿意购买该产品或服务，并向其他人推荐该品牌。

（五）客户满意可以帮助企业降低营销成本

满意的客户通常对企业的服务或产品比较熟悉，彼此已经有了一定的信任，因此更容易进行交易。研究表明，与新客户相比，维护现有客户的成本要低得多，因为节省了一定的市场推广和宣传费用。

任务二

客户满意度测评

一、影响客户满意度的因素

客户满意度是指客户满意程度的高低，也叫客户满意指数。客户满意度是一个相对的概念，即客户通过对一种产品可感知的效果与其期望值相比较后得出的指数。一切影响期望与服务的因素都可能会影响客户的满意度。客户满意度用数学公式可以表示为：

客户满意度 = f（可感知效果 − 期望值）

影响客户满意度的因素主要有以下几点：

（一）企业因素

企业是产品与服务的提供者，其规模、效益、形象、品牌、公众舆论等内在或外在因素都会影响消费者的判断。消费者一般不会购买形象不好的企业的产品。

（二）产品因素

产品因素包含以下四个层次的内容：

1. 产品与竞争者同类产品在功能、质量、价格方面的比较

产品与竞争者同类产品相比，如果有明显优势或个性化较强，则容易获得客户认可。

2. 产品的消费属性

一般情况下，客户对高价值、耐用消费品要求比较苛刻，因此这类产品一旦得到客户认可，客户的忠诚度就会很高；而对价格低廉、一次性使用的产品要求相对较低。

3. 产品包含服务的多少

如果产品包含的服务较多，销售人员做得不够，就难以让客户满意；而不含服务的产品只要主要指标符合要求，客户就会满意。

4. 产品的外观因素

如果产品在外观上设计得细致，有利于客户使用并且体现其品位，就会得到客户认可。

（三）服务因素

企业的营销与服务体系是否一致、简洁，是否能为客户带来方便，售后服务时间的长短，服务人员的态度、响应时间，投诉与咨询的便捷性等都会影响客户的满意度。客户都希望消费过程能顺利进行并且企业能够遵守承诺，若这种愿望未能得到满足，客户就会产生不满和失落。公司实施高标准的服务，甚至超过客户对服务供应的期望，就会取得令人羡慕的竞争优势，客户就会信赖这个公司。

（四）沟通因素

良好的沟通可以让客户更好地了解产品，获取更多的产品及服务信息，是提高客户满意度的重要因素。

（五）情感因素

从客户调查中获得的诸多证据表明，某些影响客户满意度的因素与核心产品或者服务的质量并没有关系。实际上，客户可能对服务提供商及其员工中的大多数人员都感到满意，只是因为其中一位员工的某些话或者其他一些小事情没有做好而使该客户的情感受到了影响，从而使企业失去了这个客户，当然客户也会因为销售人员的一些暖心行为而对企业大加赞赏。

（六）环境因素

购物场所及感受服务的环境因素会直接影响客户的心情，客户的期望和容忍范围会随着环境的变化而变化。例如：对一般消费者来讲，入住五星级酒店希望大堂宽敞高雅、客房设施齐全、床垫和枕头柔软舒适等，而入住一般的经济型酒店就不会有过多的要求，期望值也不会太高。对于员工来说，认识到环境中存在的这些区别，对提供高质量的服务和提高客户满意度是很重要的。企业可以通过自己在与客户沟通交流上的努力来掌握并分辨出面对的情况，花费时间和积累经验读懂客户，创造适宜的客户可选择场景，赢得客户满意。

二、客户满意度的衡量指标

客户满意度一般可以从以下几个指标来衡量。

（一）美誉度

美誉度是指客户对企业或者品牌的褒扬程度，借助美誉度，可以知道客户对企业或品牌所提供的产品或服务的满意状况。一般来说，持褒扬态度、愿意向他人推荐企业及其产品或者服务的，通常对企业提供的产品或服务是非常满意的。

（二）指名度

指名度是指客户指名消费或者购买某企业或品牌的产品或服务的程度。如果客户对某种产品或服务非常满意，他们就会在消费过程中放弃其他选择而指名购买该企业的产品或服务。

（三）回头率

回头率是衡量客户满意度的一个重要指标，是指客户消费了该企业的产品或服务之后再次消费，或介绍他人消费的比例。客户是否继续购买某企业或某品牌的产品或者服务，是衡量客户满意度的主要指标。如果客户不再购买该企业或该品牌的产品或服务而改购其他品牌的产品或服务，无疑表明客户对该企业或该品牌的产品或服务很可能是不满意的。在一定时期内，客户对产品或服务的重复购买次数越多，说明客户的满意度越高，反之则越低。

（四）投诉率

投诉率是指客户在购买或者消费了某企业或品牌的产品或服务后所产生投诉的比例。在客户服务过程中，控制投诉率是非常重要的一项指标，客户投诉率越高，表明客户越不满意。

这里的投诉率不仅指客户直接表现出来的显性投诉，还包括存在于客户心底未予倾诉的隐性投诉。企业不能单纯以显性投诉来衡量客户的满意度，要全面了解投诉率还必须主动、直接征询客户，这样才能发现可能存在的隐性投诉。

（五）购买额

购买额是指客户购买某企业或某品牌的产品或者服务的金额。一般而言，客户对某企业或某品牌的购买额越大，表明客户对该企业或该品牌的满意度越高；反之，则表明客户的满意度越低。

（六）对价格的敏感度

客户对某企业或某品牌的产品或服务的价格敏感度或承受能力，也可以反映客户对某企业或某品牌的满意度。当某企业或某品牌的产品或服务的价格上调时，客户如果表现出很强的承受能力，那么表明客户对该企业或该品牌肯定不是一般的满意；相反，如果出现客户的流失与叛离，那么说明客户对该企业或该品牌的满意度是不够高的。

三、客户满意度测评概述

（一）客户满意度测评对象

1. 现实客户

客户满意度的测评对象一般是现实客户，即已经体验过本企业产品或服务的客户。实际上，很多企业都是由于未能提供客户满意的产品或服务而导致客户流失的。因此，客户满意度测评是非常必要的，只有从客户需求出发，提供客户想要的产品和服务，才能使企业长盛不衰。

当采购者和使用者不一致时，如生产资料，其使用者多是制造部门，而购买者则是供应部门，可以将两者都列为测试对象，相关测试指标的设定尽可能使二者达到平衡。

2. 中间商

中间商是指在生产者和消费者之间参与商品交易业务，促进买卖行为发生的组织或个人。中间商对产品的满意程度在一定程度上会影响客户对产品的印象和满意度。因此，中间商满意度测评也是很有必要的。

3. 内部客户

客户满意度的测评不仅包括传统的外部客户的调查，还包括企业内部客户的调查。实际上，企业作为对外提供产品和服务的整体，内部各部门之间相待也应该像对待外部客户那样。只有整个流程的各部门都能为其他部门提供满意的产品或服务，才有可能最终提供令客户满意的产品或服务。

（二）客户满意度测评内容

客户满意度的测评内容根据客户满意度的决定要素而定，如最终消费者和中间商的测评内容是不尽相同的。

最终消费者满意度测评内容如表 8-1 所示。

表 8-1　最终消费者满意度测评内容

内容	具体方面
产品的品质	硬件服务、软件服务
服务的质量	人的服务、机械化服务、功能化服务、设备化服务、系统服务、环境保护服务、社会公益服务

中间商满意度测评内容如表 8-2 所示。

表 8-2　中间商满意度测评内容

内容	具体方面	
产品的品质	硬件服务	品质、功能、设计、颜色、命名、价格等
	软件服务	使用说明书、产品开发力
服务的质量	交货期、技术能力、渠道支持力度、销售人员的质量、物流	
经济性	交易条件	
企业形象	品牌形象、社会贡献度	

（三）客户满意度量表类型

满意度量表是进行满意度调查的主要工具和手段，包括二分量表和李克特等距量表两类，两者最大的区别是赋值不同。

二分量表提供两个相互排斥的回答：“是”或“否”、“同意”或“不同意”等。例如：消费者在瑞幸小程序购买产品，在订单完成后，瑞幸会邀请消费者对本次订单进行评价，采用的就是二分量表，如图 8-2 所示。

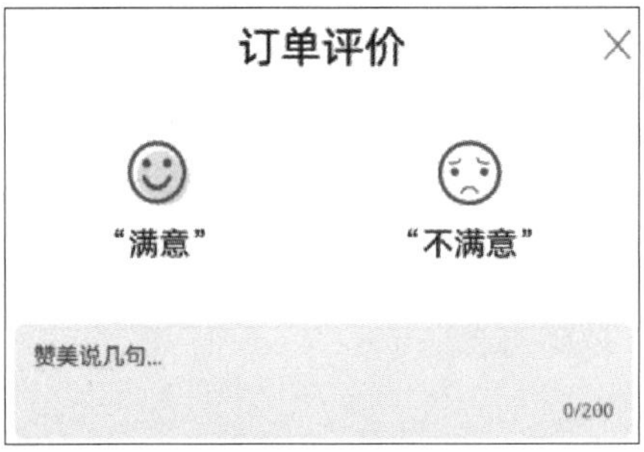

图 8-2　二分量表

李克特七级量表

李克特等距量表主要有四类：李克特三级量表、李克特五级量表、李克特七级量表和李克特十级量表。量表等级越高，测量精度越高，但是量表等级越高，被调查者就越难区分各个选项的区别。其中最常用的是李克特五级量表、李克特七级量表，参考指标如下：

五级：非常满意、满意、一般、不满意和很不满意。

七级：非常满意、满意、较满意、一般、较不满意、不满意和很不满意。

客户满意度指数的 1 ～ 3 级指标如表 8-3 所示。

表 8-3　客户满意度指数的 1 ～ 3 级指标

一级指标	二级指标	三级指标
客户满意度指数	客户期望	客户对产品或服务质量的总体期望
		客户对产品或服务满足需求程度的期望
		客户对产品或服务质量可靠性的期望

续表

一级指标	二级指标	三级指标
客户满意度指数	客户对质量的感知	客户对产品或服务质量的总体评价
		客户对产品或服务质量满足需求程度的评价
		客户对产品或服务质量可靠性的评价
	客户对价值的感知	给定价格条件下客户对质量级别的评价
		给定质量条件下客户对价格级别的评价
		客户对总价值的感知
	客户满意度	总体满意度
		感知与期望的比较
	客户抱怨	客户抱怨
		客户投诉情况
	客户忠诚	重复购买的可能性
		能承受的涨价幅度
		能抵制的竞争对手降价幅度

（四）客户满意度测评步骤

1. 确定测评对象

通常意义下，外部满意度的测评对象通常是客户本人，但也可以是企业的合作伙伴或者是相关部门的工作人员。

2. 收集客户满意度信息

收集客户满意度信息的方式多种多样，包括口头的和书面的。企业应根据信息收集的目的、信息的性质和资金等来确定收集信息的最佳方法。企业应对客户满意度信息的收集进行策划，确定责任部门，对收集方式、频次、分析、对策及跟踪验证等做出规定。收集客户满意度信息的目的是针对客户不满意的因素寻找改进措施，进一步提高产品和服务质量。因此，企业要对收集到的客户满意度信息进行分析整理，找出不满意的主要因素，确定纠正措施并付诸实施，以达到预期的改进目标。

（1）问卷调查。

问卷调查通常包含很多问题的陈述，需要被调查者根据预设的表格选择相应答案，能有效规划被调查者以开放的方式回答，从而更详细地了解被调查者的想法。

（2）电话调查。

成功地进行电话调查，需要做到以下几点：

1）问题简洁明了。在电话调查中，被调查者都是在听调查员的问题或陈述，因此一定要保证问题和答案的通俗性。

2）准备一个范本。向所有电话调查员提供同一个范本。这个范本包括的内容有：调查员在被调查者拿起电话后应该如何自我介绍，如何提出问题，如何响应客户的回答，当被调查者跑题时应该如何将被调查者引回正题，如何使被调查者不挂断电话以完成调查，以及如何感谢被调查者提供的帮助。所有调查员必须按照范本完成工作，如此才能确保数据的客观性。

3）易操作。调查员必须能够迅速准确记录被调查者对问题的回答，避免把答案放错位置，并能够紧接着进入下一个问题。

4）培训调查员。通过培训让调查员学会善于接触被调查者，并能得到被调查者如实的回答。

5）感谢被调查者。调查之初，当被调查者同意接受调查时，调查员就应该表示感谢；调查进行之中，当询问了几个问题之后，调查员也应该表示感谢；调查结束时，调查员更应该表示感谢。

案例链接

比亚迪客户满意度电话调查问题

请问进店之后销售人员有给您递上一瓶瓶装水吗？

请问销售人员是否有了解您的购车需求并给您推荐合适的车型呢？

请问销售人员是否有根据您的关注点为您介绍汽车的性能呢？

请问销售人员是否邀请您做试乘试驾了吗？

请问我们店提供的小食还有其他饮品供您品尝了吗？

请问在接待过程中工作人员的言谈举止是否得体呢？

请问我们店有贷款买车政策，您这边知道吗？

请问离店的时候，销售人员有将您送到展厅之外吗？

请问离店后，销售人员有回访过您吗？

请问您是怎么知道我们店的呢？

请问您以后会考虑选购比亚迪品牌吗？

您觉得我们工作过程中还有哪些做得不到位的地方吗？

【分析提示】

在电话调查中，调查员通过电话与客户进行沟通，问题和陈述一定要通俗易懂，保证客户可以准确理解问题并进行准确回答。

（3）专题小组式调查。

专题小组式调查在实践中有广泛的应用，但其价值受制于特定小组的特定参加者。因此，为了使专题小组获得的资料更有效、信息更充分，专题小组应欢迎从全国各地不同区域选出的各种不同的被调查者参与。因为不同的被调查者有不同的购买习惯，对服务质量的看法和满意水平也不尽相同。

（4）面访。

面访包括入户访问和拦截式访问。入户访问的要求比较高，要求知道被调查者的住址。另外，访问成本也是最高的。拦截式访问是指当被调查者进入或离开一个商业区域时，调查员拦住被调查者，并询问被调查者问题。拦截法可以是书面调查，也可以是口头访谈，或两者兼而有之。拦截式访问成本较低，且可以控制。

除以上几种方法外，企业还可以通过座谈会、顾客投诉文件分析等定性分析法收集客户满意度信息。

3. 设计调研问卷，进行客户满意度测评

（1）制定调研方案。

在确定了调研对象和建立了评价指标后，需要制定详细的调研方案。调研方案包括调研目的、调研内容、调研对象、样本规模和配额、研究方法、调研频率、调研执行时间、调研费用预算以及报告的撰写和提交时间等内容。

（2）设计客户满意度调研问卷。

设计客户满意度调研问卷时，应精心挑选调研项目。问题可以采取直接提问式、间接提问式、排序式、引出式等。提出问题时应注意策略，不能涉及客户隐私，让客户不舒服或有取宠客户之嫌。同时，项目不能太多，应根据近一段时间发生的问题有重点地提出。问卷结构与问题尽量简洁明了，让客户容易回答。客户满意度调查项目可以包括以下几项内容：总体满意度、产品指标、服务指标、沟通与客户关怀指标、与竞争对手比较、客户是否再次购买、问题与建议。

4. 确定客户满意度测评方法

一般情况下，测评的方法分为主动问询式测评和被动式拨测两种。

主动问询式测评是指由客服人员根据预先设计好的测评表单，在每月规定的测评时间与部分客户、合作方或者相关部门工作人员进行电话沟通。沟通过程要紧紧围绕测评表单中所设定好的测评项目进行，同时按照一定的规则和方法对与测评对象的沟通结果进行记录。然后，还需要针对测评结果进行核实和落实，一方面将需要反馈的内容反馈给测评人员，另一方面则需要对在测评中发现的问题进行内部考核、培训和落实，以最终达到进行外部测评的目的和初衷。

被动式拨测是指测评人员以普通客户的身份拨打企业热线电话，根据电话沟通中企业工作人员的综合表现，对服务工作进行测评，并同时填写测评表单记录测评的过程和具体情况。

5. 客户满意度测评分析

对客户满意度进行量化测评的方法有很多，如直接计算法、百分比法、加权平均法等。

（1）直接计算法。

假设公司工作人员共发出调查问卷 100 份，收回 83 份，其中有效调查问卷 70 份，有 13 份调查问卷或是填写不全，或是字迹模糊不清，为确保调查结果的准确性，将这 13 份调查问卷作废，不计入计算过程。

为了使用户满意度量化，既便于计算又不影响满意度评价结果，调查指标赋值如下：非常满意设定分值为 5 分，比较满意设定分值为 4 分，一般满意设定分值为 3 分，不满意设定分值为 2 分，很不满意设定分值为 1 分。

每一指标满意度 = 样本指标所有平均值

总体满意度 = 各项指标满意度 × 指标权重 / 指标数

（2）百分比法。

假设某物业公司对住宅楼盘项目中的住户进行满意度调查。通过调查收集的有效样本共 300 个。根据客户需求，本次调查指标赋值如下：非常满意设定分值为 5 分，比较满意设定分值为 4 分，一般满意设定分值为 3 分，不满意设定分值为 2 分，很不满意设定分值为 1 分。

每一指标满意度 =（非常满意人数 + 比较满意人数）/300

总体满意度 = 各指标满意度

（3）加权平均法。

采用加权平均法，即将问卷中每个指标的评价进行统计（算术平均），得出该指标的满意度，再把每个指标的满意度按照权重进行加权平均得出满意度。

表 8-4 中，项目权重系数 K 可根据产品的实际重要程度进行等级系数确定，总体项目权重为 100%；小项权重系数 J 的各分项也按重要程度进行系数确定，每小项的综合权数为 100%；本项目满意度系数 X 为实际调查统计后得出的系数。

表 8-4 客户满意度测评表

<table>
<tr><th>评估项目</th><th>项目权重（%）
（K）</th><th>评估小项</th><th>小项权重（%）
（J）</th><th>本项目满意度（%）
（X）</th></tr>
<tr><td rowspan="5">实物质量</td><td rowspan="5"></td><td>包装</td><td></td><td></td></tr>
<tr><td>外观</td><td></td><td></td></tr>
<tr><td>功能</td><td></td><td></td></tr>
<tr><td>使用方便程度</td><td></td><td></td></tr>
<tr><td>说明书内容</td><td></td><td></td></tr>
<tr><td rowspan="5">服务质量</td><td rowspan="5"></td><td>服务网点</td><td></td><td></td></tr>
<tr><td>服务设施</td><td></td><td></td></tr>
<tr><td>服务及时性</td><td></td><td></td></tr>
<tr><td>服务有效性</td><td></td><td></td></tr>
<tr><td>服务人员态度</td><td></td><td></td></tr>
<tr><td rowspan="3">价格</td><td rowspan="3"></td><td>产品价格</td><td></td><td></td></tr>
<tr><td>维修费用</td><td></td><td></td></tr>
<tr><td>运输费用</td><td></td><td></td></tr>
<tr><td rowspan="2">交付</td><td rowspan="2"></td><td>交付及时性</td><td></td><td></td></tr>
<tr><td>交付可靠性</td><td></td><td></td></tr>
<tr><td rowspan="4">经销商</td><td rowspan="4"></td><td>服务态度</td><td></td><td></td></tr>
<tr><td>经销商信誉</td><td></td><td></td></tr>
<tr><td>服务项目</td><td></td><td></td></tr>
<tr><td>备品备件供应状态</td><td></td><td></td></tr>
<tr><td>客户综合满意度
（CSD）</td><td></td><td></td><td></td><td></td></tr>
</table>

客户满意度系数的确定如表 8-5 所示。

表 8-5　客户满意度系数确定表

CSD 等级	非常满意	满意	一般	不满意	很不满意
系数	1.0	0.8	0.5	0.3	0

客户综合满意度就是各项目权重与各项目客户满意度实测值的加权平均值。即：

$$CSD=\sum K_i \times J_i \times X_i$$

6. 撰写客户满意度测评报告

将收集的某一产品或服务的客户满意度测评数据进行统计后，应进行分析并撰写客户满意度测评报告，报告内容主要包括：产品或服务满足客户需求程度、客户满意度，以及改进重点；忠诚客户的百分比及对企业未来经济效益的影响；客户对产品价格的承受力；产品在行业竞争中优劣势的分析。

四、建立客户满意度测评体系

客户满意度测评体系是客户满意度测评的核心部分，在很大程度上决定了测评结果的有效性、可靠性。客户满意度测评指标中的客户期望、客户对质量的感知、客户对价值的感知、客户抱怨和客户忠诚变量等均不可以直接测评，需要逐级展开，直到形成一系列可以直接测评的指标，这些逐级展开的测评指标的有机组合就构成了客户满意度测评体系。

客户满意度测评体系分为四个层次，每一层次的测评指标都是由上一层的测评指标展开的，而上一层次的测评指标则是通过下一层的测评指标的测评结果反映出来的。

第一层次：总的测评目标“客户满意度指数”，为一级指标。

第二层次：客户满意度指数模型中的六大要素（六种变量）：客户期望、客户对质量的感知、客户对价值的感知、客户满意度、客户抱怨、客户忠诚，为二级指标。

第三层次：根据不同行业、企业、产品或服务的特点，将二级指标具体展开而得到的指标为三级指标。

第四层次：三级指标具体展开为问卷上的问题，形成四级指标。

测评体系中的一级和二级指标适用于所有的产品和服务，实际上我们要研究的是三级和四级指标。

客户满意度指数模型如图 8-3 所示。

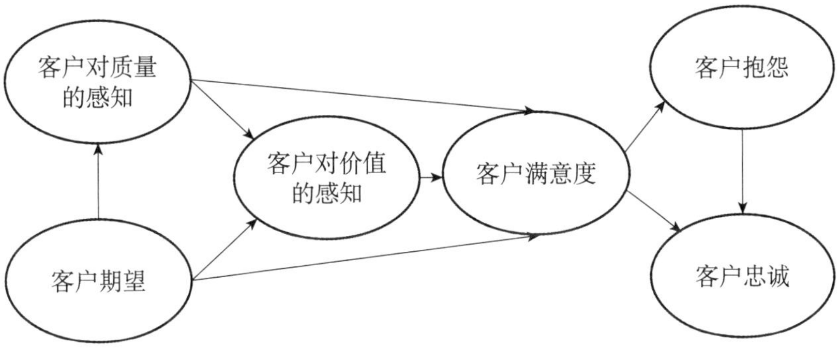

图 8-3　客户满意度指数模型

五、客户满意度研究的结果应用

客户满意度测评的最终目的是应用，下面将对研究结果的各种可能的应用进行介绍。

（一）计算满意度分值

满意度分值即通过相关技术计算得到的各个指标的得分，它代表了在客户心目中，该指标所代表的服务或产品属性所做出的评价。事实上，孤立的满意度分值是没有解读意义的，必须通过比较才能发现其是高还是低。满意度分值解读最突出的意义体现在以下三个方面：

1. 内部排名

通过内部各个分支之间满意度得分的比较，可以对其进行先后顺序的排名，可以作为其服务优劣或产品属性好坏评价的依据。

2. 历史比较

客户满意度一般会连续进行，通过对比同一项服务或产品在不同时期的客户满意度得分，可以发现其满意度变化的趋势，同时也可以检验此期间改进措施的效果。

3. 与竞争对手比较

如果客户满意度研究中同时纳入了对竞争对手服务或产品的评价，则可以通过比较竞争对手的得分与自身得分，来判断在该项服务或产品上，自己在竞争中是处于优势还是劣势，以及在行业中处于何种位置。

（二）挖掘拉低总体满意度的主要因素

木桶定律（或称短板理论）告诉我们，一个木桶的盛水量多少取决于它最短木板的高度。该理论强调了最短木板的重要性，其内涵应用到服务或产品满意度研究上，就提醒了我们要注意那些满意度较低的因素。分析哪些因素的满意度得分低而其重要性又特别高，可以指导我们找出服务或产品中的“短板”。其意义主要体现在以下两个方面：

1. 找到自身不足

通过寻找服务或产品中的重要性得分很高但满意度得分很低的因素，我们可以发现自身的不足主要体现在哪里，这样可以在今后的工作中“扬长避短”。

2. 发现竞争机会

通过发现竞争对手的“短板”，我们可以确定竞争对手的弱势所在，再结合自身的优劣势分析，就能够在残酷的商业竞争中做到“知彼知己，百战不殆”，这也是把握竞争机会、赢得竞争优势中不可或缺的重要参考依据。

（三）确定改进优先级

客户满意度研究除了发现我们提供的服务或产品在客户心目中目前所处的状态（即满意度得分）之外，更重要的是要确定今后工作的重心所在，并提供方向性指导。一个科学的改进优先级的确定方法需要考虑满意度得分、指标重要性、改进的敏感度、改进可能性、竞争对手水平等因素。

（四）提出改进策略

客户满意度研究的目的并不止于确定改进优先级，更重要的是要提出相应的改进策略，明确下一步的工作该如何开展，具体行动步骤如何。这就需要在大规模定量调查之后，对服务接受者或产品购买者、服务或产品提供者进行深度访谈，以及研究者亲自扮演神秘客户对整个服务过程进行体验，综合考虑以挖掘改进策略和方法。

1. 服务接受者或产品购买者

对服务接受者或产品购买者（即客户）的深度访谈可以进一步了解其对某项工作或产品不满意的深层次的、内在的、具体的原因，并征求其改进的建议，这样有针对性的、明确的、具体的改进建议，具有很高的参考价值。

2. 服务或产品提供者

对服务或产品提供者的深度访谈可以从提供者的角度了解他们对客户不满意点的解释，探询导致客户不满意的内部原因；并且通过提供者对客户不满意点的评价，可以寻找内外评价的差异，由此制定的改进策略具有切实可行性。

3. 研究者亲身的体验

客户往往是在接受服务或产品之后一段时间才进行满意度调查的，因此其给出的评价往往具有笼统性和模糊性，提出的改进意见一般都具有特殊性；而扮演神秘客户的研究人员通过亲身的体验则可以在第一时间对产品或服务的很多细节进行评价，并提出相应的改进策略，这种策略会更加全面而细致。

（五）建立满意度与忠诚度间的联系

忠诚度意味着更多的客户、更多的口碑、更多的收益。从某种程度上讲，一方面，满意度研究是过程，而忠诚度是目标，满意度与忠诚度有非常大的内在联系；另一方面，满意度与忠诚度又有很大区别，满意并不绝对意味着忠诚，而忠诚也并不绝对意味着满意。所以可以通过满意度研究，建立满意度与忠诚度之间的联系，分析内在的关联性，从而最终实现忠诚度和满意度的共同提升。

（六）加强与客户的日常联系

现在，许多成熟的公司都非常重视与客户之间的关系，有些公司专门成立了自己的客户关系部，加强日常客户联系，通过它了解客户在消费中遇到的问题，最终拉近商家与客户的距离，提升客户的满意度和忠诚度。日常客户联系的方式有很多种，其中，通过精心的组织设计，可以把满意度研究变成一种非常正式的、大规模的、系统的客户联系方式。

在现代市场经济条件下，客户及其需要是企业建立和发展的基础，如何更好地满足客户的需求，是企业成功的关键。以客户为中心的经营方式正在得到广泛的认同，让客户得到自己真正想要的东西，是现代激烈竞争环境下企业获得竞争优势的关键步骤。

任务三

提升客户满意度

一、客户期望管理

客户期望是指客户希望企业提供的产品或服务能满足其需要的水平，达到了这一期望，客户会感到满意；否则，客户就会不满。

（一）客户关系管理三角定律

根据客户关系管理三角定律（见图 8-4），客户满意度 = 客户体验 - 客户期望，若结果为正数，即客户体验超过客户期望，这个时候客户是满意的，这个数值越大，客户满意度越高。相反，若结果为负数，即客户体验低于客户期望，这个数值越大，客户满意度也越低。

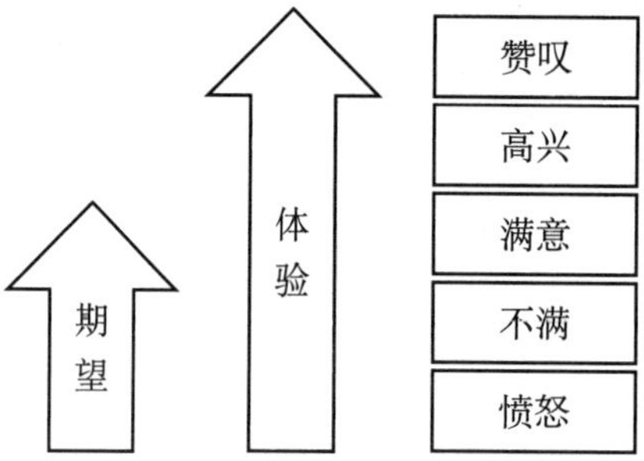

图 8-4　客户关系管理三角定律

从企业利益的角度来看，企业只有为客户提供他们满意甚至超越他们期望的产品或服务才能在激烈的市场竞争中获得优势。但是从企业成本的角度来说，客户的期望越高，企业为了满足客户的期望就需要不断地加大投入，甚至会超过企业所能获得的利润。因此，实施客户期望管理的关键点是在成本、利益、效率间取得平衡。

（二）客户期望管理的方法

对客户期望进行管理是通过了解客户期望、对客户需求进行分析、期望管理反馈、期望动态管理等一系列客户期望管理的流程和机制来实现的。

1. 了解客户期望

了解客户期望，即了解客户对产品和服务的具体期望和需求。企业通过实施满意度调查、产品和服务质量现场问卷调查、客户意见本反馈、客户座谈会以及客户投诉等方式收集客户信息。建立一个相对完善的信息收集反馈机制是做好客户期望管理的基础。

客户需求划分级特点

2. 对客户需求进行分析

对收集的客户期望需求信息进行分析并做出评估和判断，是企业进行客户期望管理反馈的前提。企业对客户需求进行分析，主要是分析客户需求的合理性、合法性、重要性、后果影响等。

合理性是指结合双方所处的背景来看，客户提出的期望或需求是否是合适的，主要依据社会标准、行业标准和公司自身的承诺来判断。例如：因快递公司导致丢件，客户要求十倍赔偿，这显然超出企业既有的服务承诺，是不合理的要求。

合法性是指客户所提出的期望是合法的，企业满足客户的期望不存在违反法律法规的风险。

重要性是指客户所提出的期望和需求对客户感知和满意度、对企业形象和经营的影响程度。影响越大，越重要。如果客户为高端客户，则其期望和需求比起一般的客户而言显然更重要一些；如果有多个客户有同样的期望和需求（无人为干预情况下），那么这样的期望和需求相比非常个性化的期望，也是更重要的。

后果影响是指假设满足特定客户的期望会对其他客户的期望和感知、对企业未来的经营和期望控制产生什么样的影响。

3. 期望管理反馈

期望管理反馈是指企业针对不同客户需求层次制订具体措施，并通过各种方式反馈给客户。

首先，制订分级服务标准。企业针对客户需求的不同层次推出相对应的基础服务、期望服务、惊喜服务等，以满足客户不同层次的需求。对客户的基本需求和期望需求进行优先资源配置，同时要控制惊喜需求的投入成本，采取非周期性、非常规性的实施策略，避免客户因为较高的心理预期而产生需求层次的“掉落”。

其次，制订分级服务承诺。企业对于已经广泛推出的、属于客户基本需求层次上的服务，制订统一的标准，并说明服务内容和流程，使客户了解服务的相关信息，从而使客户需求和期望合理化。对于客户惊喜层次的需求，企业提出的服务承诺水平不能过高，以免企业承诺的服务不能满足客户过高的心理预期。企业提出的服务承诺以达到制造惊喜、提升客户满意度为最终目的。

最后，合理控制服务公开程度，以合理引导客户期望。如果企业无法合理控制服务公开的程度，就容易导致客户产生攀比心理，一旦客户期望与客户所获得的服务体验差距较大，客户就会产生不满情绪。例如：企业大肆宣传会员客户可享受的某些专属服务，如果其他非会员客户了解到此信息，自己符合要求后却没有得到同等的待遇，就可能产生不满，甚至选择逃离。

4. 期望动态管理

客户期望会受到社会环境、行业环境、企业服务水平、客户自身经历等诸多因素的影响，并且会随着影响因素的变化而变化，因此企业对客户期望的管理也需要注意保持动态调整。例如：随着时间的推移，一些在当前看起来可能合理但无法被满足的需求或惊喜需求会变成客户的基本期望需求，此时企业就应该及时地动态调整客户期望管理方式。

此外，需要注意的是，客户对基础服务的期望是相对刚性的。因此对于基础服务，一方面企业要保持稳定的水准；另一方面对于存在的一些问题，企业要与客户进行充分的沟通，向客户解释原因，合理引导和控制客户的期望。

二、提升客户感知价值

客户感知价值是指客户在购买或消费过程中，企业提供的产品或服务给客户的感觉价值。客户感知价值实际上就是客户的让渡价值，即客户购买产品或服务所获得的总价值与客户为购买该产品或服务所付出的总成本之间的差额。

（一）增加客户总价值

增加顾客总价值，企业可以从提升产品价值、提升服务价值、提升人员价值、提升形象价值等方面努力。

1. 提升产品价值

产品价值是客户需求的中心，是客户选择购买产品的首要因素，也是影响客户感知价值大小的主要因素。产品价值越高，客户的感知价值也就越高。企业可以通过提高产品质量、不断创新、塑造品牌、为客户提供定制产品或服务等方式不断提升客户感知价值。例如：海尔总裁砸冰箱的故事，砸醒了海尔人的质量意识，也打破了海尔糟糕的经济困境，奠定了海尔品牌的质量根本，使得企业扭亏为盈，海尔也成为客户心目中值得信赖的品牌。

2. 提升服务价值

服务价值是指伴随着产品的出售，企业为客户提供的产品介绍、送货、产品安装、产品维修等附加服务所产生的价值。

随着客户购买力水平的提高，客户对服务的要求也越来越高，服务的质量对购买决策的影响越来越大，能否为客户提供优质的服务已经成为提高客户的感知价值和客户满意度的重要因素。这就要求企业站在客户的角度，想客户所想，在服务内容、服务质量、服务水平等方面提高档次，为客户提供高质量的售前、售中、售后服务，帮助客户节约时间成本、精神成本，从而提升客户的感知价值，进而提高客户的满意度。

3. 提升人员价值

人员价值是指企业员工的经营思想、知识水平、业务能力、工作效益与质量、经营作风、应变能力等所产生的价值。企业员工直接决定着企业为客户提供的产品与服务的质量，决定着客户购买总价值的大小。一个综合素质较高又具有客户导向经营思想的工作人员，可以为客户创造更高的价值，从而创造更多的满意的客户，进而为企业创造市场。人员价值对企业、对客户的影响作用是巨大的，并且这种作用往往是潜移默化、不易度量的。因此，高度重视企业人员综合素质与能力的培养，加强对员工日常工作的激励、监督与管理，使其始终保持较高的工作质量与水平就显得至关重要。

4. 提升形象价值

形象价值是指企业及其产品在社会公众中形成的总体形象所产生的价值。形象价值与产品价值、服务价值、人员价值密切相关，在很大程度上是上述三个方面价值综合作用的结果。形象对于企业来说是宝贵的无形资产，良好的形象对企业的产品有着巨大的支持作用，赋予产品较高的价值，从而带给客户精神上和心理上的满足感、信任感，使客户的需要获得更高层次和更大限度的满足，从而增加客户购买的总价值。因此，企业应重视自身形象塑造，这样才能为企业和客户带来更大的价值。

（二）降低客户总成本

降低客户总成本包括降低货币成本、降低时间成本、降低精神成本、降低体力成本四方面。

1. 降低货币成本

货币成本是指客户在购买产品或服务时所支付的金额。企业合理地确定产品价格也是提高客户感知价值和满意度的重要手段。因此，企业为产品或服务定价应以客户满意为出发点，综合考虑市场形势、竞争程度和客户的接受能力，尽可能按客户的“预期价格”来为产品或服务定价，在保证企业利润的前提下，让客户以较低的货币成本获得较好的产品或服务。

当然，降低客户的货币成本不仅仅体现在价格上，还体现在提供灵活的付款方式和资金融通方式等方面。当客户规模较小或者出现暂时的财务困难时，企业可以向其提供延期付款等信贷援助用以降低客户的货币成本。此外，企业还可以通过开发替代商品，以及使用价格低的包装材料或者使用大包装等措施，不断降低产品的价格，降低客户的货币成本，从而提高客户的感知价值和满意度。

2. 降低时间成本

时间成本是指客户在购买产品或服务时花费的时间。在相同情况下，客户购买产品或服务花费的时间越短，客户感知价值越高。因此，企业要在保证产品或服务质量的前提下，尽可能减少客户的时间支出，从而降低客户购买的总成本，提高客户的感知价值和满意度。

3. 降低精神成本

精神成本是指客户在购买产品或服务时消耗的精神的多少。企业降低客户的精神成本最常见的做法是推出承诺与保证。客户在购买产品或服务的过程中可能会面临一些风险，如产品与客户期望不符、产品价格产生波动、产品存在安全隐患等，这些都会让客户产生精神压力。如果企业不能降低企业的精神成本，客户的感知价值就会较低。例如：京东的“商品价格保护”服务是平台赋能商家提升服务体验的产品之一，开通服务的商品会在商品详情页展示“7 天价保”/“15 天价保”/“30 天价保”/“90 天价保”标识，若消费者购买后商品出现降价可在承诺周期内一键申请返还差价，此服务可以在一定程度上降低客户的精神成本，提升转化，进而提高客户的满意度。

4. 降低体力成本

体力成本是指客户在购买产品或服务的过程中消耗的体力的多少。客户在购买产品或服务时需要付出一定的体力。如果客户购买产品或服务非常便利，客户消耗的体力就会较少，客户感知价值就会较高。

因此，如果企业能够为客户提供多种销售渠道，并且为客户提供相关附加服务，降低客户为购买产品或服务所花费的体力成本，就可以降低客户购买产品或服务所花费的总成本，从而提高客户的感知价值。

素质提升

弘扬大国工匠精神

“没有成功的企业，只有时代的企业。”工匠精神的美誉，一直伴随着海尔。在改革开放初期的20世纪80年代，大江奔流难免泥沙俱下，制造企业追求效率高过质量的情况很常见。这样的背景下，“砸冰箱”这段流传至今的美谈产生了，砸出了过硬的产品质量和质量管理意识，砸出了当时制造企业少有的工匠精神。

在物资匮乏的20世纪80年代，制造企业的工匠精神尚可停留于产品质量、制造技艺的精益求精，因为质量好零缺陷的产品能满足用户和市场的需求。

“以用户为是，以自己为非。”张瑞敏始终立足用户需求挑战自我、挑战极限，以不断思考与创新的勇者姿态，带领海尔跨越五个战略发展阶段，持续提升工匠精神的境界：从产品质量优，到创出品牌，到多元化发展，到“走出去”打入国际市场，再到推动中国制造业数字化、智能化转型，创世界级物联网模式……张瑞敏用30余载的躬行实践诠释了不断颠覆创新、以兴邦利民为己任的大国工匠精神。

张瑞敏创新提出的“人单合一”模式，就是大国工匠精神的绝佳体现。进入物联网时代的新海尔，在“人单合一”模式的引领驱动下，在质量体系、管理模式、商业模式、文化模式等领域中不断突破窠臼、超越时代，助力我国制造业的转型升级。

从对产品质量的精益求精，到以“人单合一”模式为引领创世界级物联网模式、助力我国制造业转型升级，张瑞敏一直在变革与挑战中践行“大国工匠”精神，以兴邦利民为己任，带领海尔在改革开放的时代洪流中勇往直前。

知识巩固与技能提升

扫码练习

09

项目九

客户忠诚度管理

任务一　认识客户忠诚

任务二　实现客户忠诚

任务三　防止客户流失

学习目标

知识目标

1. 了解客户忠诚的内涵；
2. 理解影响客户忠诚的因素；
3. 掌握提升客户忠诚度的策略；
4. 掌握预防客户流失的方法。

能力目标

1. 能够识别忠诚客户并制订客户忠诚计划；
2. 能够准确分析客户流失的原因并制定预防客户流失的策略。

素养目标

培育并践行社会主义核心价值观，厚植爱国情怀，提高危机意识和忧患意识；培养爱岗敬业的职业素养、吃苦耐劳的劳模精神；培养团队意识，强化团队协作能力和专业管理能力。

导入案例

华为手机品牌忠诚度为何高居第一？服务成为重要引擎

京东与益普索（中国）联合发布的白皮书数据显示，华为手机用户品牌忠诚度高达89%，相比第二名高出了近40个百分点。今日头条公布的数据显示，2020年上半年国内手机用户对华为品牌的关注度位居第一，并且是排名第二品牌的2.36倍，领先趋势同样明显。

苹果曾经是中国手机市场的服务标杆。华为希望在用户忠诚度、口碑推荐值皆超越苹果之后，再次打造中国手机市场的服务标杆，让高品质、有温度的服务触及每个终端消费者。

1. 更省心

售后服务在用户传统印象中都是一个“门槛”和“麻烦”。为了让用户送修更方便，华为自2015年底开始提供“快递双向免费”的寄修服务，并在2018年起在各省建立寄修中心，寄修过程会有工作人员致电用户告知维修进展，在提供“省心服务”的同时做到“放心维修”。

伴随智慧全场景1+8+N策略的推行，华为针对用户售后需求与终端类型的快速变化，提出了有针对性的解决方案。比如严格认证技术顾问团队，为智慧屏用户提供上门服务，安装完成后还会提供智慧屏特色功能详细讲解。针对PC用户，提供包括双向免邮费寄修、5年系统免费换新、服务日硬盘扩容免手工费、远程在线支持等多种差异化服务。这种服务策略既满足了用户的PC专业定向需求，又提供了智慧全场景带来的跨终端、跨系统的全新体验服务。

2. 更暖心

“有温度的服务”一直是华为消费者业务大中华区多年来坚持与传承的理念。

疫情防控期间，用户对卫生健康生活的需求急剧增长，华为服务店面向用户免费提供不限品牌的终端产品紫外线消毒服务。

除此之外，2020年大暑期间服务店还为户外工作人员提供了“爱心驿站”服务（户外工作人员可到店纳凉、充电、饮水、免费消毒），并在完成维修后提供免费贴膜、维修赠礼等回馈。在县区，新开业的服务店还举行“新店服务月”活动，为期一整月，为县区进店消费者提供免费贴膜、保外维修免人工费等福利。

3. 更实惠

对于消费者来说，“实惠”是服务最直观的感受。

服务日最显著的特点之一就是聚焦用户关注痛点的“实惠升级”，为了让用户得到更大的关怀回馈，华为构建了全面、深入的“实惠”服务方案。

“久久续航－电池一口价”活动关注用户较为高频的保外电池更换痛点问题，自2018年9月活动推出至今，已经有多款机型保外更换原装电池费用下调为99元、129元、359元，大幅降低了用户换电池的成本。“惠修一口价”则解决了用户主板、屏幕等核心元器件的保外高维修费用问题，相比更换全新原厂备件降低40%左右。针对用户反映的维修时长问题，华为推出了“特惠板”活动，对80余款机型提供最低3折的特惠原装主板更换服务，而且享受官方90天全国联保。

4. 更增值

多样化的增值服务同样是华为服务的一大显著特点。华为增值服务产品支持线上和线下的多渠道随新机购买或补购，多样化的增值服务产品让消费者选购更方便。“碎屏服务宝”让消费者“屏碎心不碎”，屏幕意外破碎或者开裂时，消费者到服务店均可免费更换原装屏幕。针对P40系列、P30系列、Mate 30系列等旗舰机用户，华为还推出了“无忧服务”全方位保障产品，用户购买后可享受2年官方质保和2年内2次低价意外故障维修服务。“延长服务宝”则是在标准保修服务期的基础上，再次延长一年/半年的保修时间。

5. 更透明

零配件品质、维修效率、隐私安全，一直是用户在维修服务环节的核心关注点。华为服务店为用户提供“透明维修”让用户维修看得见，门店和服务App多维度显示维修进度让用户维修查得到，“维修模式”功能加持也帮用户保好密。

【分析提示】

高度成熟的换机市场环境下，持续保持市场竞争力的背后，除了长期的技术积累和有竞争力的产品创新，服务品质也是“决胜”因素之一。成熟市场，用户每一次购买手机，都是一个服务周期的全新开始。在这个过程中，唯有获得用户持续的使用满意度，甚至在服务过程中获得“惊喜”，才能有机会将用户转化为这家品牌的忠实用户，并通过口碑与社交媒体去影响更多用户群体。所以，在竞争最惨烈的中国手机市场，华为持续创新和体验提升的背后，是综合实力的比拼，但最根本的原因来自用户的信任与托付。

任务一

认识客户忠诚

一、客户忠诚的内涵

（一）客户忠诚与客户忠诚度

客户忠诚营销理论是在流行于20世纪70年代的企业形象设计理论和80年代的客户满意理论的基础上发展而来的。其主要内容可表述为：企业应以满足客户的需求和期望为目标，有效地消除和预防客户的抱怨和投诉，不断提高客户满意度，促使客户忠诚，在企业与客户之间建立起一种相互信任、相互依赖的“质量价值链”。

客户忠诚是指客户对企业或品牌产生了好感，形成了偏好，进而形成了长期频繁地重复购买企业或品牌的产品的行为。客户忠诚是客户内在态度和外在行为的统一。

客户忠诚度指客户忠诚的程度，是一个量化概念。客户忠诚度是指由于质量、价格、服务等诸多因素的影响，客户对某一企业的产品或服务产生感情，形成偏爱并长期重复购买该企业产品或服务的程度。

（二）客户忠诚的特征

1. 行为特征

客户忠诚一般意味着客户会重复购买企业所提供的产品或服务。这种重复性的购买行为可能来自客户对企业的偏好和喜爱，也可能是出于习惯，还有可能是因为企业所举办的促销活动。

2. 心理特征

客户忠诚经常体现为客户对企业所提供的产品或服务的高度依赖。这种依赖源于客户在之前购买产品或服务的过程中形成的满意度，并进而形成的对产品或服务的信任。

3. 时间特征

客户忠诚具有时间特征，它体现为客户在一段时间内不断关注与购买企业所提供的产品或服务。

二、客户忠诚的类型

美国凯瑟琳·辛德尔博士根据客户重复购买行为的原因，将客户忠诚划分为七种类型：垄断忠诚、惰性忠诚、潜在忠诚、方便忠诚、价格忠诚、激励忠诚、超值忠诚，如表9-1所示。

表9-1　客户忠诚的类型

类型	定义	特征
垄断忠诚	市场上的某种产品或服务只有一个供应商，该供应商就形成了产品或服务的垄断，客户别无选择，只能选择该供应商提供的产品或服务	低依恋，高重复购买

续表

类型	定义	特征
惰性忠诚	客户在购买产品或服务时由于惰性而不愿意去寻找新的企业，他们购买企业的产品或服务不是因为对企业满意，而是因为他们不愿意浪费时间和精力去寻找并购买其他企业的产品，如果其他企业能够为他们提供更多的优惠，这些客户很容易被挖走	低依恋，高重复购买
潜在忠诚	客户希望能够不断地购买企业的产品或服务，但由于企业的一些内部规定或其他因素限制了这些客户的购买行为	低依恋、低重复购买
方便忠诚	客户由于企业所处地理位置的便利性，总是在该处购买产品或服务，一旦出现能让客户更加方便地购买产品的企业或让客户更为满意的企业后，客户的这种忠诚就会随之减弱，甚至消失	低依恋、高重复购买，类似惰性忠诚
价格忠诚	客户对产品或服务的价格非常敏感，重复购买的原因在于企业提供的产品或服务的价格符合其期望。价格是影响价格忠诚客户购买行为的关键因素，他们更倾向于能为其提供最低价格产品或服务的企业	对价格敏感，低依恋，低重复购买
激励忠诚	在企业提供奖励计划时，客户就会经常去购买企业的产品或服务，因此企业所提供的奖励是影响客户重复购买的关键因素。一旦企业不再提供奖励，这些客户可能就会转向其他能为其提供奖励的企业	低依恋，低重复购买
超值忠诚	客户在了解、消费企业产品或服务的过程中与企业产生了某种感情上的联系，或者对企业有了总的趋于正面的评价而表现出来的忠诚。具有超值忠诚的客户既在行为上表现为重复购买产品或服务，同时在心理上也对企业的产品或服务有着高度的认同感	高依恋，高重复购买

三、客户忠诚的衡量指标

对客户忠诚可以从时间、行为和情感几个维度来衡量。

（一）时间维度

客户忠诚具有时间特征，它体现为客户在一段时间内不断关注、购买企业的产品或者服务。如果客户与企业只有一次交易记录，那么自然不能认为该客户的忠诚度很高。因此，客户与企业交易关系的持续时间是测试客户忠诚的指标之一。

（二）行为维度

1. 客户重复购买的次数

客户重复购买的次数是指在一定时期内，客户重复购买某种品牌产品的次数。在确定的时间内，客户购买企业产品或者服务的次数越多，说明其越偏爱该产品或者服务。

需要注意的是，在衡量客户重复购买率这一指标时，首先需要确定在多长时间内衡量客户购买次数。对时间的确定需要根据产品的用途、性能和结构等因素来合理确定。例如：对于汽车、家具、家电等耐用消费品而言，客户购买的时间间隔一般都在三年以上；对于银行、饭店以及许多快速消费品而言，其衡量客户重复购买率的时间则以月计算较为合适。其次在衡量客户重复购买的产品或者服务时，并不仅仅局限于同一类产品或者服务，而应当从企业经营的产品品种的角度考虑。如果客户并不是重复购买同一种产品，而是购买企业不同种类或者品牌的产品，那么也应当认为客户具有较高的重复购买率。

2. 客户购买费用的多少

客户购买费用的多少是指客户对某一品牌支付的费用与购买同类产品支付的费用总额的比值高低。购买费用包括两个部分：（1）客户用于某一品牌或者产品的金额；（2）在客户用于某一产品的预算中，企业所占的比重，这也被称为客户钱包份额或者客户占有率。对企业而言，若客户在某一产品预算不变的情况下，购买本企业产品的金额增加，则表明客户对本企业产品的信任程度提高，忠诚度增加；客户扩大产品预算用于增加购买本企业产品，也表明客户忠诚度提高。

3. 客户对价格的敏感程度

客户对价格的敏感程度是指客户对产品或服务价格变动的承受力高低。实践证明：对于喜爱和信赖的产品或者服务，客户对其价格变动的承受力较强，其购买行为较少受到价格波动的影响，即客户对价格的敏感度低；相反，对于不喜爱或者没有信赖感的产品或者服务，客户对其价格变动的承受力较弱，一旦价格上涨，客户立刻会减少购买行为，即客户对价格的敏感度高。

4. 客户挑选时间的长短

客户挑选时间的长短是指客户对不同品牌产品或服务的挑选时间长短。挑选意味着客户花费时间用于了解企业产品，同时也包括客户比较不同企业产品的过程。如果客户对企业的忠诚度较低，那么客户就会花费较长的时间来收集信息，比较不同企业提供的产品，最后才决定是否购买。相反，如果客户信任企业的产品，那么用于挑选的时间就会缩短，会快速决定产品的购买。因此，客户挑选产品的时间长短，也可以用来衡量客户忠诚。

（三）情感维度

1. 客户对竞争品牌的态度

客户对竞争品牌的态度是指客户对其他品牌产品或服务是否有好感。一般而言，当客户对企业的忠诚度较高时，自然会减少对竞争品牌的关注，而把更多的时间和精力用于关注本企业的产品或服务。相反，如果客户对竞争品牌的产品或者服务有兴趣或者好感，并且花费了较多的时间了解竞争品牌，那么就表明客户对本企业的忠诚度较低。

2. 客户对产品质量的承受力

客户对产品质量的承受力是指客户对产品或服务出现问题后是否宽容、谅解。当出现产品质量问题时，如果客户对企业的忠诚度较高，那么客户会采取相对宽容的、协商解决的态度；相反，如果客户对企业的忠诚度较低，则会让客户感到强烈的不满，会要求企业给予足够的补偿，甚至会通过法律途径解决问题。

3. 客户对企业的信赖

客户对企业的信赖来源于客户与企业交易过程中累积形成的满意度，是由满意度累积以后形成的对企业产品和品牌的信任与维护。这种信任会让客户主动向周围的人推荐企业的产品和品牌，提升企业的口碑和影响力。

四、客户忠诚的价值

（一）有利于降低企业经营成本

忠诚的客户首先愿意继续购买或接受企业的产品或服务，且愿意为优质的产品和一流的服务支付较高的价格，企业只需花费较少的人力、物力以及较少的时间成本就能与这些客户完成交易。同时，忠诚客户的重复购买、宣传介绍、称赞推荐等行为可以帮助企业减少广告、公关、宣传等促销费用开支，降低企业运营的成本，从而进一步增加企业的销售收入和利润总额。

（二）有利于提高企业运营的稳定性

忠诚的客户会比一般客户更加注重产品的内在价值，且不会轻易受其他因素的影响而更换提供产品或服务的企业，这就提高了企业运营的稳定性。同时，忠诚的客户会很乐意尝试企业的其他产品，这就可以推动企业产品的交叉销售，有助于实现企业经营的多元化，降低企业的经营风险。

（三）有利于企业在竞争中获得长期优势

对于竞争对手来说，拥有高客户忠诚度的企业形成了一种较高的竞争壁垒，竞争对手如果想要吸引其他企业拥有的忠诚客户，就必须投入更多的人力、物力，这种竞争方式往往会令很多竞争对手望而却步。

同时，忠诚客户重复购买企业的产品或服务，便于企业更好地了解客户的需求，以及长期内客户需求的波动规律，更有利于企业制订长期的经营计划，也为企业进入新市场提供了扩张利器，使产品或服务达到更高的标准，从而让企业获得长期竞争优势。

（四）有利于企业形成口碑效应

美国一项调查表明，一个高度忠诚的客户平均会向 5 个人推荐企业的产品或者服务，这不但能节约企业开发新客户的费用，而且可以在市场拓展方面产生乘数效应。一个对欧洲 7 000 名客户的调查报告表明，60% 的被调查者购买新产品或者新品牌是受到家庭或者朋友的影响。

忠诚的客户往往会把自己愉快的消费经历和体验直接或间接地传达给周围的人，无形中他们便成了企业免费的广告宣传员，这种宣传和推荐比企业自己做广告的可信度和效果要强得多。这种良好的口碑传播不仅能为企业带来新的客户，更重要的是能够有效地提高企业的知名度及品牌的美誉度，正所谓“最好的广告是忠诚的客户”。

同样存在食品安全问题，“蜜雪冰城”为何能得到消费者的区别对待

五、客户忠诚与客户满意的关系

客户忠诚和客户满意是一对相互关联的概念，但这两个概念有着明显的区别。实际上，客户满意是客户需求被满足后的愉悦感，是一种心理活动。客户满意度与态度相关联，争取客户满意的目的是尝试改变客户对产品或服务的态度；忠诚客户所表现出来的则是购买行为，并且是有目的性的、经过思考而决定的购买行为。衡量客户忠诚度主要有两方面，即客户的保持度和客户的占有率。需要注意的是，客户忠诚是一个处于相对稳定状态的动态平衡，从来没有永远的忠诚，企业也无法购买到客户永远的忠诚，而只能保持或增加客户的忠诚。

（一）客户满意不等于客户忠诚

客户的忠诚来自客户的满意，但二者之间却有本质区别。满意度衡量的是客户的期望和感受，而忠诚度则反映了客户未来的购买行动和购买承诺。客户满意度调查反映了客户对过去购买经历的意见和想法，只能反映过去；客户忠诚度调查则可以预测客户最想买什么产品、什么时候买、这些购买可以产生多少销售收入。

（二）客户忠诚是客户满意的提升

忠诚是满意的积累，只有客户满意到一定程度，才会有忠诚于企业的意愿，所以客户忠诚是客户满意的升华。客户满意是一种心理满足的程度，是客户消费之后所表现出的态度；客户忠诚则可以促进客户重复购买行为的发生，表现为一种后续的、持续的交易行为。对大多数企业来说，客户的忠诚才是更需要关注的。

（三）客户忠诚比客户满意更有价值

在竞争日趋激烈、以客户为导向的市场环境中，越来越多的公司持续追逐客户满意度的提升，但是很多企业追逐的成效并不尽如人意。企业如果仅仅只追求客户满意度，在某种程度上往往并不能最终解决问题。因为大多数时候，尽管企业的客户满意度提高了，但企业的获利能力并没有得到改善，企业利润并没有增加。究其原因，关键在于企业没有使客户对企业的满意上升到对企业的忠诚。

客户忠诚度的获得必须有一个基础的客户满意度水平线，在这个满意度水平线下，客户忠诚度将明显下降。但是，客户满意度绝对不等于客户忠诚度。企业只有在客户满意的前提下，为客户提供量身定做的产品或服务，提高客户忠诚，才能获得稳定的利润。

任务二

实现客户忠诚

一、影响客户忠诚的因素

（一）客户满意度的程度

客户忠诚和客户满意之间有着千丝万缕的联系。客户满意度越高，客户的忠诚度就越高，所以提高客户满意度是实现客户忠诚的有效措施。

1. 满意可能会忠诚

客户消费的过程是客户与企业相互交换的过程，在这个过程中，客户对企业提供的产品或服务是否感到满意，决定了他们是否会继续选择该企业。所以说，客户满意是客户忠诚的前提和基础，客户满意则有可能会实现客户忠诚。

2. 满意也可能不忠诚

《哈佛商业评论》报告显示，对产品满意的客户中，仍有 65% ～ 85% 的客户会选择新的替代品。例如：调查显示，美国汽车制造厂的客户满意率超过 90%，但实际再次购买相同品牌汽车的客户只有 30% ～ 40%。可见，满意也可能会不忠诚，要想获得客户忠诚，除了实现客户满意之外，还需要注意其他因素的影响。

3. 不满意则一般不忠诚

一般来说，要让不满意的客户忠诚，可能性很小。如果不是无可奈何、迫不得已，客户一般是不会继续忠诚于企业的。或者，一个不满意的客户可能迫于某种压力，不一定会马上流失，但条件成熟后，则仍会离开。例如：在汽车行业，客户消费时间跨度大、消费频次低，所以在服务过程中即使客户不满意也不会立刻流失，但是当需要再次购买汽车时，则会放弃该品牌而选择其他品牌。

4. 不满意也可能忠诚

在两种情况下，客户对企业不满意也有可能忠诚：一种是惰性忠诚，一种是垄断忠诚。虽然惰性忠诚和垄断忠诚能够给企业带来利润，但是，企业也不可以掉以轻心，因为不满意的忠诚是靠不住、不能长久的，一旦时机成熟，这类不满意的客户就会流失。

（二）客户因忠诚获得的收益

调查结果表明，客户希望因忠诚而得到优惠和特殊关照，如果可以得到，客户则会更加愿意与企业建立长久关系。如果老客户没有得到比新客户更多的优惠，那么会导致有些老客户不满，进而流失，而新客户也不会愿意成为老客户。

（三）客户的信任和情感

信任是构成客户忠诚的核心因素，信任使重复购买行为的实施变得更加自然简单，同时也使客户对企业产生情感上的依赖。由于客户购买行为的感情化倾向不断加强，情感对客户忠诚度的影响也越来越大。在竞争环境下，即使竞争对手可以给予客户相似的利益，客户也会因为对企业的信任和情感而忠诚于本企业。

（四）客户的转换成本

客户转换成本是当客户从一个企业转向另一个企业需要面临多大的障碍或增加多大的成本，是客户为更换企业所需付出的各种代价的总和。这种成本不仅是经济上的，也是时间、精力和情感上的，它是构成企业竞争壁垒的重要因素。如果客户从一个企业转向另一个企业，会损失大量的时间、金钱、关系和感情，那么即使目前客户对企业不是完全满意，也会三思而行，不会轻易流失。

此外，客户对企业的归属感、双方业务联系的紧密程度、员工对企业的忠诚度、企业对客户的忠诚度以及客户自身（客户需求变化、搬迁等）等因素都会影响客户的忠诚。

二、实现客户忠诚的策略

从影响客户忠诚的因素分析可以发现，企业必须通过建立激励忠诚和约束流失的机制，才能实现客户忠诚。

（一）努力实现客户满意

客户满意程度越高，忠诚的可能性就越大，所以，企业应该努力通过提供高性价比的产品和服务、重视客户的需求和反馈意见等措施提高客户的满意度，进而实现客户忠诚。

（二）奖励客户的忠诚

频繁营销规划也称为老主顾营销规划，是指设计规划向经常购买或大量购买的客户提供奖励。奖励的形式包括折扣、积分奖励、赠送商品、奖品等。同时，还可以提供奖励忠诚的其他配套措施，如特权、优待、机会、荣耀等物质奖励以外的利益。例如：招商银行高端信用卡贵宾可以享受全球100余家机场贵宾厅登机礼遇，贵宾厅为客户提供免费WiFi、饮料和食品、休息区域、私人洗手间、报纸和杂志、电视和音乐等，为客户带来快速、高效和舒适的休息体验。此外，招商银行的白金卡机场贵宾厅还提供了VIP礼宾接机服务，以及会议室预订、餐饮洽谈及商务服务等。

奖励计划操作简单，很容易就会被竞争者模仿，导致奖励计划趋于雷同。客户的期望会越来越高，企业想要达成既定效果需要投入的奖励成本也越来越高，奖励计划反而成为企业的负担。此外，一些没有享受到奖励计划的客户也可能会对企业产生不满。

案例链接

中国移动积分计划

积分计划是中国移动为答谢广大客户长期支持与厚爱而推出的一项客户回馈服务。中国移动积分可以兑换手机话费、流量包、电子券和礼品等。

积分计划相关规则如下：

一、积分计划开通规则

2021年5月起，中国移动积分计划全新升级，只要您是中国移动的个人客户，入网即可积累积分。

二、积分计算规则

月度话费消费产生的积分＝话费账单实际已支付的金额（元）× 回馈系数。

"话费账单实际已支付的金额"，会剔除优惠及赠送的话费金额。

"回馈系数"规则：

客户享受积分倍享回馈须开通"积分倍享合约"。未开通积分倍享合约的客户，回馈系数统一为 1。开通积分倍享合约的客户，回馈系数规则如表 9-2、表 9-3 所示：

（1）全球通客户，回馈系数按等级递增。

表 9-2　中国移动全球通等级及回馈系数

全球通等级	银卡	金卡	白金卡	钻石卡
回馈系数	3	4	6	6

（2）非全球通客户，回馈系数按网龄递增。新入网回馈系数为 1，网龄每增长 3 个月回馈系数增长 0.1，封顶值为 3。

表 9-3　中国移动非全球通等级及回馈系数

网龄	1～3 个月	4～6 个月		…	60 个月以上
回馈系数	1	1.1		…	3

三、积分兑换方式

您可以通过多种渠道参与积分兑换，包括中国移动 App、和包支付 App、中国移动积分商城等，兑换心仪礼品。

【分析提示】

积分奖励计划比较适合于容易引起多次重复购买和延伸服务的企业。在一定时间段内，根据客户的积分情况，提供不同级别的奖励。这种奖励计划已经被越来越多的商家广泛使用。

企业在给予客户奖励的时候要注意以下几个问题：

（1）客户是否重视本企业的奖励。如果客户对奖励抱着无所谓的态度，那么企业的奖励就失去了意义。

（2）不搞平均主义，要按贡献大小区别奖励。

（3）奖励是否有效果。奖励效果一般由现金价值、可选择的奖品类别、客户渴望的价值、奖励方法是否恰当、领取奖励是否方便等因素决定。

（4）不孤注一掷，要细水长流。企业要注重为客户提供长期利益，因为一次性促销活动浪费了大量的财力但并不能使客户忠诚，即使促销有效，竞争者也会效仿跟进。因此，企业要考虑自己是否有能力对客户持续进行奖励，能否承受奖励成本不断上升的压力，否则，就会出现尴尬的局面——坚持下去，成本太高；取消奖励，企业信誉受影响。

（三）增加客户对企业的信任与感情

1. 增加客户对企业的信任

客户要建立高水平的客户忠诚，就必须持续不断地加强客户对企业的信任，只有这样才能获得客户对企业的持续忠诚。

企业可以从以下几个方面增加客户对企业的信任：

第一，要牢牢树立“客户至上”的观念，想客户所想，急客户所急，解客户所难，帮客户所需，所提供的产品与服务要确实能够满足客户需要。

第二，要提供广泛并值得信赖的信息（包括广告），当客户认识到这些信息是值得信赖并可接受的时候，企业和客户之间的信任就会逐步产生并得到强化。

第三，要重视客户可能遇到的风险，然后有针对性地提出保证或承诺，并切实履行，以减少他们的顾虑，从而赢得他们的信任。

第四，要尊重客户的隐私权，使客户有安全感，进而产生信赖感。

第五，要认真处理客户投诉，如果企业能够及时、妥善地处理客户的投诉，就能够赢得客户的信任。

2. 增加客户对企业的感情

企业在与客户建立联系后，应该努力加强与客户的感情交流和投资，这样才能巩固和强化企业和客户之间的关系，增强客户对企业的感情。

企业应当积极与客户进行定期或者不定期的沟通，进行拜访或者经常性的电话沟通，了解他们的想法和意见，邀请他们参与企业的各项决策，让客户感受到企业对自己的重视。对于重要的客户，企业负责人要亲自接待和登门拜访，努力加深双方的情感联系，并且发展联盟式的客户关系，可以在重要的日子给客户送上祝福和礼品，邀请客户参加各种活动，让客户实实在在感受到企业的关怀。尤其当客户遇到困难的时候，企业要及时伸出援手、雪中送炭，当客户渡过难关后，自然会以忠诚回报企业。

企业要时刻留意客户需求的变化，不断满足和超越客户的期待。只有长期以诚相待、真心付出，才能增加客户对企业的信任和情感，才能提高客户对企业的忠诚度。

（四）提高客户的转换成本

企业可以通过提供具有差异化和独特性的产品或服务来增加客户的转换成本，因为客户不容易找到替代品或满足其需求的其他竞争对手，他们需要花费额外的时间和精力去适应新的产品或服务。企业还可以为现有客户提供额外的优惠、折扣、奖励或特权，使他们在转换时失去一些已经享受的好处，这样可以增加客户留存的动力。

（五）建立客户组织

建立客户组织可使企业与客户的关系更加正式化、稳固化，使客户感到自己有价值、受欢迎、被重视，从而使客户产生归属感，因而有利于企业与客户建立超出交易关系之外的情感关系。客户组织还可以使企业与客户之间由短期关系变成长期关系，由松散关系变成紧密关系，由偶然关系变成必然关系，从而维护现有客户和培养忠诚客户，确保企业有一个基本的忠诚客户群。因此，建立客户组织是巩固和扩大市场占有率、稳定客户队伍的一种行之有效的方法，有利于建立长期稳定的主顾关系。

（六）加强业务联系，提高不可替代性

加强业务联系是指企业渗透到客户的业务中间，双方形成战略联盟与紧密合作的关

系。企业要想办法与客户建立深层的联系，如通过交叉持股或者双方共同成立合资企业、合伙企业或合作企业等形式，建立双方共同的利益纽带，你中有我，我中有你，这样彼此就不容易分开了。

经验表明，客户购买一家企业的产品越多，对这家企业的依赖就越大，客户流失的可能性就越小，就越可能维护忠诚。因此，企业在为客户提供物质利益的同时，还可通过向客户提供更多、更宽、更深的服务来建立与客户结构性的联系或者纽带，如为客户提供生产、销售、调研、管理、资金、技术、培训等方面的帮助，为客户提供更多购买相关产品或服务的机会，从而提高客户的忠诚度。

利乐：前置创新，让客户的成功与我有关

（七）加强员工管理

企业应该通过提升员工的满意度和忠诚度来提升客户的满意度和忠诚度，同时通过制度避免员工流动造成客户的流失。

1. 通过培养员工的忠诚度实现客户的忠诚

企业应该寻找那些与企业文化、理念一致的优秀员工，给予员工相关知识和技能的培训与指导，并建立有效的激励制度激发员工的工作热情。企业在工作中要尊重员工，还要适时授权给员工，让员工感受到自己是被重视和信任的，通过这些措施来提升员工的满意度，通过培养员工的忠诚度进而实现客户的忠诚。

2. 通过制度避免员工的流失造成客户的流失

为了减少客户对企业员工的依赖，企业可以通过实行轮换制度、以客户服务小组代替单兵作战、通过客户数据库在企业内部实现客户资源共享等制度来扩大客户与企业的接触面，避免因员工流失导致客户的流失。

企业还需要重视自己对客户的忠诚，时刻关注客户的需求，不随意更换自己产品和服务的定位，以自己的忠诚换取客户的忠诚。

任务三

防止客户流失

一、客户流失的类型

客户流失是指客户由于种种原因不再忠诚，而转向购买其他企业产品或服务的现象。企业要想让客户创造更多的价值，不但要让忠诚的客户带来更多价值，还要想办法让流失的客户回头，从而继续为企业创造价值。客户流失的类型可以分为主动流失和被动流失两类。

（一）主动流失

客户主动流失是指由于企业提供的产品或服务无法满足客户的需求，客户主动转而选择购买其他企业的产品或服务。主动流失可以分为三种类型。

1. 自然流失

自然流失是指客户需求 / 兴趣减弱或消失，不再需要使用企业的产品。在客户流失中，自然流失占比较小，对企业的影响也比较小。企业可以采取一定的措施减少自然流失情况的发生，例如：银行通过网上银行、手机银行等线上服务方式提升综合体验，让客户可以在任何地点、任何时间都能方便、快捷地办理相关业务。

2. 竞争流失

竞争流失是指由于竞争对手的影响造成的客户流失。在竞争激烈的市场环境中，从价格战到服务战，企业在目标市场上有很多竞争对手。产品投入市场初期，用户对价格和质量比较敏感，这个时期的商家竞争就主要集中在价格上。竞争结果往往是使不同商家的价格和产品质量趋于等同，这时候的竞争就突出反映在商家所能够提供的服务上了。

3. 过失流失

过失流失是指由于企业自身工作中的过失引起的客户流失。这种类型的流失占客户流失总量比例最高，给企业带来的影响也最大。因此，企业应该重点考虑这种类型的客户流失。

（二）被动流失

被动流失是指客户非自愿地与企业脱离业务关系，通常是因为客户经济状况或支付能力发生改变造成的。要避免这种类型的客户流失所带来的不良后果，企业需要建立完善的客户信用管理机制：一方面，企业要在与客户初次合作时登记客户必要的个人信息，以备后续使用；另一方面，企业要建立详细的客户信用档案，对客户进行信誉评定。

二、客户流失的原因

客户流失除企业自身原因造成的以外，还有客户自身的原因造成的流失。

（一）企业自身的原因

产品或服务质量没有达到标准或者经常出现故障、服务态度或服务方式存在问题、企业诚信出现问题、产品或服务缺乏创新、企业营销策略组合不恰当、内部员工流失等都是可能会导致客户流失的原因。企业应该重视对流失客户的管理，及时调查客户流失的原因并针对问题找到解决方案，减少客户的流失。

客户大量流失，原因竟是有“内鬼”

（二）客户自身的原因

除了企业自身的原因会导致客户流失，还有一些客户自己的原因也可能会导致客户流失。例如：客户因为需求转移或者消费习惯改变而退出某个市场。又如：客户对企业提供的好的服务或产品的差异根本就不在乎，转向其他企业不是因为对原企业不满意，而是因为自己想换“口味”，想尝试一下新的企业的产品或者服务，或者只是想丰富自己的消费经历。再如：客户搬迁、成长、衰退甚至破产，以及客户的采购主管、采购人员的离职等，都会导致客户流失。这些因素是客户自身造成的，是企业无法改变的客观存在。

三、正确看待客户流失

（一）客户流失会给企业带来很大的负面影响

流失一位重复购买的客户，不仅使企业失去这位客户可能带来的利润，还可能损失与受其影响的客户的交易机会，因为他们可能散布不利的言论，动摇和瓦解其他客户的信任和情感。此外，还可能会极大地影响企业对新客户的开发。

当企业与客户的关系破裂，客户流失成为事实的时候，企业如果不能尽快、及时地恢复客户关系，就可能造成客户的永远流失，而他们很可能成为企业竞争对手的客户，壮大了竞争对手的客户队伍和规模。而如果竞争对手由于客户多了，生产服务规模大了，成本下降了，就会对企业产生威胁。因此，不能听任客户的流失。

（二）有些客户流失是不可避免的

新陈代谢是自然界的规律，企业的客户也有一个新陈代谢的过程，特别是在今天的市场上，在各种因素的作用下，客户流动的风险和代价越来越小，客户流动的可能性越来越大，客户关系在任一阶段、任一时点都可能出现倒退，不论新客户还是老客户，都可能会流失。

此外，由于客户本身原因造成的流失，企业是很难避免的。因此，虽然很多企业提出了“客户零流失”的目标，但是这个目标太不切合实际。幻想留住所有的客户是不现实的，就算能够做到，成本也会相当高，得不偿失。因为企业的产品或者服务不可能完全得到所有客户的认同，企业不可能留住所有的客户。所以，企业应当冷静看待客户的流失，企业要做的是确保客户流失率控制在一个比较低的水平。

（三）流失的客户有被挽回的可能

研究显示，向流失客户销售每 4 个中会有 1 个可能成功，而向潜在客户和目标客户销售每 16 个才有 1 个成功。这其中的原因主要是：一方面，企业拥有流失客户的信息，他们过去的购买记录会指导公司如何将其挽回，而对潜在客户和目标客户，公司对其的了解要少得多，需要花费更多的时间和精力进行介绍和推销；另一方面，流失客户毕竟曾经是我们的客户，对企业有了解、有认识，只要企业下足功夫，纠正引起他们流失的失误，他们还是有可能回归的。可见，争取流失客户的回归比争取新客户容易得多，而且只要流失客户回头，他们就会继续为我们介绍新客户。

四、挽回流失客户的策略

客户流失之前，企业要防范客户的流失，极力维护客户的忠诚。而当客户流失已成事实时，这时候企业不应该坐视不管，应该采取相应措施尽力争取挽回客户，促使客户重复购买企业的产品和服务。

（一）调查原因，亡羊补牢

如果企业能够深入了解、调查客户流失的原因，就可以发现一些经营管理中存在的问题，企业可以据此采取必要的措施，及时改进，从而避免其他客户的流失。

因此，企业要在发现问题时第一时间积极联系客户，了解客户流失的原因，弄清问题的根源，虚心听取客户的意见、看法和要求，让客户充分感受到企业的诚意和关心。企业只有站在流失客户的立场，及时、有针对性地进行沟通，才能真正挽回这些流失客户。

（二）“对症下药”，争取挽回

“对症下药”就是企业要根据客户流失的原因制定相应的对策，以挽回流失客户。例如：针对喜新厌旧型的客户，企业应该在产品、服务、广告等方面多一些创新，争取将他们重新吸引回来。

（三）区别对待不同的流失客户

在资源有限的情况下，企业应该根据客户的重要性来分配投入的资源，争取实现挽回利益的最大化。针对不同级别的流失客户，企业应当采取的态度如下：

1. 对流失的重要客户要极力挽回

一般来说，流失前能够给企业带来较大价值的客户，被挽回后也将给企业带来较大的价值。因此，给企业带来较大价值的重要客户应是挽回工作的重中之重。他们是企业的基石，失去他们，轻则会给企业造成重大的损失，重则伤及企业的元气。所以，企业要不遗余力地在第一时间将重要客户挽回，而不能任其流向竞争对手。

2. 对流失的普通客户要尽力挽回

普通客户的重要性仅次于重要客户，而且普通客户还有升级的可能，因此，对普通客户的流失要尽力挽回，使其继续为企业创造价值。

3. 对流失的小客户可见机行事

由于小客户的价值低，对企业的要求又很多，数量多且零散，所以，对于这类客户，企业可以顺其自然，如果不用很吃力，则可以试着挽回。

（四）彻底放弃根本不值得挽回的劣质客户

有些流失客户（如以下情形的流失客户）根本就不值得挽回，对这些根本不值得挽回的客户，企业要彻底放弃：

（1）不可能再带来利润的客户；
（2）无法履行合同规定的客户；
（3）无理取闹、损害了员工士气的客户；
（4）需要超过了合理的限度，妨碍企业对其他客户的服务的客户；
（5）声望太差，与之建立业务关系会损害企业形象和声誉的客户。

素质提升

华为的芯片之路：从危机到突破的创新故事

芯片是电子产品的核心部件，也是科技创新的关键要素。没有芯片，就没有智能手机、电脑、互联网、人工智能等现代科技。目前，全球芯片产业链主要由三个环节组成：设计、制造和封装测试。其中，设计环节主要由美国、中国等国家和地区的企业主导；制造环节主要由中国、韩国等国家和地区的企业主导；封装测试环节则比较分散，有多个国家和地区参与。

华为在芯片设计方面有着不俗的实力，然而在芯片制造方面，华为却受制于人，因为它没有自己的芯片制造厂，而是依赖于外部供应商，如台积电、三星等。这些供应商使用的设备和材料大多来自美国或受美国控制。因此，当美国对华为实施制裁和断供时，华为就陷入了困境。

2018 年，美国对华为进行芯片断供限制和打压。2018 年 4 月 16 日和 5 月 6 日，美国商务部发布公告要求美国芯片供应商禁止向中兴和华为提供相关产品和相关技术。

限制政策出台当晚，华为迅速启用其秘密研发已久的“麒麟”芯片和“鸿蒙”操作系统来对抗美国芯片及技术断供，“备胎计划”立刻转正。在各方努力下，当年华为经营业绩基本未受到影响，实现净利润 593.5 亿元，销售增长率接近 20%，收入和利润相比上年均实现稳定增长。

华为在此次美国断供危机下的表现证明了信息高科技企业应对断供危机需要未雨绸缪的长期研发投入准备。

企业危机意识是指企业对紧急或困难关头的感知及应变能力。“破窗效应”告诫我们：若不在不良事件发生之初就加以重视，这些起初看似“无关痛痒”的小事最终可能会导致无法挽回的后果。由此可见，树立危机意识，在风险发生之初就加以遏制，不仅是企业保持持续经营的前提，更为其未来的多元化发展提供了保障。

不光是企业要有危机意识和忧患意识，作为新时代的青年，面对波谲云诡的国际形势、复杂敏感的周边环境、艰巨繁重的改革发展稳定任务，更应该居安思危，认清国家安全形势、增强危机忧患意识、树立国家安全观念，在风险挑战中磨炼本领，共同夯实国家安全的社会基础。

知识巩固与技能提升

扫码练习

10

项目十

智能客服

- 任务一　初识智能客服
- 任务二　人工智能训练师及其团队管理
- 任务三　网店智能客服

学习目标

知识目标

1. 了解智能客服的内涵；
2. 了解人工智能训练师的核心能力；
3. 熟悉网店智能客服的定义、特点和功能。

能力目标

1. 能够识别人工客服与智能客服的区别；
2. 能够设置和优化智能客服的应答话术。

素养目标

具备主动学习业务知识的职业习惯；弘扬科学家精神，增强开拓创新意识；增强社会服务意识、践行服务奉献精神，关注服务创新。

导入案例

"吴小U"加入12345热线 社会治理迈入"人工智能"新时代

"12345，有事找政府"，我们在生活中经常能听到这句朗朗上口的话。"您好，欢迎致电吴中12345热线，请问有什么可以帮您？"每次拨通江苏省苏州市吴中区社会综合治理联动中心12345热线，总能听到坐席员温柔可亲的声音。经过前期测试，1月13日，吴中12345热线迎来一位新成员——智能机器人"吴小U"，今后再拨打吴中12345热线，市民可能就是和"吴小U"进行对话了。

据统计，2019年全年，吴中12345呼入总量1 000 722件，移车呼入总量634 368件。目前，吴中联动12345移车业务占吴中区12345全部业务量的近7成。人员投入占话务热线总人数的4至5成，但仍不能满足目前业务量需求，亟须尽快实现语音机器人移车服务，保障服务、解放人力，优化平台资源、主抓民生服务。

为此，吴中联动中心积极打造政务服务"店小二"，通过与亚太地区知名的智能语音和人工智能上市企业科大讯飞合作开发推出热线智能机器人"吴小U"，就是吴中联动从服务市民小事做起。当天上线的"吴小U"首先开通的是自助移车服务功能。"吴小U"通过科大讯飞国际领先的智能语音识别技术，针对有效车牌智能识别，智能引导移车成功率达75%。无障碍口语化的人机交互沟通，100%移车场景全覆盖，人工替代率超过60%。这两项指标，目前在国内同类应用中处于领先水平。当市民拨打吴中联动12345热线后，按2号键进入智能移车。简单说出车牌号、车辆品牌、颜色、移车地点及原因后，系统自动帮忙通知车主，一键完成移车。对于外地车牌、不合规车牌、特殊车牌等则会转人工客服进行服务。遇到未关好车门车窗、未熄火的车主，也可以拨打号码，系统会通知车主。

与此同时，"吴小U"还会自动发起评价回访，评价信息自动记录并通过系统反馈，专人后续跟踪处理。这项"智能回访"功能，将大大降低人工回访的工作量。据初步测算，语音机器人“吴小 U”的“入职”大约可减少目前吴中联动 12345 话务移车人员三分之二的人力，3 秒即可外呼，且无呼入呼出线路数量的限制，保证高效接通的同时，市民无须长时间排队等待，即可享受到快速的便民服务。精准、快速识别用户需求，提供最优质的答复，缩短整个通话时长，提升服务质量和效率，能够获得群众更大的满意度。

【分析提示】

人工智能技术在客服行业的深度落地，给客服行业带来诸多变化和实践。从最初的电话呼叫中心到基于互联网的在线客服系统，再到如今基于云计算、视频、社交网络、移动互联网、大数据、人工智能等新技术的智能客服中心，人工智能技术势必成为客服中心行业革新的主战场。

任务一

初识智能客服

在客服中心服务渠道不断扩展的同时，企业服务客户的数量也呈指数级增长。传统客服中心面临巨大的发展瓶颈。在客服中心内部，人员短缺、招聘难、培训效率低，企业运营成本越来越高，而外部则呈现客户个性化服务需求不断增加的趋势。如何帮助企业建立持续稳定的客户关系，并探知客户需求反哺产品迭代、推动运营升级已成为众多客服中心面临的首要难题。

一、人工智能时代客服行业的转型

随着第四次工业革命的到来，科技和创新迎来爆发式发展。从“互联网+”到移动互联网时代，再到现今的人工智能（AI）时代，技术在不断影响各行各业，而服务行业将率先受益。

客服行业第一阶段的服务可以被称为面对面服务，服务的质量和效率受到空间、时间的限制，客户想要接受服务就必须去柜台，即使是上门服务，也需要服务人员花费时间到具体的空间中提供。第二阶段的服务，客户只需要在特定的服务时间内就可以通过电话等通信工具享受到服务帮助。这个阶段的客户服务已经开始突破空间的限制，只剩下时间这个约束条件了。第三阶段的服务，由于互联网尤其是移动互联网技术、人工智能技术的发展，客户可以随时随地享受便捷的服务，几乎不受任何约束。

2012 年的客服中心还只能单纯依靠人工服务，每天可能最多只有 100 多通在线服务和电话服务的产能。到了 2020 年，由于大范围应用了人工智能技术，产能得到指数级的增长，客户满意度也得到了很大提升。例如，在线服务中，客户短时间多次进线咨询的情境下，客服会重复向客户发问：“您好，请问您需要什么帮助？”但是有了人工智能技术，当客户再次进线时，机器人会将客户之前的问题整理摘要发送给客服，避免客服重复向客户发问，这种智能摘要目前已经在很多系统中实现了。客服+人工智能=智能客服，客服中心+人工智能=智能客服中心，智能服务的转型升级势不可当。这种趋势会导致部分人工客服失业，但同样也创造出了许多新的岗位和职业，如人工智能训练师。

二、智能服务产品的发展

客户数量逐渐增多、客户需求更加多元化，这些都给人工客服带来了巨大的压力，特别是在繁忙的阶段，巨大的客流量同时进线咨询，这对客服中心保证效率和接听率的工作目标产生了巨大的考验。为了降低成本、分担人工客服的咨询流量，智能客服机器人开始兴起。

最初，智能客服机器人主要为问答型机器人，即客户进线咨询时，简单重复的问题由客服机器人回答，对于复杂的，如涉及多流程、多板块的客户需求则引导至人工服务。

智能客服机器人的出现将人工客服从单一重复的基础劳动中解放出来，去做更多有价值的工作。问答型机器人的工作原理是通过识别客户的问题，选取知识库里对应的答案给到客户。在答案选取的过程中，运营人员对知识库的运营管理能力决定了智能客服机器人为客户提供服务的质量。

知识库的运营管理可以按照六个步骤来进行：

（1）划分机器人的业务处理范围，简单重复的业务场景可以由机器人应答，如政策解释；而复杂交互的流程则由人工应答，如投诉。

（2）拆解业务场景，即制定客服机器人的应答规则。

（3）分析用户日志，从客户角度出发，探索客户对服务的诉求，使得客服机器人更加贴近客户的咨询习惯。

（4）划分业务场景，即整理客户咨询的问题，归入具体的业务场景中。同时，客服机器人对业务场景的覆盖率也是机器人的一个重要管理指标。

（5）管理业务知识，即将整理出的客服机器人的应答知识划分板块进行分析和管理，比如一问一答的问题需要使用FAQ，自助服务类需要客户填写自助表单等。

（6）动态运营实现全流程，知识库运营管理的核心是要从客户的角度出发，客户在不同时代对服务的要求是不一样的，所以知识库的管理需要不断迭代，不断更新完善。

当前的智能服务阶段，通信工具从电话、短信、QQ、邮件、微信等不断演变，在为沟通带来便捷的同时也给客服行业带来了巨大的挑战，全渠道多媒体的客户服务运营应运而生。这一阶段的智能服务不再是一个单独的系统，而是全流程的“人工智能+”的应用。在智能服务产品发展的不同阶段，人们对智能服务的诉求和认知都是不同的，相应的系统和运营也不相同，唯有认知、系统、运营相结合才能构造出完整的智能应用体系。

三、智能服务的价值

人工智能技术在客服行业的深度落地，给客服行业带来诸多变化。从最初的电话呼叫中心到基于互联网的在线客服系统，再到如今基于云计算、视频、社交网络、移动互联网、大数据、人工智能等新技术的智能客服中心，人工智能技术势必成为客服中心行业革新的主战场。

（一）人工智能对客服行业的优化

（1）在智能IVR系统中，智能语音系统通过识别理解用户意图，将客户的需求进行合理分类、传递，不仅能提高效率，还能提升客户的体验。

（2）解放人工客服的劳动力，使人工客服从以往单一、重复的服务向更有价值、更应该由人工解决的服务转型，从而为客户提供个性化、多样化、有“温度”的服务。

（3）在服务后端，人工智能技术带来更高的处理效率，如对人力有非常高要求的质检工作被智能质检替代；人工现场监控、人力安排、舆情监控、知识库等后台运营环节都能与人工智能技术结合，极大地提升了系统效率，降低了人力成本。

（4）客服部门拥有第一手的客户资料，但是这些信息和数据非常复杂，如果不经过分析很难直接从中获得有效信息。通过智能技术对客户数据进行分析，客服可以更加了解用户，企业也能掌握用户的需求。通过对数据的分析，企业可以优化经营策略，调整方向，做出商业决策。

（二）提升客户满意度与客户体验

智能客服不仅能自主解决大部分客户问题，还可以提供更加高效、便捷的服务，让客户在短时间内得到优质服务。同时，智能客服系统可以根据客户的意见和反馈来不断改进系统性能，进而提高客户满意度，提升企业品牌形象。

四、智能客服的内涵

（一）智能客服的含义

智能客服是采用自然语言处理技术和人工智能技术，模拟人类对话，通过智能技术实现在线客服的自动化。也可以说，智能客服是一种充满智能性、能够实现智能服务的在线客服。

在早些年科技还不发达的时候，客户如果想咨询一些简单的银行信息、了解银行的产品都只能亲自跑一趟银行找客户经理解答，不仅时效性得不到保证，而且也给银行在人员安排和调度方面带来了一些问题。随着人工智能技术的发展，越来越多的人可以通过电话、官网、短信、App 等各种渠道和形式与银行进行语音或文本上的交流，智能客服能快速理解客户需求，语音回复客户提出的业务咨询，并能根据客户需求导航到指定的业务模块，极大地提高了银行业务的办理效率，降低了银行的人员成本。

（二）智能客服的分类

1. 聊天机器人

聊天机器人是最常见的智能客服形式，它能够通过自然语言处理技术和机器学习算法，与用户进行实时的文字或语音交互，还可以提供信息查询、问题解答等服务。

2. 语音助手

这种智能客服以语音为界面，能够通过语音识别和语音合成技术，理解用户的指令并进行相应的互动。

3. 虚拟助手

虚拟助手是一种拥有图像化人物形象的智能客服，它能够通过文字、语音或者图像界面进行交互，为用户提供定制化的服务和娱乐功能。

4. 自助服务系统

这种智能客服系统是基于人工智能技术和自动化技术实现的，通过提供自助查询、自助支付、自助服务等功能，让用户能够独立完成一些常见的服务需求，减轻客服工作压力，提高效率。

5. 人工智能增强客服

这种智能客服系统结合了人工智能和人类客服的优势，能够自动识别用户需要人工干预的时机，并能够通过智能分析和智能匹配等技术，将用户的问题快速转接给专业的人工客服人员进行解答和处理。

五、中国智能客服行业发展现状

（一）中国智能客服行业市场规模及市场结构

随着人工智能技术的不断发展，中国智能客服市场正朝着更加智能化、自主化和个性化的方向发展。智能客服市场的快速增长受益于技术的不断进步和应用的广泛推广。

数据显示，中国智能客服行业市场规模在2020年呈现爆发性增长，2020—2022年市场规模增速整体加快，2022年中国智能客服行业市场规模约为66.8亿元，软件市场占据了大部分市场份额（见图10-1）。

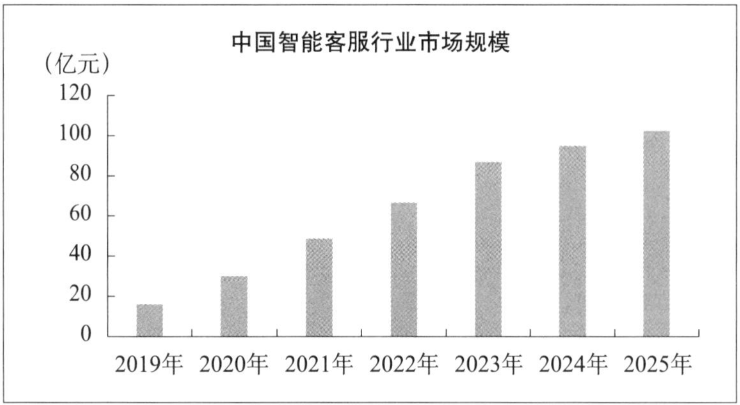

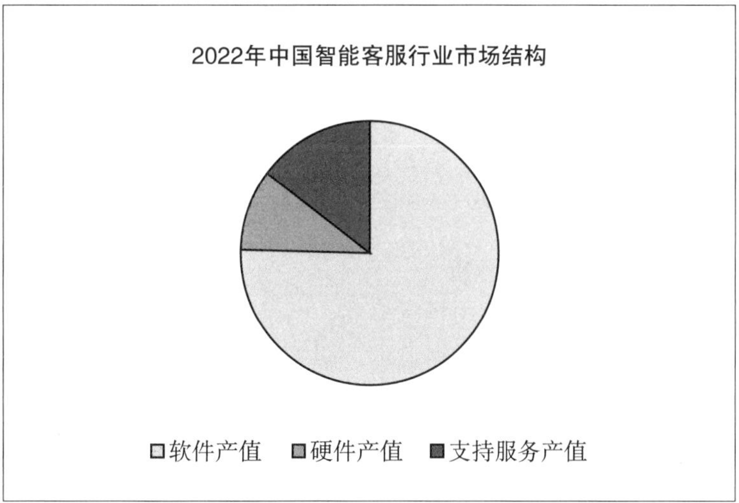

图10-1 中国智能客服行业市场规模及市场结构

（二）未来中国智能客服行业发展趋势

1. 多方位打造智能系统

整体而言，现阶段智能客服使用较方便，能够为企业节约人力成本，但问题解决程度有限，受认可度略低于人工客服。未来，智能客服企业应积极迎合用户需求，从问题解决、服务效率、使用体验等各个方面为用户打造一个更加满意的全方位智能客服系统。

2. 智能客服将与人工客服相辅相成

未来，人工客服仍将长期存在，并可能从与智能客服相互竞争发展成为与智能客服相辅相成，人工客服能够弥补智能客服的不足，提出智能客服改进的方向，而这一过程也将更加凸显人工客服的重要性，提高人工客服的积极性，二者将形成一个良性互动循环。

3. 智能化、个性化将成为核心竞争力所在

智能客服使用普及范围广，应用场景多元，已经逐步嵌入人们的日常生活，拥有广

阔的市场空间。但智能客服离真正智能尚存在较大差距，回答千篇一律、循环重复操作是困扰用户智能客服使用的主要痛点。未来如何创造出兼具智能化与个性化的智能客服解决方案，是未来智能客服企业抢占市场份额的重要竞争点。

（三）中国用户智能客服使用场景

相关数据显示，线上客服窗口与电话客服是智能客服使用的主要情境，占比分别为39%、34%（见图 10-2）。智能客服答复的常见形式是文字自动回复与自动语音提示。线上客服与自动文字回复符合当前人们的网络行为习惯，且无须面临语音识别存在的困难，因此应用更为普遍。

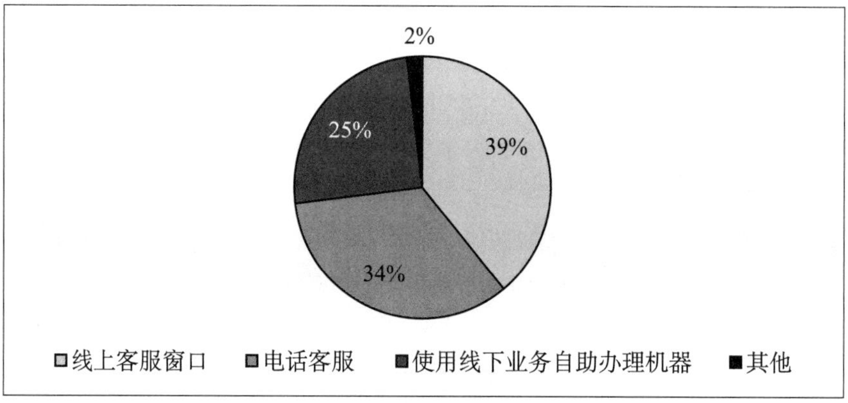

图 10-2　2021 年中国用户智能客服使用场景

（四）中国智能客服市场痛点分析

智能客服使用普及范围广、应用场景多元，已经逐步嵌入人们的日常生活，拥有广阔的市场空间。研究数据显示，回答千篇一律是用户智能客服使用过程中遇到的最大痛点（59.10%）。其次，重复循环操作（50.60%）、答非所问（47.30%）、回答滞后（17.90%）也成为困扰用户的主要问题（见图 10-3）。因此，智能客服可以通过扩充自动回复内容存储库，针对客户常见需求设计更为多样化的回答范本，提供更有针对性的反馈，以改善用户体验。

智能客服“不智能”，服务好“人”才是关键

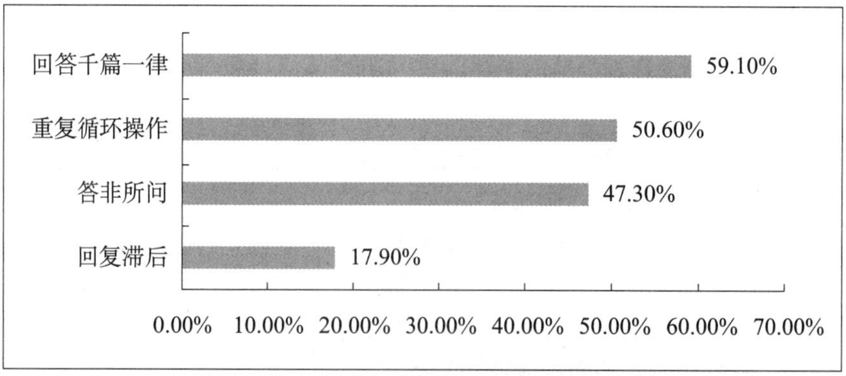

图 10-3　2021 年中国智能客服市场痛点分析

案例链接

智能客服：既要智能，又要友好

北京市朝阳区市民王女士最近碰到一件烦心事，和机器人置上气了。“我问的问题智能客服根本听不懂，简直是‘对牛弹琴’！”王女士说。原来，王女士在某电商平台购物，App显示所购商品几天前已开始派送，但她始终未收到货。她无论是电话联系还是线上沟通，面对的都是智能客服。王女士说：“无论用什么措辞表述问题，收到的回复永远是快件正在派送中，想找个人工客服投诉都费劲儿！”

家住江苏省常州市的姚先生也有类似经历。姚先生介绍，他曾遇上一次航班延误，于是想在该航空公司App上操作退票。他联系客服，却只能联系上智能客服，致使退票过程比较艰难。

天津市的刘大妈年近六旬，一天发现自家WiFi断了，遂拨通了宽带运营商的客服电话。“俺家歪发（WiFi）不嫩（能）使了。”老家是山西的刘大妈普通话不太标准，电话那头的机器人显然没听明白，重复了刚才的问题选项。

“俺要找人讲话！”刘大妈说完，智能客服依然用甜美的声音重复着刚才的问题选项。刘大妈无奈地挂掉电话，找女儿孙女士帮忙报修。孙女士回家后，按照智能客服的层级问题，最终顺利报修。“智能客服的优点很多，但有时对老年人不够友好。不少老人讲方言、有口音，如果客服无法识别，很容易答非所问。”孙女士说。

入口隐蔽、操作复杂、答非所问、“千篇一律”不会变通、对老年消费者等群体不够友好……智能客服存在的这些问题严重影响消费者的使用体验。更令人困扰的是，有时智能客服沟通不顺畅、解答不对路，但转入人工客服程序烦琐、排队时间长。

虽然遭到用户吐槽，但是智能客服却备受企业青睐。据悉，智能客服可以做到24小时在线，极大缩短了响应时间，提升了营运效率。与此同时，还能节省人工成本。智能客服在解决类型化、重复率较高的问题上比较有效，但如何避免智能客服答非所问？首先要改进技术，确保回复更加准确以及更加人性化。

智能客服是技术进步的产物，经营者在利用技术手段减少重复性劳动、提高服务普及度的同时，也应当注重与消费者有效沟通，切实解决消费者的问题。

智能客服发挥了分流作用，但“一键转接”或“一触即达”的人工客服仍十分必要。对于一些常规性咨询问题，可通过智能客服回复，而对于那些消费者投诉等急需解决的问题，尤其是涉及人身、财产安全的问题，应优先通过人工客服解决。让消费者满意的客服才是成功的客服。

【分析提示】

在服务行业朝着精细化、多元化方向发展的今天，人们对智能客服抱有更高的期待。面对眼下智能客服出现的种种问题，各方主体要形成合力，从用户需求出发，加快完善智能客服系统和相关技术，加强监管引导，提供更具个性化、人性化的客户服务，让智能客服更智能。

任务二

人工智能训练师及其团队管理

一、人工智能训练师职业浅析

（一）人工智能训练师的内涵

到底什么是人工智能训练师？一些行业专家给出了如下定义：

“人工智能训练师是近年随着人工智能技术广泛应用产生的新兴职业，他们的工作内容有解决方案设计、算法调优、数据标注等。”

“人工智能训练师，是通过分析产品需求和相关数据，完成数据标注规则的制定，最终实现‘提高数据标注工作的质量和效率’以及‘积累细分领域通用数据’的价值，从工作流和工作难度等角度看，它介于数据标注和AI产品经理之间。”

中国就业技术指导中心（人力资源和社会保障部职业技能鉴定中心）于2019年12月30日发布了《关于拟发布新职业信息公示的通告》（以下简称通告）。通告中，对人工智能训练师职业的定义是：使用智能训练软件，在人工智能产品实际使用过程中进行数据管理、算法参数设置、人机交互设计、性能测试跟踪及其他辅助作业的人员。人工智能训练师职业下设数据标注员、人工智能算法测试员两个工种。

人工智能训练师主要的工作任务是：

（1）标注和加工图片、文字、语音等业务的原始数据；

（2）分析提炼专业领域特征，训练和评测人工智能产品相关算法、功能和性能；

（3）设计人工智能产品的交互流程和应用解决方案；

（4）监控、分析、管理人工智能产品应用数据；

（5）调整、优化人工智能产品参数和配置。

人工智能训练师的基本条件和职业前景

（二）人工智能训练师的核心能力

人工智能训练师简单来说就是智能服务产品的老师或者教练，是依据智能服务产品的技术特点和产品特点，结合产品落地的业务场景实际情况，能够独立部署、调优智能产品的工作人员。从严格意义上来说，人工智能训练师是一类职业而非一个具体的岗位，这一职业类别中每个岗位的工作人员既可以在企业中负责全流程人工智能服务产品的训练运营，也可以专注于流程中某一小块的工作。

人工智能训练师下含不同工种，只有不同工种的工作内容衔接流畅，才能保障客服中心的智能服务产品更好、更优地持续运营。不同工种的工作内容要求不尽相同，但从客服中心整体智能服务产品的运营来说，有些能力是通用的。其中分析能力、行业背景、数据能力、创新能力、AI技术理解力、AI行业理解力都属于人工智能训练师的底层能力特征。其中，行业背景、分析能力和数据能力比较重要，结合实际工作经验，创新能力也是不可或缺的。因此，人工智能训练师的核心能力构建包括四个方面：熟悉行业知识和业务内容；掌握数据处理分析方法；了解产品和相关技术应用；具备创新能力，能够基于当前的运营现状提出运营解决方案。

人工智能训练师的通用能力特征如表 10-1 所示。

表 10-1　人工智能训练师的通用能力特征

能力特征	非常重要	重要	一般
业务理解	√		
数据分析		√	
智能应用	√		
模型优化	√		
学习能力		√	
总结复盘			√
沟通协调			√
算法原理			√
行业认知		√	
问题解决			√
流程优化			√
项目管理			√
创新能力		√	
行业影响			√

无论是在线、语音还是图像的人工智能训练师，最重要的通用能力还是业务理解能力。只有对企业、客服中心、业务知识和用户有足够的了解，才能构建出范围全面、框架清晰且能够直达用户痛点的智能服务产品。这也是很多企业智能服务运营团队往往从一线业务精英中招聘训练师的最主要原因。

二、人工智能训练师团队管理

（一）常见的人工智能训练师团队组织架构

1. 项目型团队

项目型团队是将客服中心的能兵强将集结在一起，形成一个正式但临时的部门，由训练师负责人领导。训练师团队负责人权力很大、资源充足，但就企业而言，团队对企业或客服中心的资源造成一定量的浪费。对于项目组成员来说，脱离了原有的岗位，待项目结束后，成员的归属也将会是一个很大的问题。

项目型团队优点：结构简单、责权分明、利于统一指挥，目标明确单一，沟通简洁、方便，决策速度快。

项目型团队缺点：管理成本过高；项目环境封闭，不利于沟通和技术共享等；员工缺乏事业上的连续性和保障等。

2. 职能型团队

职能型团队的所有项目人员还在所属部门供职，仅花费小部分时间处理项目的事宜。对于训练师负责人来说，拥有的权力和资源都远低于项目型组织，同时还被相应的职能经理管理。从客服中心的角度来看，成立这种形式的团队比较节省资源；从个人角度来看，仍然拥有原岗位的工作。

职能型团队优点：强大的技术支持，便于交流；清晰的职业生涯晋升路线；直线沟通、交流简单、责任和权限清晰；有利于以重复性工作为主的部门管理。

职能型团队缺点：职能利益优先于项目，具有狭隘性；组织横向之间的联系薄弱、部门间协调难度大；训练师负责人缺少权力和权威；项目管理发展方向不明，缺少项目基准等。

3. 矩阵型团队

矩阵型团队是把按职能划分的部门和按产品（或项目、服务等）划分的部门结合起来组成一个矩阵，使同一个员工既同原职能部门保持组织与业务的联系，又参加产品或项目小组的工作，即在职能型团队的基础上，再增加一种横向的领导关系，如图 10-4 所示。为了保证完成一定的管理目标，每个项目小组都设置负责人，在高层管理者的直接领导下工作。

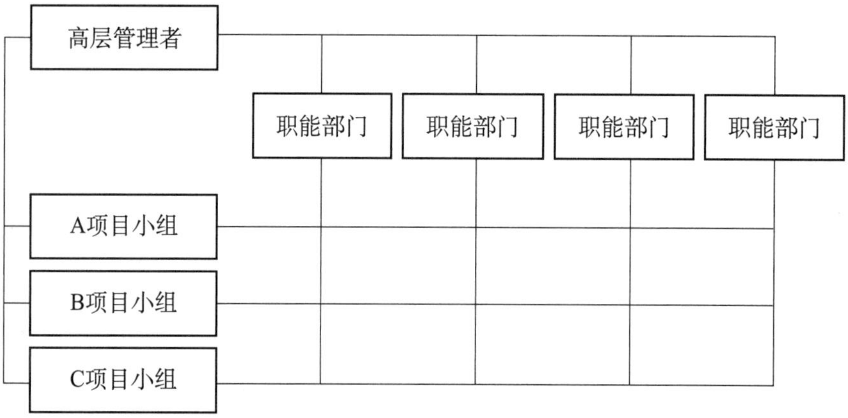

图 10-4 矩阵型团队

矩阵型组织可能是最微妙的组织结构了，分为弱矩阵、平衡矩阵、强矩阵。其强弱平衡关系由训练师负责人与职能部门经理权力的强弱关系决定。

矩阵型团队优点：训练师负责人负责制，有明确的项目目标；改善了项目经理对整体资源的控制；及时响应；获得职能组织更多的支持；最大限度地利用公司的稀缺资源；改善了跨职能部门间的协调合作；使质量、成本、时间等制约因素得到更好的平衡；团队成员有归属感、士气高、问题少；出现的冲突较少，易处理解决。

矩阵型团队缺点：管理成本增加；多头领导；难以监测和控制；资源分配与项目优先的问题容易产生冲突；权力难以保持平衡。

综上所述，无论是哪种团队组织架构都有利有弊。没有最好的组织架构，只有最适合的组织架构，训练师团队负责人需要根据企业当下的主要目标与主要矛盾综合选择，动态运营与调整。

（二）人工智能训练师团队人员培训

1. 培训原则

（1）“术”“道”并重原则。

对于训练师的培训既要注重短期内“术”（专业技能）的提升，还要关注“道”（思维）的训练。专业技能的培训，能够短时间提升训练师的工作效率，高质量交付训练结果，但是绝不能忽略对于训练师长期思维的训练。训练师的价值观、思考问题的方式短期来看不会出现大问题，但如果疏于训练，就有可能导致未来出现大的纰漏。

（2）理论联系实际的原则。

针对训练师的培训，不能过于注重理论，最重要的是将理论与实践结合，即培、练、反思、理论理解循环迭代，要始终明确培训的目标是解决实际工作中的问题，不能流于表面，让培训成为一种形式和过场。

（3）开放学习的原则。

培训除了要专注于当前需要解决的问题，还要将目光放得更长远，积极引进外部的培训资源，让训练师低头走路的同时，还要让其抬头看路，学习其他先进的知识。只有考虑团队未来的发展和需求的培训，才能真正让团队在当前具备竞争优势，在未来把握机会。

2. 培训类别和内容

（1）新训练师岗位培训。

对于新人尤其是应届毕业生，首先要培养他们的工作习惯，其次是工作技能，然后针对岗位技能进行重点打磨，提升专项能力。新人一般需要进行本部门的工作机制、企业品牌、智能服务产品、人工智能技术等通用知识和本岗位工作专业知识的培训，统一工作思路和认知，掌握人工智能训练师应具备的能力，做到沟通顺畅、工作流畅。

培训内容：公司概况、发展历史及公司发展愿景，公司的管理模式、组织结构、高层领导人员及情况介绍，企业文化、公司章程、团队精神、理念、各种规章制度、工作程序、纪律要求，在线机器人产品及技术的相关知识等。

培训方式：培训师授课；播放有关音像视听资料；提供有关制度文本、文件资料，由个人自行阅读；组织到公司办公、生产、生活等区域参观；组织有关活动训练，纪律、制度等方面的知识考试检查。

需要根据培训的对象来决定培训的内容、重点和方法。例如：应届毕业生及没有工作经历的人员，培训重点应放在基础知识方面；对于有一定的经历和工作经验者，培训重点则放在本公司的企业文化、工作程序等方面，消除其在以往工作经历中消极经验的影响；如果是进入公司将担任重要岗位的人才，培训重点应放在工作方法上，而且培训工作应尽量由公司高层管理者来进行。

（2）在职培训。

在职培训的内容包括岗位技能培训和专业知识提升培训。

1）岗位技能培训。岗位技能培训的内容要因人而异，首先可通过绩效评价分析，找出训练师个人工作绩效不佳的技术性因素，包括知识、技能不足，对工作程序、方法、指令的误解等，进而确定培训的具体内容。岗位技能培训的方式，可根据企业的条件采取多种方式，如专题讲座、实例研讨、学术交流、示范学习等。根据团队短、中、长期工作目标，也可以让各个小组根据训练师日常工作中发现的问题实时进行培训。

2）专业知识提升培训。人工智能训练师需要重点注意专业知识提升的培训，了解人工智能服务领域各种前沿技术的快速发展。专业知识提升培训的目的是使团队中的各个岗位的训练师的专业能力和知识水平能够跟上行业的发展水平，能够更好地迎接未来的挑战。专业知识提升培训的内容要有针对性、实用性，一方面教学内容应根据特定岗位的需要和训练师的知识结构缺陷来确定，另一方面培训内容还需能反映出人工智能相关学科、专业或技术领域的最新成果和发展趋势，为训练师提供必要的知识储备。根据训练师的情况不同，培训内容、范围、深度、目标、方式等也应有所不同。培训的类型可分为知识补充型、知识扩展型、知识创新型等。

（3）转岗培训。

转岗培训是针对训练师因工作需要从原岗位转换到新岗位时所进行的培训活动，其目的是让训练师尽快掌握新的工作技能，以适应新的工作环境。

转岗培训有主动式转岗培训与被动式转岗培训。主动式转岗培训是公司根据对岗位设置变化的预测，提前对需要转岗的人员进行转岗培训，这种转岗培训由于在时间上有提前期，可采取脱产、半脱产或不脱产（用业余时间进行培训）几种方式。被动式转岗培训是在训练师已经从原岗位转到了新岗位之后，被动地对这些人员进行转岗培训，这种转岗培训由于时间有限，只能将培训强度加大，一般采用全脱产方式进行。

任务三 网店智能客服

一、网店智能客服的含义

网店智能客服是在大规模知识处理基础上发展起来的一项面向网店客服行业应用的、帮助网店优化客户关系的智能客服。网店智能客服通过自然语言技术，抓取客户问题中的关键字，然后在知识库中自动搜寻最适合的回答来回复客户问题。

目前淘宝、天猫使用的网店智能客服是阿里店小蜜，京东使用京小智。虽然智能客服能够高效持续地工作，但是仍无法代替人工客服，目前很多个性化问题只有人工客服才能解决。

二、网店智能客服的特点

网店智能客服具有自动回复、及时响应、智能推荐、24 小时在线、高效工作等特点，可以帮助网店提高效率、减少客户流失、降低成本。下面分别从接待能力、响应时间、转化数据三个方面介绍阿里店小蜜的特点。

（一）接待能力

阿里店小蜜是帮助网店提升接待能力的重要工具，它能够 7×24 小时在线，具有智能预测、智能催拍、主动营销等功能，可以代替客服处理大量的咨询问题。

（二）响应时间

只要顾客有任何问题，就可以随时随地点击阿里店小蜜，且服务顾问立即响应，并全程陪同购物，为顾客提供咨询支持。阿里店小蜜可以为店铺减少约 40% 的响应时间，并且阿里店小蜜的智能接待响应时间仅为 1 秒，能够很好地抓住顾客的“黄金 6 秒”，有效避免顾客流失。

（三）转化数据

除响应快、减少客服工作量等优点外，阿里店小蜜所带来的转化率也是很好的。每 10 个顾客在咨询阿里店小蜜之后，约有 6 成的顾客成交。使用阿里店小蜜服务不仅能够节省店铺的运营成本，还能避免客户流失，提高咨询转化率。

三、三大平台智能客服的功能简介

（一）阿里店小蜜智能客服机器人

（1）一键召唤：服务秒级响应，全程购物陪同，为客户提供咨询支持。

（2）订单管家：针对所有客户的订单进行系统处理，过滤危险订单。

（3）售后直达：全程跟踪客户的售后问题及进度。

（4）陪聊：店小蜜自带萌萌哒贴心功能和海量的网购知识，可以随时陪淘宝用户聊天逗乐，给用户支招。

（5）订购机票：可以用文字形式或语音形式告诉店小蜜机票要求，即可订购机票。

（6）管理天气：天气管理小能手，嘘寒问暖备显关心。

（二）京东京小智智能客服机器人

京小智是面向京东平台商家（POP 商家和自营商家）的智能服务平台，它能够像商家客服一样给用户提供智能咨询与导购服务，也可以辅助人工接待。人机紧密协同提升客服接待效率，智慧增收。区别于通用的聊天机器人，京小智是解决问题型机器人，致力于精准理解顾客意图、解决顾客问题，以最简单、高效、拟人的方式提供给顾客答案。在功能上，京小智可精准识别咨询意图，基于语义搜索引擎分析上下文，从多角度理解用户咨询意图；主动对话，基于智能预测未问先答；场景化服务，根据场景逻辑，帮助企业提供服务；行为预测，根据顾客历史行为、实时数据、当前情绪状况，展开人机服务调度。

除此之外，京小智还可全方位进行数据分析，包括接待数据查询、售前咨询转化率数据查询，还包括尺寸推荐、商品推荐、订单追踪等。

京小智的知识库中包含行业知识库、常用语、通用问题、自定义问题、关键词五种类型，商家可以自行补充。商家还可查看机器人的真实聊天记录并对聊天内容做校准，机器人进行自主学习。

案例链接

京东智能客服助力海信智能服务转化提升 69%

在“双 11”以及“6・18”这样的购物节大促期间，用户访问量与销量的持续飙升给电商店铺的人工客服带来了极大的挑战。一方面，人工客服接待压力激增；另一方面，客服团队人员工作强度大、时间长，且在大量咨询中存在很多共性问题，人工客服耗费大量精力重复劳动。

针对上述难题，言犀应运而生。言犀是京东云自主研发的智能情感客服系统，以交互为内核、科技为触手，可为商家提供高情商、个性化、全链路的端到端智能客服解决方案。2022 年“6・18”前夕，言犀发布了旗下全新升级的京小智全场景客户营销与服务平台，累计服务了包括联想、鸿星尔克、SK-Ⅱ、Babycare 等在内的超 17.4 万家商家。

有了京小智的加持，当夜间无人值守、服务高峰期时，机器人可独立完成接待，抵挡 80% 高频、常规的问题；当人工客服接待时，机器人会自动推荐答案，提高客服回复效率和回答专业度。

目前，京小智平均每天为数百万客户提供智能咨询与导购服务，为商家节省 36% 的人力成本，相当于 12 万人工客服一天的工作量。与此同时，言犀还引入了系统健康化的 RPA 工具，相当于为系统雇佣了一名 7×24 小时的安全护卫，为用户的每一次咨询提供坚实的保障。

“以往的一些智能客服比较笨，缺乏智能性。”此前联想京东自营旗舰店需要安排专职客服，花时间专门跟进咨询未下单、下单未付款的顾客，通过主动提醒来提升销售转化，相对耗时而且效果有限；应用京小智后，可以自动判断不同场景的高意向用户并自动完成触达，比如主动提醒未支付的客户完成支付等，这样“以用户为中心”的服务理念使得店铺的接待效率、转化率都有了很大的提升。

京小智在售前接待过程中创新应用了“深度对话交互式营销导购”能力，如咨询前基于购买意愿预测、高潜用户挖掘与主动营销，咨询中进行售前解答、场景化商品推荐、营销卖点生成，咨询后智能跟单等，将传统仅提供应答服务的智能客服创新拓展升级为具备“导购意识”“导购能力”媲美人工金牌客服的智能导购员。

受益于京小智产品竞争力提升及深度运营，相较于2021年“6·18”，2022年“6·18”期间，京小智的咨询导购量超过1.9亿次，同比提升了237%。

联想与京小智携手，向更拟人、更贴心的服务不断“进化”。通过对特色场景的价保功能进行优化，自助申请价保的成功率高达71%，用户能够轻松申请价保，下单更省心，有效地提升了客户体验和接待效率。

【分析提示】

京小智主要在三个方面提升了联想京东自营旗舰店的服务、运营效率。第一，提升服务效率，京小智的接入使得店铺在接待能力响应速度上了一个新台阶。第二，提升服务质量和消费者的满意度，京小智针对电脑、数码品类知识库起到了至关重要的作用。第三，降低京东“6·18”“双11”等节点的服务压力，日常店铺的咨询量有2万左右，在营销节点咨询量一般会是平时的3～4倍，京小智采用人机协同的方式，有效分担了人工客服重复性咨询的解答压力。

（三）拼多多晓多客服智能客服机器人

1. 基础配置

基础配置包含机器人欢迎语（暂不支持修改）和商品问答（支持自定义）。欢迎语：消费者进店咨询时，机器人将从欢迎语中随机发送一条给消费者。商品问答：机器人根据店铺历史回复，自动回复消费者问题。

2. 专业配置

专业配置包含商品热门问答和店铺热门问答。商品热门问答：机器人定期分析并选取店铺内热门咨询前五的商品，同时也支持添加更多商品。店铺热门问答：机器人将根据设置的回复自动回复消费者问题。

3. 尺码推荐表配置

尺码推荐表配置可以为热销商品配置机器人尺码推荐表，机器人将根据设置的尺码推荐表自动回复消费者尺码相关问题。

四、网店智能客服的服务模式

（一）阿里店小蜜的服务模式

目前阿里店小蜜有两种服务模式，分别是全自动接待和智能辅助接待，其服务模式如表10-2所示。

表 10-2　阿里店小蜜的服务模式

服务模式	适用场景	特点
全自动接待	夜间，大型促销活动	处理常规的、重复的咨询问题，如多久发货、到货时效、是否包邮
智能辅助接待	日常接待	提供话术推荐，自动回复客服人员未回复的客户咨询

（二）京东京小智的服务模式

京东京小智的服务模式如表 10-3 所示。

表 10-3　京东京小智的服务模式

模式	特点
机器优先模式	24 小时无人值守，机器优先接待，降低店铺 65% 人工客服成本
辅助人工模式	人机协作，辅助客服接待，提升客服接待效率可达 54%

五、网店智能客服的应用场景

网店智能客服的服务能力取决于服务场景数据的丰富程度，网店智能客服的服务场景如表 10-4 所示。

表 10-4　网店智能客服的服务场景

任务场景	应用类型			
主动营销话术	智能卖点	历史评价	活动优惠	猜你喜欢
智能商品推荐	欢迎语	无货推荐	凑单推荐 搭配推荐	求购推荐 爆款推荐
商品知识库	商品属性及功能	商品维护	商品安装及使用	商品卖点及优惠
常见问题解答	合作快递	发货时效	退换货处理	
售前	催付款	商品卡片		
售后	退换货处理	特殊情况通知	邀评	老客户维护

素质提升

科技强国 势在必行

钱学森是我国的“导弹之父”“航天之父”，是中国现代史上伟大的人民科学家。钱学森出生于中国内忧外患、任人宰割的时代。因此，建设一个强大的祖国是他一生的追求。为了挽救危亡中的祖国，他赴美留学求取知识。

新中国成立后，钱学森决定回国参加新中国的社会主义建设。钱学森争取回国的斗争得到世界各国主持正义的人们的支持，更得到了中国政府的极大关怀。1955 年 8 月，美国政府被迫同意钱学森回到中国。

钱学森回国后，积极参与我国火箭和空间事业的规划和组建工作。在 1956—1970 年短短 14 年间，他克服重重困难，自行设计、制造、试验，并成功发射了导弹、原子弹和人造地球卫星。在钱学森追求科学真理的伟大实践中，爱国、创新、求实、奉献、协同、育人的科学家精神成为他科研工作的灵魂，他的精神品质也鼓舞着一代又一代的青少年。

在如今这个科技快速发展的世纪，科技立则民族立，科技强则国家强。在党中央坚强领导下，在全国科技界和社会各界共同努力下，我国科技实力正在从量的积累迈向质的飞跃、从点的突破迈向系统能力提升，科技创新不断取得新的历史性成就。

科技发展涉及我们生活的方方面面，包括衣食住行、医疗、军事、安全保密等多方面内容。这其中人工智能的作用日益突出，人工智能是新一轮科技革命和产业变革的重要驱动力量，加快发展新一代人工智能是我们赢得全球科技竞争主动权的重要战略抓手，是推动我国科技跨越发展、产业优化升级、生产力整体跃升的重要战略资源。要加强人工智能和产业发展融合，为高质量发展提供新动能。要加强人工智能同保障和改善民生的结合，推动人工智能在人们日常工作、学习、生活中的深度运用，创造更加智能的工作方式和生活方式。核心技术受制于人是我们最大的隐患，要掌握我国互联网发展主动权，保障互联网安全、国家安全，就必须突破核心技术这个难题，争取在某些领域、某些方面实现“弯道超车”。要正确处理开放和自主的关系，在科研投入上集中力量办大事，积极推动核心技术成果转化，推动强强联合、协同攻关大数据是信息化发展的新阶段。我们更应该推动实施国家大数据战略，加快建设数字中国，更好地服务我国经济社会发展和改善人民生活。

资料来源：陈冠文 . 钱学森：践行科技强国的科学家 [EB/OL]. 中华网，2021-12-10.

知识巩固与技能提升

扫码练习

参考文献

［1］王鑫．客户服务管理［M］．北京：高等教育出版社，2019.

［2］王艳华，张莉萍，张杰．客户服务与管理［M］．北京：中国人民大学出版社，2012.

［3］李静．网店客户服务［M］．北京：高等教育出版社，2021.

［4］李瑞丽，杜茜．客户服务与管理［M］．北京：清华大学出版社，2021.

［5］许巧珍．客户服务与管理［M］．北京：中国人民大学出版社，2021.

［6］王国玲，王辉，许艳华．客户服务与管理［M］．北京：中国人民大学出版社，2022.

［7］吕梁．客户服务与管理［M］．北京：人民邮电出版社，2022.

［8］方玲玉．客户服务与管理：项目教程［M］．北京：电子工业出版社，2018.

［9］何毓颖．客户服务基础［M］．北京：高等教育出版社，2021.

［10］苏昭辉．客户关系管理：客户关系的建立与维护［M］．北京：清华大学出版社，2021.

［11］杨明，刘春侠．客户服务与管理［M］．北京：高等教育出版社，2013.

［12］陈静俊，楼晓东．客户服务与管理［M］．北京：中国人民大学出版社，2016.

［13］丁雯，李婷．客户服务实务［M］．大连：东北财经大学出版社，2019.

［14］赵溪，苏钰，子任．客服域人工智能训练师［M］．北京：清华大学出版社，2021.

［15］方梅，沈敏．客户服务实务［M］．大连：大连理工大学出版社，2017.

［16］郑斌，程明．物流客户服务［M］．北京：高等教育出版社，2020.

［17］覃安迪．客户服务投诉管理与处理实战技巧［M］．北京：中国财富出版社，2015.

［18］刘少丹．客户服务部精细化管理手册［M］．北京：人民邮电出版社，2023.

［19］张明明，蔡元萍．移动客户服务与管理［M］．北京：高等教育出版社，2019.

［20］王晓望．客户服务技能训练教程：基于体验经济［M］．北京：机械工业出版社，2019.

［21］劾文颖，冯俊芹．呼叫中心客户服务与管理（初级技能）［M］．北京：机械工业出版社，2021.

［22］阿里巴巴商学院．网店客服［M］．北京：电子工业出版社，2019.

新编21世纪
高等职业教育精品教材
经贸类通用系列

客户服务管理活页练习册

主 编 相聪姗 张丽华
副主编 王璐瑶 姜璐璐 王恩明

KEHU FUWU GUANLI

中国人民大学出版社
·北京·

目录

CONTENTS

01

项目一

走进客户服务

任务一　认识客户服务

任务二　客户服务意识

任务一

认识客户服务

任务实施——小组任务

☆任务工单

<table>
<tr><td>任务名称</td><td colspan="4">认识客户服务</td></tr>
<tr><td>任务目的</td><td colspan="4">分析客户服务的内容，进一步熟悉客户服务的分类和特征。</td></tr>
<tr><td>任务内容</td><td colspan="4">各小组通过讨论选定一家企业，通过上网搜索、查阅参考书籍、实地调查等方式，了解该企业开展客户服务的情况，总结分析其服务特色。</td></tr>
<tr><td rowspan="4">第（ ）组</td><td>姓名</td><td>学号</td><td>姓名</td><td>学号</td></tr>
<tr><td></td><td></td><td></td><td></td></tr>
<tr><td></td><td></td><td></td><td></td></tr>
<tr><td></td><td></td><td></td><td></td></tr>
<tr><td rowspan="5">任务实操</td><td colspan="4">客户服务体验分析</td></tr>
<tr><td>序号</td><td>内容</td><td colspan="2">总结与归纳</td></tr>
<tr><td>1</td><td>售前服务</td><td colspan="2"></td></tr>
<tr><td>2</td><td>售中服务</td><td colspan="2"></td></tr>
<tr><td>3</td><td>售后服务</td><td colspan="2"></td></tr>
</table>

考核评价

评价说明：在本次任务完成后，由任课教师主导，采用学习过程评价与学习结果评价相结合，综合运用自我评价、小组评价及教师评价三种方式，由教师确定三种评价方式分别占总成绩的比例，并加权计算出学生本次任务的考核评价分。

任务完成考核评价表			
项目名称		任务名称	
班级		学生姓名	
评价方式	评价内容	分值	成绩
自我评价	任务工单完成情况	25	
	职业态度端正	25	
	对知识和技能的掌握程度	25	
	完成了小组内的任务	25	
	合计		
小组评价	本小组的本次任务完成质量	25	
	本次任务完成质量	25	
	参与小组活动的敬业精神	25	
	合作精神和责任感	25	
	合计		
教师评价	所在小组的任务完成质量	25	
	本次任务完成质量	25	
	所在小组的开放、共享的职业精神	25	
	对本次任务的贡献度	25	
	合计		
总评 = 自我评价 ×20% + 小组评价 ×30% + 教师评价 ×50%			

任务二

客户服务意识

任务实施——小组任务

☆任务工单

<table>
<tr><td>任务名称</td><td colspan="5">客户服务意识</td></tr>
<tr><td>任务目的</td><td colspan="5">通过客户体验分析，进一步理解优质客户服务意识的重要性，并了解优质客户服务意识评价的关键因素。</td></tr>
<tr><td>任务内容</td><td colspan="5">各小组成员组内分享近期遇到的最好和最差的服务体验，小组讨论并进行分析和总结如何成为一名合格的客服人员。</td></tr>
<tr><td rowspan="4">第（ ）组</td><td colspan="2">姓名</td><td>学号</td><td>姓名</td><td>学号</td></tr>
<tr><td colspan="2"></td><td></td><td></td><td></td></tr>
<tr><td colspan="2"></td><td></td><td></td><td></td></tr>
<tr><td colspan="2"></td><td></td><td></td><td></td></tr>
<tr><td rowspan="7">任务实操</td><td colspan="5">客户服务体验分析</td></tr>
<tr><td>序号</td><td>项目</td><td>最好的服务体验</td><td>最差的服务体验</td><td>总结</td></tr>
<tr><td>1</td><td>服务场所</td><td></td><td></td><td></td></tr>
<tr><td>2</td><td>服务内容</td><td></td><td></td><td></td></tr>
<tr><td>3</td><td>服务语言</td><td></td><td></td><td></td></tr>
<tr><td>4</td><td>服务态度</td><td></td><td></td><td></td></tr>
<tr><td>5</td><td>服务感受</td><td></td><td></td><td></td></tr>
<tr><td colspan="3">如何成为一名合格的客服人员</td><td colspan="3"></td></tr>
</table>

考核评价

评价说明：在本次任务完成后，由任课教师主导，采用学习过程评价与学习结果评价相结合，综合运用自我评价、小组评价及教师评价三种方式，由教师确定三种评价方式分别占总成绩的比例，并加权计算出学生本次任务的考核评价分。

任务完成考核评价表			
项目名称		任务名称	
班级		学生姓名	
评价方式	评价内容	分值	成绩
自我评价	任务工单完成情况	25	
	职业态度端正	25	
	对知识和技能的掌握程度	25	
	完成了小组内的任务	25	
	合计		
小组评价	本小组的本次任务完成质量	25	
	本次任务完成质量	25	
	参与小组活动的敬业精神	25	
	合作精神和责任感	25	
	合计		
教师评价	所在小组的任务完成质量	25	
	本次任务完成质量	25	
	所在小组的开放、共享的职业精神	25	
	对本次任务的贡献度	25	
	合计		
总评 = 自我评价 ×20% + 小组评价 ×30% + 教师评价 ×50%			

02

项目二

客户服务礼仪和技能

- 任务一　客户服务基本礼仪
- 任务二　客户接待
- 任务三　压力管理

任务一

客户服务基本礼仪

任务实施——小组任务

☆任务工单

<table>
<tr><td>任务名称</td><td colspan="5">客户服务基本礼仪</td></tr>
<tr><td>任务目的</td><td colspan="5">理解站姿、坐姿、行姿、鞠躬、目光、微笑的基本要求，熟练掌握和应用客服人员应该具备的体态礼仪和微笑服务。</td></tr>
<tr><td>任务内容</td><td colspan="5">以小组为单位，全部成员参与，自选情境进行简单的情节设计，并进行模拟训练。
情景 1：客服人员小马进入经理办公室汇报近期工作。
情景 2：某商场，两位客户要求退货，客服人员小刘请客户到办公室协商解决问题。
情景 3：客户到访公司，客服人员小王到楼下迎接并引导客户到会议室。</td></tr>
<tr><td rowspan="4">第（ ）组</td><td colspan="2">姓名</td><td>学号</td><td>姓名</td><td>学号</td></tr>
<tr><td colspan="2"></td><td></td><td></td><td></td></tr>
<tr><td colspan="2"></td><td></td><td></td><td></td></tr>
<tr><td colspan="2"></td><td></td><td></td><td></td></tr>
<tr><td rowspan="9">任务实操</td><td colspan="5">客户服务基本礼仪</td></tr>
<tr><td colspan="5">选择情景（　　）</td></tr>
<tr><td>序号</td><td>项目</td><td>训练记录</td><td>存在的问题</td><td>改进措施</td></tr>
<tr><td>1</td><td>走姿</td><td></td><td></td><td></td></tr>
<tr><td>2</td><td>站姿</td><td></td><td></td><td></td></tr>
<tr><td>3</td><td>行姿</td><td></td><td></td><td></td></tr>
<tr><td>4</td><td>鞠躬</td><td></td><td></td><td></td></tr>
<tr><td>5</td><td>目光</td><td></td><td></td><td></td></tr>
<tr><td>6</td><td>微笑</td><td></td><td></td><td></td></tr>
</table>

考核评价

评价说明：在本次任务完成后，由任课教师主导，采用学习过程评价与学习结果评价相结合，综合运用自我评价、小组评价及教师评价三种方式，由教师确定三种评价方式分别占总成绩的比例，并加权计算出学生本次任务的考核评价分。

<table>
<tr><th colspan="4">任务完成考核评价表</th></tr>
<tr><td>项目名称</td><td></td><td>任务名称</td><td></td></tr>
<tr><td>班级</td><td></td><td>学生姓名</td><td></td></tr>
<tr><td>评价方式</td><td>评价内容</td><td>分值</td><td>成绩</td></tr>
<tr><td rowspan="5">自我评价</td><td>任务工单完成情况</td><td>25</td><td></td></tr>
<tr><td>职业态度端正</td><td>25</td><td></td></tr>
<tr><td>对知识和技能的掌握程度</td><td>25</td><td></td></tr>
<tr><td>完成了小组内的任务</td><td>25</td><td></td></tr>
<tr><td colspan="2">合计</td><td></td></tr>
<tr><td rowspan="5">小组评价</td><td>本小组的本次任务完成质量</td><td>25</td><td></td></tr>
<tr><td>本次任务完成质量</td><td>25</td><td></td></tr>
<tr><td>参与小组活动的敬业精神</td><td>25</td><td></td></tr>
<tr><td>合作精神和责任感</td><td>25</td><td></td></tr>
<tr><td colspan="2">合计</td><td></td></tr>
<tr><td rowspan="5">教师评价</td><td>所在小组的任务完成质量</td><td>25</td><td></td></tr>
<tr><td>本次任务完成质量</td><td>25</td><td></td></tr>
<tr><td>所在小组的开放、共享的职业精神</td><td>25</td><td></td></tr>
<tr><td>对本次任务的贡献度</td><td>25</td><td></td></tr>
<tr><td colspan="2">合计</td><td></td></tr>
<tr><td colspan="4">总评 = 自我评价 ×20% + 小组评价 ×30% + 教师评价 ×50%</td></tr>
</table>

任务二

客户接待

任务实施——小组任务

☆任务工单

<table>
<tr><td>任务名称</td><td colspan="4">客户接待</td></tr>
<tr><td>任务目的</td><td colspan="4">了解客户接待方案的基本框架，掌握客户接待方案的撰写方法，并能够根据撰写好的方案进行客户接待练习。</td></tr>
<tr><td>任务内容</td><td colspan="4">以小组为单位，要求全部成员参与，根据任务情境讨论并确定客户接待的内容，撰写客户接待方案。
任务情境：某汽车 4S 店为了提升企业知名度及品牌影响力，不仅在销售方面进行多项促销活动，还热情邀请社会各界团体对本企业进行参观访问。2022 年 9 月 20 日，客服部门接到消息：某电商集团李总经理一行 7 人 3 天后到店进行参观访问并调研。到访人员信息如下：
李 ×，总经理。　黄 ××，市场部副总经理。　郑 ×，总经理助理。
杨 ××、王 ××、邵 ××、刘 ××，市场部员工。</td></tr>
<tr><td rowspan="4">第（ ）组</td><td>姓名</td><td>学号</td><td>姓名</td><td>学号</td></tr>
<tr><td></td><td></td><td></td><td></td></tr>
<tr><td></td><td></td><td></td><td></td></tr>
<tr><td></td><td></td><td></td><td></td></tr>
<tr><td rowspan="4">任务实操</td><td colspan="4">客户接待方案设计</td></tr>
<tr><td>序号</td><td>项目</td><td colspan="2">具体安排</td></tr>
<tr><td>1</td><td>客户接待内容</td><td colspan="2">（要求包括接待规格、日程安排、接送站安排、是否预订机 / 车票、住宿、餐饮、会议安排、新闻报道、经费预算等内容）</td></tr>
<tr><td>2</td><td>客户接待方案</td><td colspan="2"></td></tr>
</table>

考核评价

评价说明：在本次任务完成后，由任课教师主导，采用学习过程评价与学习结果评价相结合，综合运用自我评价、小组评价及教师评价三种方式，由教师确定三种评价方式分别占总成绩的比例，并加权计算出学生本次任务的考核评价分。

任务完成考核评价表			
项目名称		任务名称	
班级		学生姓名	
评价方式	评价内容	分值	成绩
自我评价	任务工单完成情况	25	
	职业态度端正	25	
	对知识和技能的掌握程度	25	
	完成了小组内的任务	25	
	合计		
小组评价	本小组的本次任务完成质量	25	
	本次任务完成质量	25	
	参与小组活动的敬业精神	25	
	合作精神和责任感	25	
	合计		
教师评价	所在小组的任务完成质量	25	
	本次任务完成质量	25	
	所在小组的开放、共享的职业精神	25	
	对本次任务的贡献度	25	
	合计		
总评＝自我评价 ×20%＋小组评价 ×30%＋教师评价 ×50%			

任务三

压力管理

任务实施——小组任务

☆任务工单

<table>
<tr><td>任务名称</td><td colspan="4">压力管理</td></tr>
<tr><td>任务目的</td><td colspan="4">了解客服人员压力的来源以及面对压力的反应，正确认识压力并能够运用恰当的方法缓解和控制压力，提高抗压能力。</td></tr>
<tr><td>任务内容</td><td colspan="4">1. 完成压力测试，了解压力的表现；
2. 以小组为单位，讨论压力控制和缓解的有效方法。</td></tr>
<tr><td rowspan="4">第（ ）组</td><td>姓名</td><td>学号</td><td>姓名</td><td>学号</td></tr>
<tr><td></td><td></td><td></td><td></td></tr>
<tr><td></td><td></td><td></td><td></td></tr>
<tr><td></td><td></td><td></td><td></td></tr>
<tr><td rowspan="15">任务实操</td><td colspan="4">压力测试</td></tr>
<tr><td>序号</td><td>问题</td><td>是</td><td>否</td></tr>
<tr><td>1</td><td>经常患感冒，且不易治愈</td><td></td><td></td></tr>
<tr><td>2</td><td>常有手脚发冷的情形</td><td></td><td></td></tr>
<tr><td>3</td><td>手掌和腋下常出冷汗</td><td></td><td></td></tr>
<tr><td>4</td><td>突然出现呼吸困难、憋闷窒息感</td><td></td><td></td></tr>
<tr><td>5</td><td>有腹部发胀、痒痛感觉，而且常下痢、便秘</td><td></td><td></td></tr>
<tr><td>6</td><td>肩部经常坚硬痒痛</td><td></td><td></td></tr>
<tr><td>7</td><td>背部和腰部经常疼痛</td><td></td><td></td></tr>
<tr><td>8</td><td>疲劳感经休息不易解除</td><td></td><td></td></tr>
<tr><td>9</td><td>时有心脏悸动现象</td><td></td><td></td></tr>
<tr><td>10</td><td>有胸痛情况发生</td><td></td><td></td></tr>
<tr><td>11</td><td>有头痛感或头脑不清醒的昏沉感</td><td></td><td></td></tr>
<tr><td>12</td><td>眼睛很容易疲劳</td><td></td><td></td></tr>
<tr><td>13</td><td>有鼻阻、鼻塞现象</td><td></td><td></td></tr>
</table>

续表

<table>
<tr><td rowspan="23">任务实操</td><td>14</td><td>有耳鸣现象</td><td></td><td></td></tr>
<tr><td>15</td><td>经常喉痛</td><td></td><td></td></tr>
<tr><td>16</td><td>口腔内有破裂或溃烂情形发生</td><td></td><td></td></tr>
<tr><td>17</td><td>站立时有发晕情形</td><td></td><td></td></tr>
<tr><td>18</td><td>有头晕眼花情形发生</td><td></td><td></td></tr>
<tr><td>19</td><td>睡眠不好</td><td></td><td></td></tr>
<tr><td>20</td><td>睡觉时经常做梦</td><td></td><td></td></tr>
<tr><td>21</td><td>深夜突然醒来时不易再继续入睡</td><td></td><td></td></tr>
<tr><td>22</td><td>不能集中精力专心做事</td><td></td><td></td></tr>
<tr><td>23</td><td>早上经常有起不来的倦怠感</td><td></td><td></td></tr>
<tr><td>24</td><td>稍微做一点事就马上感到很疲劳</td><td></td><td></td></tr>
<tr><td>25</td><td>有体重减轻现象</td><td></td><td></td></tr>
<tr><td>26</td><td>常感到吃下东西像沉积在胃里</td><td></td><td></td></tr>
<tr><td>27</td><td>面对自己喜欢吃的东西，却毫无食欲</td><td></td><td></td></tr>
<tr><td>28</td><td>与人交际应酬变得很不起劲</td><td></td><td></td></tr>
<tr><td>29</td><td>稍有不顺心就会生气，而且时有烦躁不安的情形发生</td><td></td><td></td></tr>
<tr><td>30</td><td>舌头上出现白苔</td><td></td><td></td></tr>
<tr><td colspan="4">结论：以上诸项自我诊断，你出现了（　　）项。
如果你出现了 5 项，属于轻微紧张型，须多加留意，注意调适休息；如有 9 项至 20 项则表明你有严重的心理压力，属于严重紧张型，你应该到心理门诊去，向心理医生进行咨询、治疗，以缓解和消除心理压力；倘若在 21 项以上，就会出现适应障碍的问题，应高度重视。</td></tr>
<tr><td colspan="4">压力缓解和控制</td></tr>
<tr><td colspan="2">请写下一个目标，让它使你的工作更富有价值和挑战性。</td><td colspan="2"></td></tr>
<tr><td colspan="2">当你和别人一起工作时，哪些事情能使你感到愉悦？（这些事情既不影响你的工作，也不影响周围人的工作）</td><td colspan="2"></td></tr>
<tr><td colspan="2">工作之余，你会做哪些令自己感到愉悦的事情？</td><td colspan="2"></td></tr>
<tr><td>归纳总结</td><td colspan="3"></td></tr>
</table>

考核评价

评价说明：在本次任务完成后，由任课教师主导，采用学习过程评价与学习结果评价相结合，综合运用自我评价、小组评价及教师评价三种方式，由教师确定三种评价方式分别占总成绩的比例，并加权计算出学生本次任务的考核评价分。

任务完成考核评价表			
项目名称		任务名称	
班级		学生姓名	
评价方式	评价内容	分值	成绩
自我评价	任务工单完成情况	25	
	职业态度端正	25	
	对知识和技能的掌握程度	25	
	完成了小组内的任务	25	
	合计		
小组评价	本小组的本次任务完成质量	25	
	本次任务完成质量	25	
	参与小组活动的敬业精神	25	
	合作精神和责任感	25	
	合计		
教师评价	所在小组的任务完成质量	25	
	本次任务完成质量	25	
	所在小组的开放、共享的职业精神	25	
	对本次任务的贡献度	25	
	合计		
总评 = 自我评价 ×20% + 小组评价 ×30% + 教师评价 ×50%			

03

项目三

客户开发管理

- 任务一　客户选择
- 任务二　客户开发
- 任务三　客户资格审查

任务一 客户选择

任务实施——小组任务

☆任务工单

<table>
<tr><td>任务名称</td><td colspan="4">客户选择</td></tr>
<tr><td>任务目的</td><td colspan="4">了解客户选择的必要性，理解客户选择的因素和实施策略，能够根据企业的目标和定位选择恰当的客户进行服务。</td></tr>
<tr><td>任务内容</td><td colspan="4">各小组通过上网搜索、查阅参考书籍、实地调查等方式，了解春秋航空和其他航空公司在客户选择和客户服务方面的差异性，并归纳总结。</td></tr>
<tr><td rowspan="4">第（ ）组</td><td>姓名</td><td>学号</td><td>姓名</td><td>学号</td></tr>
<tr><td></td><td></td><td></td><td></td></tr>
<tr><td></td><td></td><td></td><td></td></tr>
<tr><td></td><td></td><td></td><td></td></tr>
<tr><td rowspan="5">任务实操</td><td colspan="4">目标客户选择</td></tr>
<tr><td>序号</td><td>航空公司</td><td>客户特点</td><td>服务特点</td></tr>
<tr><td>1</td><td>春秋航空</td><td></td><td></td></tr>
<tr><td>2</td><td>其他航空公司</td><td></td><td></td></tr>
<tr><td colspan="2">归纳总结</td><td colspan="2"></td></tr>
</table>

考核评价

评价说明：在本次任务完成后，由任课教师主导，采用学习过程评价与学习结果评价相结合，综合运用自我评价、小组评价及教师评价三种方式，由教师确定三种评价方式分别占总成绩的比例，并加权计算出学生本次任务的考核评价分。

任务完成考核评价表			
项目名称		任务名称	
班级		学生姓名	
评价方式	评价内容	分值	成绩
自我评价	任务工单完成情况	25	
	职业态度端正	25	
	对知识和技能的掌握程度	25	
	完成了小组内的任务	25	
	合计		
小组评价	本小组的本次任务完成质量	25	
	本次任务完成质量	25	
	参与小组活动的敬业精神	25	
	合作精神和责任感	25	
	合计		
教师评价	所在小组的任务完成质量	25	
	本次任务完成质量	25	
	所在小组的开放、共享的职业精神	25	
	对本次任务的贡献度	25	
	合计		
总评 = 自我评价 ×20% + 小组评价 ×30% + 教师评价 ×50%			

任务二

客户开发

任务实施——小组任务

☆任务工单

<table>
<tr><td>任务名称</td><td colspan="4">客户开发</td></tr>
<tr><td>任务目的</td><td colspan="4">通过客户开发任务进一步了解客户开发的策略，掌握客户开发的方法并对目标客户进行有效开发。</td></tr>
<tr><td>任务内容</td><td colspan="4">各小组成员在老师给定的生活用品中（手机、化妆品、服装等）任意挑选一样，对其进行分析。作为该产品的销售，你们应该通过哪些方法寻找客户，为什么？</td></tr>
<tr><td rowspan="4">第（ ）组</td><td>姓名</td><td>学号</td><td>姓名</td><td>学号</td></tr>
<tr><td></td><td></td><td></td><td></td></tr>
<tr><td></td><td></td><td></td><td></td></tr>
<tr><td></td><td></td><td></td><td></td></tr>
<tr><td rowspan="15">任务实操</td><td colspan="4">客户开发的方法</td></tr>
<tr><td colspan="4">选择的商品是（　　）</td></tr>
<tr><td colspan="2">产品的特点</td><td colspan="2"></td></tr>
<tr><td colspan="2">竞争产品的特点</td><td colspan="2"></td></tr>
<tr><td colspan="2">该产品的客户群体特点</td><td colspan="2"></td></tr>
<tr><td>序号</td><td colspan="2">寻找客户的方法</td><td>原因</td></tr>
<tr><td>1</td><td colspan="2"></td><td></td></tr>
<tr><td>2</td><td colspan="2"></td><td></td></tr>
<tr><td>3</td><td colspan="2"></td><td></td></tr>
<tr><td>4</td><td colspan="2"></td><td></td></tr>
<tr><td>5</td><td colspan="2"></td><td></td></tr>
<tr><td>6</td><td colspan="2"></td><td></td></tr>
<tr><td>7</td><td colspan="2"></td><td></td></tr>
<tr><td>8</td><td colspan="2"></td><td></td></tr>
<tr><td>9</td><td colspan="2"></td><td></td></tr>
</table>

考核评价

评价说明：在本次任务完成后，由任课教师主导，采用学习过程评价与学习结果评价相结合，综合运用自我评价、小组评价及教师评价三种方式，由教师确定三种评价方式分别占总成绩的比例，并加权计算出学生本次任务的考核评价分。

任务完成考核评价表			
项目名称		任务名称	
班级		学生姓名	
评价方式	评价内容	分值	成绩
自我评价	任务工单完成情况	25	
	职业态度端正	25	
	对知识和技能的掌握程度	25	
	完成了小组内的任务	25	
	合计		
小组评价	本小组的本次任务完成质量	25	
	本次任务完成质量	25	
	参与小组活动的敬业精神	25	
	合作精神和责任感	25	
	合计		
教师评价	所在小组的任务完成质量	25	
	本次任务完成质量	25	
	所在小组的开放、共享的职业精神	25	
	对本次任务的贡献度	25	
	合计		
总评 = 自我评价 ×20% + 小组评价 ×30% + 教师评价 ×50%			

任务三 客户资格审查

任务实施——小组任务

☆任务工单

<table>
<tr><td>任务名称</td><td colspan="9">客户资格审查</td></tr>
<tr><td>任务目的</td><td colspan="9">通过客户资格审查任务进一步理解客户资格审查的内容，掌握客户资格审查的方法。</td></tr>
<tr><td>任务内容</td><td colspan="9">各个小组在上一任务实施的基础上，从自己组员微信好友中随机选择八位作为自己的客户并对其进行资格审查，填写完成客户资格审查表，并进行汇报。</td></tr>
<tr><td rowspan="4">第（ ）组</td><td colspan="2">姓名</td><td colspan="2">学号</td><td colspan="3">姓名</td><td colspan="2">学号</td></tr>
<tr><td colspan="2"></td><td colspan="2"></td><td colspan="3"></td><td colspan="2"></td></tr>
<tr><td colspan="2"></td><td colspan="2"></td><td colspan="3"></td><td colspan="2"></td></tr>
<tr><td colspan="2"></td><td colspan="2"></td><td colspan="3"></td><td colspan="2"></td></tr>
<tr><td rowspan="18">任务实操</td><td colspan="9">客户资格审查</td></tr>
<tr><td colspan="2">客户情况</td><td>标准</td><td></td><td></td><td></td><td></td><td></td><td></td></tr>
<tr><td rowspan="3">年龄（岁）</td><td>15 ～ 24</td><td>3</td><td></td><td></td><td></td><td></td><td></td><td></td></tr>
<tr><td>25 ～ 44</td><td>3</td><td></td><td></td><td></td><td></td><td></td><td></td></tr>
<tr><td>45 以上</td><td>2</td><td></td><td></td><td></td><td></td><td></td><td></td></tr>
<tr><td rowspan="5">月收入（元）</td><td>500 以下</td><td>1</td><td></td><td></td><td></td><td></td><td></td><td></td></tr>
<tr><td>500 ～ 1 000</td><td>2</td><td></td><td></td><td></td><td></td><td></td><td></td></tr>
<tr><td>1 001 ～ 2 000</td><td>4</td><td></td><td></td><td></td><td></td><td></td><td></td></tr>
<tr><td>2 001 ～ 5 000</td><td>5</td><td></td><td></td><td></td><td></td><td></td><td></td></tr>
<tr><td>5 000 以上</td><td>6</td><td></td><td></td><td></td><td></td><td></td><td></td></tr>
<tr><td rowspan="3">交往程度</td><td>密友</td><td>3</td><td></td><td></td><td></td><td></td><td></td><td></td></tr>
<tr><td>普通朋友</td><td>2</td><td></td><td></td><td></td><td></td><td></td><td></td></tr>
<tr><td>点头之交</td><td>1</td><td></td><td></td><td></td><td></td><td></td><td></td></tr>
<tr><td rowspan="4">接近的难易程度</td><td>非常容易</td><td>3</td><td></td><td></td><td></td><td></td><td></td><td></td></tr>
<tr><td>容易</td><td>2</td><td></td><td></td><td></td><td></td><td></td><td></td></tr>
<tr><td>困难</td><td>1</td><td></td><td></td><td></td><td></td><td></td><td></td></tr>
<tr><td>非常困难</td><td>C</td><td></td><td></td><td></td><td></td><td></td><td></td></tr>
</table>

续表

任务实操	客户资格审查									
	客户情况		标准							
	一年共见过几次面（次）	5 次以上	3							
		3 ～ 5	2							
		1 ～ 2	1							
		一次没有	0							
	介绍他人的能力	很好	3							
		好	2							
		还好	1							
		不好	0							
	是否有能力决定购买商品	可以马上决定	3							
		需要商榷	2							
		不能决定	0							
	是否需要本产品	本人需要，急需	6							
		本人需要，不急需	4							
		给他人买，急需	5							
		给他人买，不急需	3							
		不需要	0							
	总分									
	等级									
注： 1. 但凡接近难易程度为非常困难者，无论得分高低均为 C 级； 2. 得分为 25 分以上的为 A 类客户，15 ～ 25 分的为 B 类客户，15 分以下的为 C 类客户。										

考核评价

评价说明：在本次任务完成后，由任课教师主导，采用学习过程评价与学习结果评价相结合，综合运用自我评价、小组评价及教师评价三种方式，由教师确定三种评价方式分别占总成绩的比例，并加权计算出学生本次任务的考核评价分。

任务完成考核评价表			
项目名称		任务名称	
班级		学生姓名	
评价方式	评价内容	分值	成绩
自我评价	任务工单完成情况	25	
	职业态度端正	25	
	对知识和技能的掌握程度	25	
	完成了小组内的任务	25	
	合计		
小组评价	本小组的本次任务完成质量	25	
	本次任务完成质量	25	
	参与小组活动的敬业精神	25	
	合作精神和责任感	25	
	合计		
教师评价	所在小组的任务完成质量	25	
	本次任务完成质量	25	
	所在小组的开放、共享的职业精神	25	
	对本次任务的贡献度	25	
	合计		
总评 = 自我评价 ×20% + 小组评价 ×30% + 教师评价 ×50%			

04

项目四

客户信息管理

任务一

收集客户信息

任务实施——小组任务

☆任务工单

<table>
<tr><td>任务名称</td><td colspan="4">收集客户信息</td></tr>
<tr><td>任务目的</td><td colspan="4">通过收集客户信息进一步理解客户信息对企业的重要意义，掌握客户信息的分类，并能够根据企业性质选择恰当的渠道和方法收集客户信息。</td></tr>
<tr><td>任务内容</td><td colspan="4">××汽车有限公司为了更好地为客户提供服务，需要建立客户信息库，通过对客户信息的收集、分析为企业决策提供依据。各小组通过讨论确定该企业需要收集哪些客户信息以及收集客户信息的渠道和方法，并说明原因。</td></tr>
<tr><td rowspan="4">第（ ）组</td><td>姓名</td><td>学号</td><td>姓名</td><td>学号</td></tr>
<tr><td></td><td></td><td></td><td></td></tr>
<tr><td></td><td></td><td></td><td></td></tr>
<tr><td></td><td></td><td></td><td></td></tr>
<tr><td rowspan="7">任务实操</td><td colspan="4">客户信息收集</td></tr>
<tr><td colspan="2">项目</td><td>内容</td><td>原因</td></tr>
<tr><td rowspan="3">客户信息的分类</td><td>描述类信息</td><td></td><td></td></tr>
<tr><td>行为类信息</td><td></td><td></td></tr>
<tr><td>关联类信息</td><td></td><td></td></tr>
<tr><td colspan="2">收集客户信息的渠道</td><td></td><td></td></tr>
<tr><td colspan="2">收集客户信息的方法</td><td></td><td></td></tr>
</table>

考核评价

评价说明：在本次任务完成后，由任课教师主导，采用学习过程评价与学习结果评价相结合，综合运用自我评价、小组评价及教师评价三种方式，由教师确定三种评价方式分别占总成绩的比例，并加权计算出学生本次任务的考核评价分。

任务完成考核评价表			
项目名称		任务名称	
班级		学生姓名	
评价方式	评价内容	分值	成绩
自我评价	任务工单完成情况	25	
	职业态度端正	25	
	对知识和技能的掌握程度	25	
	完成了小组内的任务	25	
	合计		
小组评价	本小组的本次任务完成质量	25	
	本次任务完成质量	25	
	参与小组活动的敬业精神	25	
	合作精神和责任感	25	
	合计		
教师评价	所在小组的任务完成质量	25	
	本次任务完成质量	25	
	所在小组的开放、共享的职业精神	25	
	对本次任务的贡献度	25	
	合计		
总评 = 自我评价 ×20% + 小组评价 ×30% + 教师评价 ×50%			

任务二 存储客户信息

任务实施——小组任务

☆任务工单

<table>
<tr><td>任务名称</td><td colspan="4">存储客户信息</td></tr>
<tr><td>任务目的</td><td colspan="4">通过存储客户信息进一步理解客户档案的形式和内容，了解客户档案管理的基本原则，并能够根据企业需要设计客户资料卡。</td></tr>
<tr><td>任务内容</td><td colspan="4">各小组在上一任务完成的基础上，为 ×× 汽车有限公司建立客户信息档案，小组成员需要在分析讨论企业以及客户信息特点的基础上，完成客户资料卡的设计。</td></tr>
<tr><td rowspan="4">第（ ）组</td><td>姓名</td><td>学号</td><td>姓名</td><td>学号</td></tr>
<tr><td></td><td></td><td></td><td></td></tr>
<tr><td></td><td></td><td></td><td></td></tr>
<tr><td></td><td></td><td></td><td></td></tr>
<tr><td rowspan="2">任务实操</td><td colspan="4">客户资料卡设计</td></tr>
<tr><td colspan="4"></td></tr>
</table>

考核评价

评价说明：在本次任务完成后，由任课教师主导，采用学习过程评价与学习结果评价相结合，综合运用自我评价、小组评价及教师评价三种方式，由教师确定三种评价方式分别占总成绩的比例，并加权计算出学生本次任务的考核评价分。

任务完成考核评价表			
项目名称		任务名称	
班级		学生姓名	
评价方式	评价内容	分值	成绩
自我评价	任务工单完成情况	25	
	职业态度端正	25	
	对知识和技能的掌握程度	25	
	完成了小组内的任务	25	
	合计		
小组评价	本小组的本次任务完成质量	25	
	本次任务完成质量	25	
	参与小组活动的敬业精神	25	
	合作精神和责任感	25	
	合计		
教师评价	所在小组的任务完成质量	25	
	本次任务完成质量	25	
	所在小组的开放、共享的职业精神	25	
	对本次任务的贡献度	25	
	合计		
总评 = 自我评价 ×20% + 小组评价 ×30% + 教师评价 ×50%			

任务三

分析客户信息

任务实施——小组任务

☆任务工单

<table>
<tr><td>任务名称</td><td colspan="4">分析客户信息</td></tr>
<tr><td>任务目的</td><td colspan="4">通过分析客户信息理解客户信息分析对企业的重要意义，掌握客户信息分析的内容。</td></tr>
<tr><td>任务内容</td><td colspan="4">××汽车有限公司通过客户信息档案的建立完成了客户信息的收集和存储，各小组在此基础上完成客户信息分析。各小组分析讨论客户信息分析的内容都有哪些，并将上一任务收集的信息一一填写在表格中。</td></tr>
<tr><td rowspan="4">第（ ）组</td><td>姓名</td><td>学号</td><td>姓名</td><td>学号</td></tr>
<tr><td></td><td></td><td></td><td></td></tr>
<tr><td></td><td></td><td></td><td></td></tr>
<tr><td></td><td></td><td></td><td></td></tr>
<tr><td rowspan="8">任务实操</td><td colspan="4">客户信息分析的内容</td></tr>
<tr><td>分析内容</td><td colspan="3">具体信息</td></tr>
<tr><td>商业行为分析</td><td colspan="3"></td></tr>
<tr><td>客户特征分析</td><td colspan="3"></td></tr>
<tr><td>客户忠诚度分析</td><td colspan="3"></td></tr>
<tr><td>客户注意力分析</td><td colspan="3"></td></tr>
<tr><td>客户收益率分析</td><td colspan="3"></td></tr>
<tr><td>客户构成分析</td><td colspan="3"></td></tr>
</table>

考核评价

评价说明：在本次任务完成后，由任课教师主导，采用学习过程评价与学习结果评价相结合，综合运用自我评价、小组评价及教师评价三种方式，由教师确定三种评价方式分别占总成绩的比例，并加权计算出学生本次任务的考核评价分。

<table>
<tr><th colspan="4">任务完成考核评价表</th></tr>
<tr><td>项目名称</td><td></td><td>任务名称</td><td></td></tr>
<tr><td>班级</td><td></td><td>学生姓名</td><td></td></tr>
<tr><td>评价方式</td><td>评价内容</td><td>分值</td><td>成绩</td></tr>
<tr><td rowspan="5">自我评价</td><td>任务工单完成情况</td><td>25</td><td></td></tr>
<tr><td>职业态度端正</td><td>25</td><td></td></tr>
<tr><td>对知识和技能的掌握程度</td><td>25</td><td></td></tr>
<tr><td>完成了小组内的任务</td><td>25</td><td></td></tr>
<tr><td colspan="2">合计</td><td></td></tr>
<tr><td rowspan="5">小组评价</td><td>本小组的本次任务完成质量</td><td>25</td><td></td></tr>
<tr><td>本次任务完成质量</td><td>25</td><td></td></tr>
<tr><td>参与小组活动的敬业精神</td><td>25</td><td></td></tr>
<tr><td>合作精神和责任感</td><td>25</td><td></td></tr>
<tr><td colspan="2">合计</td><td></td></tr>
<tr><td rowspan="5">教师评价</td><td>所在小组的任务完成质量</td><td>25</td><td></td></tr>
<tr><td>本次任务完成质量</td><td>25</td><td></td></tr>
<tr><td>所在小组的开放、共享的职业精神</td><td>25</td><td></td></tr>
<tr><td>对本次任务的贡献度</td><td>25</td><td></td></tr>
<tr><td colspan="2">合计</td><td></td></tr>
<tr><td colspan="4">总评 = 自我评价 ×20% + 小组评价 ×30% + 教师评价 ×50%</td></tr>
</table>

任务四

大数据时代下的客户画像

任务实施——小组任务

☆任务工单

<table>
<tr><td>任务名称</td><td colspan="4">大数据时代下的客户画像</td></tr>
<tr><td>任务目的</td><td colspan="4">通过客户画像实训了解客户画像和客户标签的含义和区别，理解客户画像的构建流程，能够借助收集的客户信息进行客户画像，帮助企业实现精准营销。</td></tr>
<tr><td>任务内容</td><td colspan="4">各小组在收集客户信息任务的基础上将客户信息进行分类，并为比亚迪汽车、大众汽车、红旗汽车完成客户画像。</td></tr>
<tr><td rowspan="4">第（ ）组</td><td>姓名</td><td>学号</td><td>姓名</td><td>学号</td></tr>
<tr><td></td><td></td><td></td><td></td></tr>
<tr><td></td><td></td><td></td><td></td></tr>
<tr><td></td><td></td><td></td><td></td></tr>
<tr><td rowspan="5">任务实操</td><td colspan="4">大数据时代下的客户画像</td></tr>
<tr><td>汽车品牌</td><td colspan="3">客户画像</td></tr>
<tr><td>比亚迪汽车</td><td colspan="3"></td></tr>
<tr><td>大众汽车</td><td colspan="3"></td></tr>
<tr><td>红旗汽车</td><td colspan="3"></td></tr>
</table>

考核评价

评价说明：在本次任务完成后，由任课教师主导，采用学习过程评价与学习结果评价相结合，综合运用自我评价、小组评价及教师评价三种方式，由教师确定三种评价方式分别占总成绩的比例，并加权计算出学生本次任务的考核评价分。

<table>
<tr><th colspan="4">任务完成考核评价表</th></tr>
<tr><td>项目名称</td><td></td><td>任务名称</td><td></td></tr>
<tr><td>班级</td><td></td><td>学生姓名</td><td></td></tr>
<tr><td>评价方式</td><td>评价内容</td><td>分值</td><td>成绩</td></tr>
<tr><td rowspan="5">自我评价</td><td>任务工单完成情况</td><td>25</td><td></td></tr>
<tr><td>职业态度端正</td><td>25</td><td></td></tr>
<tr><td>对知识和技能的掌握程度</td><td>25</td><td></td></tr>
<tr><td>完成了小组内的任务</td><td>25</td><td></td></tr>
<tr><td colspan="2">合计</td><td></td></tr>
<tr><td rowspan="5">小组评价</td><td>本小组的本次任务完成质量</td><td>25</td><td></td></tr>
<tr><td>本次任务完成质量</td><td>25</td><td></td></tr>
<tr><td>参与小组活动的敬业精神</td><td>25</td><td></td></tr>
<tr><td>合作精神和责任感</td><td>25</td><td></td></tr>
<tr><td colspan="2">合计</td><td></td></tr>
<tr><td rowspan="5">教师评价</td><td>所在小组的任务完成质量</td><td>25</td><td></td></tr>
<tr><td>本次任务完成质量</td><td>25</td><td></td></tr>
<tr><td>所在小组的开放、共享的职业精神</td><td>25</td><td></td></tr>
<tr><td>对本次任务的贡献度</td><td>25</td><td></td></tr>
<tr><td colspan="2">合计</td><td></td></tr>
<tr><td colspan="4">总评 = 自我评价 ×20% + 小组评价 ×30% + 教师评价 ×50%</td></tr>
</table>

05

项目五 客户沟通

任务一 初识客户沟通

任务实施——小组任务

☆任务工单

<table>
<tr><td>任务名称</td><td colspan="6">初识客户沟通</td></tr>
<tr><td>任务目的</td><td colspan="6">通过实训任务正确认识自己的客户沟通水平，进一步理解客户沟通的过程和内容，认识自己在沟通方面的优势和不足。</td></tr>
<tr><td>任务内容</td><td colspan="6">请根据自己的实际情况选出最能反映自己行为或观念的答案，完成沟通水平测试。小组内根据测试结果讨论分析如何提高自己的沟通能力。</td></tr>
<tr><td rowspan="4">第（ ）组</td><td colspan="2">姓名</td><td colspan="2">学号</td><td>姓名</td><td>学号</td></tr>
<tr><td colspan="2"></td><td colspan="2"></td><td></td><td></td></tr>
<tr><td colspan="2"></td><td colspan="2"></td><td></td><td></td></tr>
<tr><td colspan="2"></td><td colspan="2"></td><td></td><td></td></tr>
<tr><td rowspan="10">任务实操</td><td colspan="6">沟通水平测试</td></tr>
<tr><td>问题</td><td>总是
（5分）</td><td>经常
（4分）</td><td>不确定
（3分）</td><td>偶尔
（2分）</td><td>从不
（1分）</td></tr>
<tr><td>能自如地用语言表达情感</td><td></td><td></td><td></td><td></td><td></td></tr>
<tr><td>能自如地用非语言表达情感</td><td></td><td></td><td></td><td></td><td></td></tr>
<tr><td>在表达情感时，能选择准确恰当的词汇</td><td></td><td></td><td></td><td></td><td></td></tr>
<tr><td>他人能准确地理解自己使用的语言和非语言信息所要表达的意思</td><td></td><td></td><td></td><td></td><td></td></tr>
<tr><td>能很好地识别他人的情感</td><td></td><td></td><td></td><td></td><td></td></tr>
<tr><td>能在朋友面前轻松自如地谈论自己的情况</td><td></td><td></td><td></td><td></td><td></td></tr>
<tr><td>对他人寄予深厚的情感</td><td></td><td></td><td></td><td></td><td></td></tr>
<tr><td>会盲目地暴露自己的秘密</td><td></td><td></td><td></td><td></td><td></td></tr>
</table>

续表

	问题	总是（5分）	经常（4分）	不确定（3分）	偶尔（2分）	从不（1分）
任务实操	能与自己观念不同的人沟通情感					
	能与自己观念相同的人沟通情感					
	持有不同观念的人愿意与自己沟通情感					
	他人乐于对自己诉说不幸					
	轻易评价他人					
	明白自己在沟通中的不良习惯					
	与人讨论，善于倾听他人的意见，且不强加于人					
	与人争执，但能克制自己					
	能通过工作来排遣自己的心烦意乱					
	面对他人请教，能告诉他该做什么					
	对某事持异议，能说出这件事的后果					
	乐于公开自己的新观念、新技术					
	你的得分是________。 如果你的总分在 75 分及以上，说明沟通水平良好，继续保持；如果你的总分在 75 分以下，说明沟通能力较弱，需要不断提高。					
	在沟通方面，你认为自己哪些方面做得比较好？					
	在沟通方面，你认为自己哪些方面做得不够好？					
	小组讨论，针对自己的不足设计一份提升自己沟通能力的训练计划。					

考核评价

评价说明：在本次任务完成后，由任课教师主导，采用学习过程评价与学习结果评价相结合，综合运用自我评价、小组评价及教师评价三种方式，由教师确定三种评价方式分别占总成绩的比例，并加权计算出学生本次任务的考核评价分。

任务完成考核评价表			
项目名称		任务名称	
班级		学生姓名	
评价方式	评价内容	分值	成绩
自我评价	任务工单完成情况	25	
	职业态度端正	25	
	对知识和技能的掌握程度	25	
	完成了小组内的任务	25	
	合计		
小组评价	本小组的本次任务完成质量	25	
	本次任务完成质量	25	
	参与小组活动的敬业精神	25	
	合作精神和责任感	25	
	合计		
教师评价	所在小组的任务完成质量	25	
	本次任务完成质量	25	
	所在小组的开放、共享的职业精神	25	
	对本次任务的贡献度	25	
	合计		
总评 = 自我评价 ×20% + 小组评价 ×30% + 教师评价 ×50%			

任务二 客户沟通方式

任务实施——小组任务

☆任务工单

<table>
<tr><td>任务名称</td><td colspan="4">客户沟通方式</td></tr>
<tr><td>任务目的</td><td colspan="4">通过分析客户沟通方式，进一步理解语言沟通的方式，掌握非语言沟通的特征和分类，能够熟练运用语言和非语言沟通技巧与客户进行沟通。</td></tr>
<tr><td>任务内容</td><td colspan="4">各小组根据给定情景，按照客户接待流程和接待礼仪，利用语言沟通和非语言沟通方式完成对客户的接待工作，并进行演练展示。
情景：早上 8 时 30 分，某用户（自然进店）到 ×× 汽车 4S 店选车，准备购买 A 车型，主要用于日常通勤。</td></tr>
<tr><td rowspan="4">第（ ）组</td><td>姓名</td><td>学号</td><td>姓名</td><td>学号</td></tr>
<tr><td></td><td></td><td></td><td></td></tr>
<tr><td></td><td></td><td></td><td></td></tr>
<tr><td></td><td></td><td></td><td></td></tr>
</table>

<table>
<tr><td rowspan="8">任务实操</td><td colspan="3">语言和非语言沟通方式</td></tr>
<tr><td>序号</td><td>项目</td><td>说明</td></tr>
<tr><td>1</td><td>个人着装</td><td></td></tr>
<tr><td>2</td><td>仪容仪表</td><td></td></tr>
<tr><td>3</td><td>物料准备</td><td></td></tr>
<tr><td>4</td><td>接待话术</td><td></td></tr>
<tr><td>5</td><td>客户引领接待</td><td></td></tr>
<tr><td colspan="2">总结归纳</td><td></td></tr>
</table>

考核评价

评价说明：在本次任务完成后，由任课教师主导，采用学习过程评价与学习结果评价相结合，综合运用自我评价、小组评价及教师评价三种方式，由教师确定三种评价方式分别占总成绩的比例，并加权计算出学生本次任务的考核评价分。

任务完成考核评价表			
项目名称		任务名称	
班级		学生姓名	
评价方式	评价内容	分值	成绩
自我评价	任务工单完成情况	25	
	职业态度端正	25	
	对知识和技能的掌握程度	25	
	完成了小组内的任务	25	
	合计		
小组评价	本小组的本次任务完成质量	25	
	本次任务完成质量	25	
	参与小组活动的敬业精神	25	
	合作精神和责任感	25	
	合计		
教师评价	所在小组的任务完成质量	25	
	本次任务完成质量	25	
	所在小组的开放、共享的职业精神	25	
	对本次任务的贡献度	25	
	合计		
总评 = 自我评价 ×20% + 小组评价 ×30% + 教师评价 ×50%			

任务三

客户沟通策略

任务实施——小组任务

☆任务工单

<table>
<tr><td>任务名称</td><td>客户沟通策略</td></tr>
<tr><td>任务目的</td><td>通过倾听能力测试了解自己目前具备的倾听水平，进一步理解有效沟通的步骤，掌握有效沟通的技巧，正确认识自己在倾听方面的优势和不足。</td></tr>
<tr><td>任务内容</td><td>1. 请根据自己的实际情况选出最能反映自己行为或观念的答案，完成倾听能力测试。小组内根据测试结果讨论分析如何提高自己的倾听能力。
2. 各小组组内进行角色分配，一人扮演客服人员（倾听者），一人扮演客户（说话者），其他同学作为旁观者。客户向客服人员讲述自己的一次购物经历（三分钟），倾听者按照倾听的步骤认真倾听。旁观者记录整个过程，并进行点评。</td></tr>
<tr><td>第（ ）组</td><td>
<table>
<tr><td>姓名</td><td>学号</td><td>姓名</td><td>学号</td></tr>
<tr><td></td><td></td><td></td><td></td></tr>
<tr><td></td><td></td><td></td><td></td></tr>
<tr><td></td><td></td><td></td><td></td></tr>
</table>
</td></tr>
<tr><td>任务实操</td><td>
<table>
<tr><td colspan="6">倾听能力测试</td></tr>
<tr><td>问题</td><td>总是（5分）</td><td>经常（4分）</td><td>不确定（3分）</td><td>偶尔（2分）</td><td>从不（1分）</td></tr>
<tr><td>你喜欢听别人说话吗？</td><td></td><td></td><td></td><td></td><td></td></tr>
<tr><td>你会鼓励别人说话吗？</td><td></td><td></td><td></td><td></td><td></td></tr>
<tr><td>你不喜欢的人说话时，你也能注意听吗？</td><td></td><td></td><td></td><td></td><td></td></tr>
<tr><td>无论说话人是男是女、年长年幼，你都能注意听吗？</td><td></td><td></td><td></td><td></td><td></td></tr>
<tr><td>朋友、熟人、陌生人说话时，你都能注意听吗？</td><td></td><td></td><td></td><td></td><td></td></tr>
<tr><td>你是否会目中无人或心不在焉？</td><td></td><td></td><td></td><td></td><td></td></tr>
<tr><td>你是否注视说话者？</td><td></td><td></td><td></td><td></td><td></td></tr>
</table>
</td></tr>
</table>

续表

<table>
<tr><td rowspan="17">任务实操</td><td colspan="2">问题</td><td>总是
（5分）</td><td>经常
（4分）</td><td>不确定
（3分）</td><td>偶尔
（2分）</td><td>从不
（1分）</td></tr>
<tr><td colspan="2">你是否忽略了足以使你分心的事物?</td><td></td><td></td><td></td><td></td><td></td></tr>
<tr><td colspan="2">你是否微笑、点头以及使用不同的方法鼓励他人说话?</td><td></td><td></td><td></td><td></td><td></td></tr>
<tr><td colspan="2">你是否深入考虑说话者所说的话?</td><td></td><td></td><td></td><td></td><td></td></tr>
<tr><td colspan="2">你是否试着指出说话者所说的意思?</td><td></td><td></td><td></td><td></td><td></td></tr>
<tr><td colspan="2">你是否试着指出说话者为何说那些话?</td><td></td><td></td><td></td><td></td><td></td></tr>
<tr><td colspan="2">你是否让说话者说完他（她）的话?</td><td></td><td></td><td></td><td></td><td></td></tr>
<tr><td colspan="2">当说话者在犹豫时，你是否鼓励他继续下去?</td><td></td><td></td><td></td><td></td><td></td></tr>
<tr><td colspan="2">你是否重述说话者的话，弄清楚后再发问?</td><td></td><td></td><td></td><td></td><td></td></tr>
<tr><td colspan="2">在说话者讲完之前，你是否避免批评他?</td><td></td><td></td><td></td><td></td><td></td></tr>
<tr><td colspan="2">无论说话者的态度与用词如何，你都能注意听吗?</td><td></td><td></td><td></td><td></td><td></td></tr>
<tr><td colspan="2">若你预先知道说话者要说什么，你也能注意听吗?</td><td></td><td></td><td></td><td></td><td></td></tr>
<tr><td colspan="2">你是否询问说话者有关他所用字词的意思?</td><td></td><td></td><td></td><td></td><td></td></tr>
<tr><td colspan="2">为了请说话者更完整地解释他的意见，你是否会询问?</td><td></td><td></td><td></td><td></td><td></td></tr>
<tr><td colspan="7">90 ～ 100 分，你是一个优秀的倾听者；
80 ～ 89 分，你是一个很好的倾听者；
65 ～ 79 分，你是一个勇于改进、尚算良好的倾听者；
50 ～ 64 分，在有效倾听方面，你确实需要训练；
50 分以下，你注意倾听了吗?
倾听的五个层次，你属于（　　）层次。</td></tr>
<tr><td>你应该在哪些方面提高自己的倾听能力?</td><td colspan="6"></td></tr>
</table>

续表

<table>
<tr><td rowspan="11">任务实操</td><td colspan="4">旁观者沟通过程记录并提出改进意见</td></tr>
<tr><td>倾听步骤</td><td>做得好的方面</td><td>不足之处</td><td>改进措施</td></tr>
<tr><td>准备阶段</td><td></td><td></td><td></td></tr>
<tr><td>启动感应</td><td></td><td></td><td></td></tr>
<tr><td>善用同理心</td><td></td><td></td><td></td></tr>
<tr><td>解读客户信息</td><td></td><td></td><td></td></tr>
<tr><td colspan="4">倾听者分享自己的倾听经验</td></tr>
<tr><td>倾听过程中使用了哪些技巧?</td><td colspan="3"></td></tr>
<tr><td>倾听过程中遇到了哪些障碍?</td><td colspan="3"></td></tr>
<tr><td colspan="4">小组讨论：在沟通过程中，客服人员应该如何克服倾听障碍、提高倾听能力?</td></tr>
</table>

考核评价

评价说明：在本次任务完成后，由任课教师主导，采用学习过程评价与学习结果评价相结合，综合运用自我评价、小组评价及教师评价三种方式，由教师确定三种评价方式分别占总成绩的比例，并加权计算出学生本次任务的考核评价分。

任务完成考核评价表			
项目名称		任务名称	
班级		学生姓名	
评价方式	评价内容	分值	成绩
自我评价	任务工单完成情况	25	
	职业态度端正	25	
	对知识和技能的掌握程度	25	
	完成了小组内的任务	25	
	合计		
小组评价	本小组的本次任务完成质量	25	
	本次任务完成质量	25	
	参与小组活动的敬业精神	25	
	合作精神和责任感	25	
	合计		
教师评价	所在小组的任务完成质量	25	
	本次任务完成质量	25	
	所在小组的开放、共享的职业精神	25	
	对本次任务的贡献度	25	
	合计		
总评 = 自我评价 ×20% + 小组评价 ×30% + 教师评价 ×50%			

06

项目六

客户业务处理

任务一

呼入型业务处理

任务实施——小组任务

☆任务工单

<table>
<tr><td>任务名称</td><td colspan="5">呼入型业务处理</td></tr>
<tr><td>任务目的</td><td colspan="5">通过本次任务实训，进一步了解呼入型业务的类型和基本流程，了解订单类电话话术的撰写，能够完成订单类业务的处理。</td></tr>
<tr><td>任务内容</td><td colspan="5">某五星级酒店前台服务人员接到客户的预订客房电话，她需要按照接听预订电话考核内容完成该项工作，请根据考核内容完成话术设计。以小组为单位，选择国内任意一家五星级酒店，网上搜索该酒店信息，讨论并完成话术设计并进行演练。</td></tr>
<tr><td rowspan="4">第（ ）组</td><td colspan="2">姓名</td><td>学号</td><td>姓名</td><td>学号</td></tr>
<tr><td colspan="2"></td><td></td><td></td><td></td></tr>
<tr><td colspan="2"></td><td></td><td></td><td></td></tr>
<tr><td colspan="2"></td><td></td><td></td><td></td></tr>
<tr><td rowspan="8">任务实操</td><td colspan="5">订单类业务处理</td></tr>
<tr><td>序号</td><td colspan="2">考核内容</td><td colspan="2">话术设计</td></tr>
<tr><td>1</td><td colspan="2">使用恰当的问候语，报出部门、姓名，主动提供服务</td><td colspan="2"></td></tr>
<tr><td>2</td><td colspan="2">询问预订人姓名，以便称呼对方；询问宾客姓名、拼写方法</td><td colspan="2"></td></tr>
<tr><td>3</td><td colspan="2">所需房型、抵离日期、时间、人数</td><td colspan="2"></td></tr>
<tr><td>4</td><td colspan="2">询问入住宾客姓名</td><td colspan="2"></td></tr>
<tr><td>5</td><td colspan="2">询问客史、协议单位名称</td><td colspan="2"></td></tr>
<tr><td>6</td><td colspan="2">询问入住原因，以提供最合适的房型供客人选择；至少提供两种房型供客人选择</td><td colspan="2"></td></tr>
</table>

续表

<table>
<tr><td rowspan="10">任务实操</td><td>序号</td><td>考核内容</td><td>话术设计</td></tr>
<tr><td>7</td><td>告知客人所预订房型的房价及含早餐、含服务费情况</td><td></td></tr>
<tr><td>8</td><td>说明客人能享受的优惠礼遇</td><td></td></tr>
<tr><td>9</td><td>客人喜好（大小床、禁 / 吸烟、高低楼层）</td><td></td></tr>
<tr><td>10</td><td>告知客人无担保预订房间保留时间</td><td></td></tr>
<tr><td>11</td><td>询问客人是否需要接机服务，并询问航班信息及联系方式</td><td></td></tr>
<tr><td>12</td><td>询问来电者的联系方式</td><td></td></tr>
<tr><td>13</td><td>重复预订信息</td><td></td></tr>
<tr><td>14</td><td>告知客人预订确认号，询问客人是否需要酒店的传真确认函</td><td></td></tr>
<tr><td>15</td><td>向客人致谢</td><td></td></tr>
<tr><td colspan="4">酒店前台接听电话要求：
1. 电话铃响 3 声内接起；
2. 被问及时，熟练介绍酒店设施及服务；
3. 以恰当的礼貌用语结束通话；
4. 通话中，至少 3 次称呼客人姓名；
5. 推荐的房型应符合客人需要，积极推销产品和优惠礼遇，而不是主推低价房型。</td></tr>
</table>

考核评价

评价说明：在本次任务完成后，由任课教师主导，采用学习过程评价与学习结果评价相结合，综合运用自我评价、小组评价及教师评价三种方式，由教师确定三种评价方式分别占总成绩的比例，并加权计算出学生本次任务的考核评价分。

<table>
<tr><th colspan="4">任务完成考核评价表</th></tr>
<tr><td>项目名称</td><td></td><td>任务名称</td><td></td></tr>
<tr><td>班级</td><td></td><td>学生姓名</td><td></td></tr>
<tr><td>评价方式</td><td>评价内容</td><td>分值</td><td>成绩</td></tr>
<tr><td rowspan="5">自我评价</td><td>任务工单完成情况</td><td>25</td><td></td></tr>
<tr><td>职业态度端正</td><td>25</td><td></td></tr>
<tr><td>对知识和技能的掌握程度</td><td>25</td><td></td></tr>
<tr><td>完成了小组内的任务</td><td>25</td><td></td></tr>
<tr><td colspan="2">合计</td><td></td></tr>
<tr><td rowspan="5">小组评价</td><td>本小组的本次任务完成质量</td><td>25</td><td></td></tr>
<tr><td>本次任务完成质量</td><td>25</td><td></td></tr>
<tr><td>参与小组活动的敬业精神</td><td>25</td><td></td></tr>
<tr><td>合作精神和责任感</td><td>25</td><td></td></tr>
<tr><td colspan="2">合计</td><td></td></tr>
<tr><td rowspan="5">教师评价</td><td>所在小组的任务完成质量</td><td>25</td><td></td></tr>
<tr><td>本次任务完成质量</td><td>25</td><td></td></tr>
<tr><td>所在小组的开放、共享的职业精神</td><td>25</td><td></td></tr>
<tr><td>对本次任务的贡献度</td><td>25</td><td></td></tr>
<tr><td colspan="2">合计</td><td></td></tr>
<tr><td colspan="4">总评 = 自我评价 ×20% + 小组评价 ×30% + 教师评价 ×50%</td></tr>
</table>

任务二

呼出型业务处理

任务实施——小组任务

☆任务工单

<table>
<tr><td>任务名称</td><td colspan="5">呼出型业务处理</td></tr>
<tr><td>任务目的</td><td colspan="5">通过本次任务可以进一步了解呼出型业务的类型和基本流程，了解邀约电话话术的撰写，能够根据话术成功邀约客户到店。</td></tr>
<tr><td>任务内容</td><td colspan="5">某品牌商在本周推出了到店礼活动，销售经理向销售人员下达客户邀约任务，要求邀约近三个月汇总到的与本次活动车型匹配的潜在客户到店参加活动。以小组为单位讨论分析确定邀约实践，根据邀约流程编写邀约话术并进行展示。</td></tr>
<tr><td rowspan="4">第（ ）组</td><td colspan="2">姓名</td><td>学号</td><td>姓名</td><td>学号</td></tr>
<tr><td colspan="2"></td><td></td><td></td><td></td></tr>
<tr><td colspan="2"></td><td></td><td></td><td></td></tr>
<tr><td colspan="2"></td><td></td><td></td><td></td></tr>
<tr><td rowspan="9">任务实操</td><td colspan="5">电话邀约话术设计</td></tr>
<tr><td colspan="5">要约时间：星期（　　）（　　）时（　　）分</td></tr>
<tr><td>序号</td><td>邀约环节</td><td>邀约流程</td><td colspan="2">话术</td></tr>
<tr><td rowspan="6">1</td><td rowspan="6">开场</td><td rowspan="4">开场问候</td><td>销售顾问</td><td></td></tr>
<tr><td>客户</td><td></td></tr>
<tr><td>销售顾问</td><td></td></tr>
<tr><td>客户</td><td></td></tr>
<tr><td rowspan="2">明确目的</td><td>销售顾问</td><td></td></tr>
<tr><td>客户</td><td></td></tr>
</table>

续表

<table>
<tr><td rowspan="16">任务实操</td><td>序号</td><td>邀约环节</td><td>邀约流程</td><td colspan="2">话术</td></tr>
<tr><td rowspan="10">2</td><td rowspan="10">客户邀约</td><td rowspan="8">发出邀请</td><td>销售顾问</td><td></td></tr>
<tr><td>客户</td><td></td></tr>
<tr><td>销售顾问</td><td></td></tr>
<tr><td>客户</td><td></td></tr>
<tr><td>销售顾问</td><td></td></tr>
<tr><td>客户</td><td></td></tr>
<tr><td>销售顾问</td><td></td></tr>
<tr><td>客户</td><td></td></tr>
<tr><td rowspan="2">确认邀请</td><td>销售顾问</td><td></td></tr>
<tr><td>客户</td><td></td></tr>
<tr><td rowspan="5">3</td><td rowspan="5">结束</td><td rowspan="4">邀约结束</td><td>销售顾问</td><td></td></tr>
<tr><td>客户</td><td></td></tr>
<tr><td>销售顾问</td><td></td></tr>
<tr><td>客户</td><td></td></tr>
<tr><td colspan="2">反馈跟踪</td><td></td></tr>
</table>

考核评价

评价说明：在本次任务完成后，由任课教师主导，采用学习过程评价与学习结果评价相结合，综合运用自我评价、小组评价及教师评价三种方式，由教师确定三种评价方式分别占总成绩的比例，并加权计算出学生本次任务的考核评价分。

<table>
<tr><th colspan="4">任务完成考核评价表</th></tr>
<tr><td>项目名称</td><td></td><td>任务名称</td><td></td></tr>
<tr><td>班级</td><td></td><td>学生姓名</td><td></td></tr>
<tr><td>评价方式</td><td>评价内容</td><td>分值</td><td>成绩</td></tr>
<tr><td rowspan="5">自我评价</td><td>任务工单完成情况</td><td>25</td><td></td></tr>
<tr><td>职业态度端正</td><td>25</td><td></td></tr>
<tr><td>对知识和技能的掌握程度</td><td>25</td><td></td></tr>
<tr><td>完成了小组内的任务</td><td>25</td><td></td></tr>
<tr><td colspan="2">合计</td><td></td></tr>
<tr><td rowspan="5">小组评价</td><td>本小组的本次任务完成质量</td><td>25</td><td></td></tr>
<tr><td>本次任务完成质量</td><td>25</td><td></td></tr>
<tr><td>参与小组活动的敬业精神</td><td>25</td><td></td></tr>
<tr><td>合作精神和责任感</td><td>25</td><td></td></tr>
<tr><td colspan="2">合计</td><td></td></tr>
<tr><td rowspan="5">教师评价</td><td>所在小组的任务完成质量</td><td>25</td><td></td></tr>
<tr><td>本次任务完成质量</td><td>25</td><td></td></tr>
<tr><td>所在小组的开放、共享的职业精神</td><td>25</td><td></td></tr>
<tr><td>对本次任务的贡献度</td><td>25</td><td></td></tr>
<tr><td colspan="2">合计</td><td></td></tr>
<tr><td colspan="4">总评 = 自我评价 ×20% + 小组评价 ×30% + 教师评价 ×50%</td></tr>
</table>

任务三

网店客服业务处理

任务实施——小组任务

☆任务工单

<table>
<tr><td>任务名称</td><td colspan="5">网店客服业务处理</td></tr>
<tr><td>任务目的</td><td colspan="5">通过实训任务，理解网店客服的销售流程，熟悉网店客服售后服务管理内容，能够根据网店客服销售接待的基本步骤完成与客户的沟通。</td></tr>
<tr><td>任务内容</td><td colspan="5">小组内讨论并在天猫选定一家网店，根据网店内产品详情页信息完成迎接问好、产品促销、促单、催付。</td></tr>
<tr><td rowspan="4">第（ ）组</td><td colspan="2">姓名</td><td>学号</td><td>姓名</td><td>学号</td></tr>
<tr><td colspan="2"></td><td></td><td></td><td></td></tr>
<tr><td colspan="2"></td><td></td><td></td><td></td></tr>
<tr><td colspan="2"></td><td></td><td></td><td></td></tr>
<tr><td rowspan="12">任务实操</td><td colspan="5">网店客服业务处理</td></tr>
<tr><td colspan="5">天猫网店名称：
产品：
链接：</td></tr>
<tr><td>环节</td><td colspan="4">话术</td></tr>
<tr><td>迎接问好</td><td colspan="4"></td></tr>
<tr><td colspan="5">针对店内商品，由客服向客户推荐商品，用语言打动客户，促进成交。</td></tr>
<tr><td rowspan="6">产品促销</td><td>客服</td><td colspan="3"></td></tr>
<tr><td>客户</td><td colspan="3"></td></tr>
<tr><td>客服</td><td colspan="3"></td></tr>
<tr><td>客户</td><td colspan="3"></td></tr>
<tr><td>客服</td><td colspan="3"></td></tr>
<tr><td>客户</td><td colspan="3"></td></tr>
</table>

续表

<table>
<tr><td rowspan="17">**任务实操**</td><td colspan="4">客户与客服人员交流很久，但迟迟没有下单，作为客服人员，需要尝试用促单技巧组织话术完成产品促单。促单话术的类型有很多，请选择比较实用的填写在下表。</td></tr>
<tr><td rowspan="5">促单</td><td colspan="3"></td></tr>
<tr><td colspan="3"></td></tr>
<tr><td colspan="3"></td></tr>
<tr><td colspan="3"></td></tr>
<tr><td colspan="3"></td></tr>
<tr><td colspan="4">客服人员查看后台发现有几位客户下单后一直没有付款，请分析客户未付款原因，并撰写合适的催付语。</td></tr>
<tr><td rowspan="10">催付</td><td>顾客</td><td>特点</td><td>未付款原因</td></tr>
<tr><td>1</td><td>年龄较大</td><td></td></tr>
<tr><td>2</td><td>年龄小，消费能力差</td><td></td></tr>
<tr><td>3</td><td>价格敏感型，询问过是否有优惠</td><td></td></tr>
<tr><td>4</td><td>多次浏览商品，犹豫不决</td><td></td></tr>
<tr><td>顾客</td><td colspan="2">催单话术</td></tr>
<tr><td>1</td><td colspan="2"></td></tr>
<tr><td>2</td><td colspan="2"></td></tr>
<tr><td>3</td><td colspan="2"></td></tr>
<tr><td>4</td><td colspan="2"></td></tr>
</table>

考核评价

评价说明：在本次任务完成后，由任课教师主导，采用学习过程评价与学习结果评价相结合，综合运用自我评价、小组评价及教师评价三种方式，由教师确定三种评价方式分别占总成绩的比例，并加权计算出学生本次任务的考核评价分。

任务完成考核评价表			
项目名称		任务名称	
班级		学生姓名	
评价方式	评价内容	分值	成绩
自我评价	任务工单完成情况	25	
	职业态度端正	25	
	对知识和技能的掌握程度	25	
	完成了小组内的任务	25	
	合计		
小组评价	本小组的本次任务完成质量	25	
	本次任务完成质量	25	
	参与小组活动的敬业精神	25	
	合作精神和责任感	25	
	合计		
教师评价	所在小组的任务完成质量	25	
	本次任务完成质量	25	
	所在小组的开放、共享的职业精神	25	
	对本次任务的贡献度	25	
	合计		
总评 = 自我评价 ×20% + 小组评价 ×30% + 教师评价 ×50%			

07

项目七

客户投诉处理

任务一 认识客户投诉

任务实施——小组任务

☆任务工单

<table>
<tr><td>任务名称</td><td colspan="5">认识客户投诉</td></tr>
<tr><td>任务目的</td><td colspan="5">通过实训任务，进一步了解客户投诉对企业的重要意义，理解客户投诉的原因和类型，能够正确识别客户投诉的心理需求。</td></tr>
<tr><td>任务内容</td><td colspan="5">阅读材料，小组内分工扮演不同角色开展情景模拟训练，并讨论分析客户投诉的原因、类型以及心理需求。
情景 1：某客户接到维修站的短信通知，上海大众开展车辆检测服务活动，于是致电咨询是否还有手电筒礼品赠送，得到维修站工作人员的肯定答复，随即驾车前往。在车辆检测保养结束后，客户询问礼品事宜，维修站接待人员告知上海大众提供的礼品已经发完，只能提供维修站自行准备的礼品。但是客户坚持要手电筒礼品，于是在和接待人员的交涉过程中产生不满并进行了投诉。
情景 2：李先生到某电信营业厅为公司办理业务，在公司原有 10 部电话的基础上增加 2 部电话，客服人员甲告诉李先生需要提供公司营业执照副本，并说可以拨打 10000 直接办理，因李先生没带公司营业执照副本，就打算回公司后拨打电话办理。回公司后，李先生先拨打 10000 申请电话装机，可客服人员乙要求他到营业厅办理。于是李先生拿着营业执照副本到营业厅，客服人员丙在办理时对李先生说：“非常抱歉，您还少了一份开户银行的盖章证明。”这时李先生非常不满，并投诉到客服经理处。
情景 3：2022 年 3 月 18 日，上海储运公司客户投诉管理部门接到一位老客户打来的投诉电话，称其于 3 月 16 日从该储运公司运送来的货物中存在货物毁损问题，该批货物价值总额为 30 万元，货物完好率 70%，缺损货物价值为 9 万元，客户要求经济赔偿。</td></tr>
<tr><td rowspan="4">第（ ）组</td><td colspan="2">姓名</td><td>学号</td><td>姓名</td><td>学号</td></tr>
<tr><td colspan="2"></td><td></td><td></td><td></td></tr>
<tr><td colspan="2"></td><td></td><td></td><td></td></tr>
<tr><td colspan="2"></td><td></td><td></td><td></td></tr>
<tr><td rowspan="5">任务实操</td><td colspan="5">分析客户投诉</td></tr>
<tr><td>情景</td><td>投诉类型</td><td>投诉原因</td><td>投诉的心理需求</td><td>如何解决</td></tr>
<tr><td>1</td><td></td><td></td><td></td><td></td></tr>
<tr><td>2</td><td></td><td></td><td></td><td></td></tr>
<tr><td>3</td><td></td><td></td><td></td><td></td></tr>
</table>

考核评价

评价说明：在本次任务完成后，由任课教师主导，采用学习过程评价与学习结果评价相结合，综合运用自我评价、小组评价及教师评价三种方式，由教师确定三种评价方式分别占总成绩的比例，并加权计算出学生本次任务的考核评价分。

任务完成考核评价表			
项目名称		任务名称	
班级		学生姓名	
评价方式	评价内容	分值	成绩
自我评价	任务工单完成情况	25	
	职业态度端正	25	
	对知识和技能的掌握程度	25	
	完成了小组内的任务	25	
	合计		
小组评价	本小组的本次任务完成质量	25	
	本次任务完成质量	25	
	参与小组活动的敬业精神	25	
	合作精神和责任感	25	
	合计		
教师评价	所在小组的任务完成质量	25	
	本次任务完成质量	25	
	所在小组的开放、共享的职业精神	25	
	对本次任务的贡献度	25	
	合计		
总评 = 自我评价 ×20% + 小组评价 ×30% + 教师评价 ×50%			

任务二

解决客户投诉

任务实施——小组任务

☆任务工单

<table>
<tr><td>任务名称</td><td colspan="4">解决客户投诉</td></tr>
<tr><td>任务目的</td><td colspan="4">通过实训任务，进一步理解客户投诉的原则，掌握客户投诉的流程以及投诉处理的技巧，能够独立使用恰当的技巧和方法处理客户投诉。</td></tr>
<tr><td>任务内容</td><td colspan="4">情景：某客户购买某公司的电脑多次出现蓝屏现象，客户返修几次后问题仍然没有解决（现在已过保修期）。这位无法忍受的客户怒气冲冲地来到门店，要求马上退货、换机或赔偿 3 000 元，并表示解决不好要让新闻媒体曝光……
1. 阅读情景，小组内讨论分析应如何运用 CLEAR 处理法解决这一客户投诉，并将相关分析结果填入表内。
2. 小组成员分工扮演客服、客户角色，根据分析结果演练如何解决客户投诉。</td></tr>
<tr><td rowspan="4">第（ ）组</td><td>姓名</td><td>学号</td><td>姓名</td><td>学号</td></tr>
<tr><td></td><td></td><td></td><td></td></tr>
<tr><td></td><td></td><td></td><td></td></tr>
<tr><td></td><td></td><td></td><td></td></tr>
<tr><td rowspan="8">任务实操</td><td colspan="4">使用 CLEAR 法解决客户投诉</td></tr>
<tr><td>处理技巧</td><td>使用 CLEAR 法</td><td>具体表现（语言或行动）</td><td>备注</td></tr>
<tr><td>控制
（Control）</td><td></td><td></td><td></td></tr>
<tr><td>倾听
（Listen）</td><td></td><td></td><td></td></tr>
<tr><td>建立共鸣
（Establish）</td><td></td><td></td><td></td></tr>
<tr><td>道歉
（Apologize）</td><td></td><td></td><td></td></tr>
<tr><td>解决
（Resolve）</td><td></td><td></td><td></td></tr>
<tr><td>分析结论</td><td colspan="3"></td></tr>
</table>

考核评价

评价说明：在本次任务完成后，由任课教师主导，采用学习过程评价与学习结果评价相结合，综合运用自我评价、小组评价及教师评价三种方式，由教师确定三种评价方式分别占总成绩的比例，并加权计算出学生本次任务的考核评价分。

任务完成考核评价表			
项目名称		任务名称	
班级		学生姓名	
评价方式	评价内容	分值	成绩
自我评价	任务工单完成情况	25	
	职业态度端正	25	
	对知识和技能的掌握程度	25	
	完成了小组内的任务	25	
	合计		
小组评价	本小组的本次任务完成质量	25	
	本次任务完成质量	25	
	参与小组活动的敬业精神	25	
	合作精神和责任感	25	
	合计		
教师评价	所在小组的任务完成质量	25	
	本次任务完成质量	25	
	所在小组的开放、共享的职业精神	25	
	对本次任务的贡献度	25	
	合计		
总评 = 自我评价 ×20% + 小组评价 ×30% + 教师评价 ×50%			

08

项目八

客户满意度管理

- 任务一　认识客户满意
- 任务二　客户满意度测评
- 任务三　提升客户满意度

任务一 认识客户满意

任务实施——小组任务

☆任务工单

<table>
<tr><td>任务名称</td><td colspan="4">认识客户满意</td></tr>
<tr><td>任务目的</td><td colspan="4">通过实训任务，进一步明确客户满意对企业的重要意义，理解客户满意的内容。</td></tr>
<tr><td>任务内容</td><td colspan="4">各小组通过讨论从海尔、格力、美的、三只松鼠、唯品会、京东、华为、小米等企业中选定一家企业，通过上网搜索、查阅参考书籍、实地调查等方式，了解该企业为提高客户满意度在经营理念、经营行为、外在形象、产品、提供服务等方面是如何做的。</td></tr>
<tr><td rowspan="4">第（ ）组</td><td>姓名</td><td>学号</td><td>姓名</td><td>学号</td></tr>
<tr><td></td><td></td><td></td><td></td></tr>
<tr><td></td><td></td><td></td><td></td></tr>
<tr><td></td><td></td><td></td><td></td></tr>
<tr><td rowspan="8">任务实操</td><td colspan="4">认识客户满意</td></tr>
<tr><td colspan="4">选择的企业是（　　　　　　）</td></tr>
<tr><td>内容</td><td colspan="3">具体表现</td></tr>
<tr><td>经营理念</td><td colspan="3"></td></tr>
<tr><td>经营行为</td><td colspan="3"></td></tr>
<tr><td>外在形象</td><td colspan="3"></td></tr>
<tr><td>产品</td><td colspan="3"></td></tr>
<tr><td>提供服务</td><td colspan="3"></td></tr>
</table>

考核评价

评价说明：在本次任务完成后，由任课教师主导，采用学习过程评价与学习结果评价相结合，综合运用自我评价、小组评价及教师评价三种方式，由教师确定三种评价方式分别占总成绩的比例，并加权计算出学生本次任务的考核评价分。

任务完成考核评价表			
项目名称		任务名称	
班级		学生姓名	
评价方式	评价内容	分值	成绩
自我评价	任务工单完成情况	25	
	职业态度端正	25	
	对知识和技能的掌握程度	25	
	完成了小组内的任务	25	
	合计		
小组评价	本小组的本次任务完成质量	25	
	本次任务完成质量	25	
	参与小组活动的敬业精神	25	
	合作精神和责任感	25	
	合计		
教师评价	所在小组的任务完成质量	25	
	本次任务完成质量	25	
	所在小组的开放、共享的职业精神	25	
	对本次任务的贡献度	25	
	合计		
总评 = 自我评价 ×20% + 小组评价 ×30% + 教师评价 ×50%			

任务二

客户满意度测评

任务实施——小组任务

☆任务工单

<table>
<tr><td>任务名称</td><td colspan="4">客户满意度测评</td></tr>
<tr><td>任务目的</td><td colspan="4">通过实训任务，进一步了解影响客户满意度的因素，理解客户满意度的测评指标，能够明确客户满意度的测评内容，根据企业需求建立客户满意度的测评体系。</td></tr>
<tr><td>任务内容</td><td colspan="4">各小组以上一任务选择的企业为基础，为企业建立客户满意度测评体系。</td></tr>
<tr><td rowspan="4">第（ ）组</td><td>姓名</td><td>学号</td><td>姓名</td><td>学号</td></tr>
<tr><td></td><td></td><td></td><td></td></tr>
<tr><td></td><td></td><td></td><td></td></tr>
<tr><td></td><td></td><td></td><td></td></tr>
<tr><td rowspan="13">任务实操</td><td colspan="4">客户满意度测评体系</td></tr>
<tr><td>一级指标</td><td>二级指标</td><td>三级指标</td><td>四级指标</td></tr>
<tr><td rowspan="11">客户满意度指数</td><td rowspan="6">客户期望</td><td></td><td></td></tr>
<tr><td></td><td></td></tr>
<tr><td></td><td></td></tr>
<tr><td></td><td></td></tr>
<tr><td></td><td></td></tr>
<tr><td></td><td></td></tr>
<tr><td rowspan="5">客户对质量的感知</td><td></td><td></td></tr>
<tr><td></td><td></td></tr>
<tr><td></td><td></td></tr>
<tr><td></td><td></td></tr>
<tr><td></td><td></td></tr>
</table>

续表

<table>
<tr><td rowspan="22">任务实操</td><td>一级指标</td><td>二级指标</td><td>三级指标</td><td>四级指标</td></tr>
<tr><td rowspan="21">客户满意度指数</td><td rowspan="7">客户对价值的感知</td><td></td><td></td></tr>
<tr><td></td><td></td></tr>
<tr><td></td><td></td></tr>
<tr><td></td><td></td></tr>
<tr><td></td><td></td></tr>
<tr><td></td><td></td></tr>
<tr><td></td><td></td></tr>
<tr><td rowspan="4">客户满意度</td><td></td><td></td></tr>
<tr><td></td><td></td></tr>
<tr><td></td><td></td></tr>
<tr><td></td><td></td></tr>
<tr><td rowspan="4">客户抱怨</td><td></td><td></td></tr>
<tr><td></td><td></td></tr>
<tr><td></td><td></td></tr>
<tr><td></td><td></td></tr>
<tr><td rowspan="6">客户忠诚</td><td></td><td></td></tr>
<tr><td></td><td></td></tr>
<tr><td></td><td></td></tr>
<tr><td></td><td></td></tr>
<tr><td></td><td></td></tr>
<tr><td></td><td></td></tr>
</table>

考核评价

评价说明：在本次任务完成后，由任课教师主导，采用学习过程评价与学习结果评价相结合，综合运用自我评价、小组评价及教师评价三种方式，由教师确定三种评价方式分别占总成绩的比例，并加权计算出学生本次任务的考核评价分。

任务完成考核评价表			
项目名称		任务名称	
班级		学生姓名	
评价方式	评价内容	分值	成绩
自我评价	任务工单完成情况	25	
	职业态度端正	25	
	对知识和技能的掌握程度	25	
	完成了小组内的任务	25	
	合计		
小组评价	本小组的本次任务完成质量	25	
	本次任务完成质量	25	
	参与小组活动的敬业精神	25	
	合作精神和责任感	25	
	合计		
教师评价	所在小组的任务完成质量	25	
	本次任务完成质量	25	
	所在小组的开放、共享的职业精神	25	
	对本次任务的贡献度	25	
	合计		
总评 = 自我评价 ×20% + 小组评价 ×30% + 教师评价 ×50%			

任务三

提升客户满意度

任务实施——小组任务

☆任务工单

任务名称	提升客户满意度			
任务目的	通过实训任务，进一步了解影响客户满意度的因素，理解客户期望管理的方法，理解提高客户感知价值的方法，能够根据客户需求实施客户满意度管理。			
任务内容	某汽车经销商在客户购车 3 日后拨打第一次回访电话，针对车辆是否安全到家、新车落户是否顺利、销售顾问业务及服务水准进行满意度调查。请各小组分析讨论，确定客户评价问题和评价标准，将讨论结果填写在下表，并进行演练。			
第（ ）组	姓名	学号	姓名	学号
任务实操	客户回访			
	×× 汽车经销商客户回访表			
	客户姓名：	联系方式：	车牌号：	
	回访员：	日期：	车型：	
	客户评价问题	评价标准		

考核评价

评价说明：在本次任务完成后，由任课教师主导，采用学习过程评价与学习结果评价相结合，综合运用自我评价、小组评价及教师评价三种方式，由教师确定三种评价方式分别占总成绩的比例，并加权计算出学生本次任务的考核评价分。

任务完成考核评价表			
项目名称		任务名称	
班级		学生姓名	
评价方式	评价内容	分值	成绩
自我评价	任务工单完成情况	25	
	职业态度端正	25	
	对知识和技能的掌握程度	25	
	完成了小组内的任务	25	
	合计		
小组评价	本小组的本次任务完成质量	25	
	本次任务完成质量	25	
	参与小组活动的敬业精神	25	
	合作精神和责任感	25	
	合计		
教师评价	所在小组的任务完成质量	25	
	本次任务完成质量	25	
	所在小组的开放、共享的职业精神	25	
	对本次任务的贡献度	25	
	合计		
总评 = 自我评价 ×20% + 小组评价 ×30% + 教师评价 ×50%			

09

项目九

客户忠诚度管理

任务一

认识客户忠诚

任务实施——小组任务

☆任务工单

<table>
<tr><td>任务名称</td><td colspan="4">认识客户忠诚</td></tr>
<tr><td>任务目的</td><td colspan="4">通过本次实训任务，进一步了解留住客户的重要意义，理解客户忠诚的类型和衡量指标。</td></tr>
<tr><td>任务内容</td><td colspan="4">1. 各小组成员通过测试了解自己目前所具备的留住客户的技巧水平，结合所学知识展开小组讨论，合作完成任务。
2. 各小组成员根据案例信息，对公司客户忠诚度进行进一步分析，并将分析结果填入表内。</td></tr>
<tr><td rowspan="4">第（ ）组</td><td>姓名</td><td>学号</td><td>姓名</td><td>学号</td></tr>
<tr><td></td><td></td><td></td><td></td></tr>
<tr><td></td><td></td><td></td><td></td></tr>
<tr><td></td><td></td><td></td><td></td></tr>
<tr><td rowspan="8">任务实操</td><td colspan="4">认识客户忠诚</td></tr>
<tr><td colspan="4">留住客户技巧训练</td></tr>
<tr><td rowspan="2">问题</td><td colspan="3">答案</td></tr>
<tr><td>A</td><td>B</td><td>C</td></tr>
<tr><td>①面对不喜欢的客户，你会怎样做？</td><td>非常厌恶，不予理睬</td><td>装作没有看见</td><td>公正对待</td></tr>
<tr><td>②当企业与客户有不同意见、有摩擦时，你会怎样做？</td><td>与客户争吵</td><td>听取客户意见</td><td>尊重客户的意见，并表示希望沟通以尽量达成共识</td></tr>
<tr><td>③如果客户觉得企业提供的服务不够诚信，你会怎样做？</td><td>将客户的意见第一时间反馈给企业</td><td>将客户的意见第一时间反馈给企业并做好客户的解释工作</td><td>不予理会</td></tr>
<tr><td>④当遇到“难缠”的客户时，你会怎样做？</td><td>尽量与客户沟通</td><td>与客户沟通并表示对他的意见或建议非常欢迎</td><td>拒绝与“难缠”的客户交流</td></tr>
</table>

续表

<table>
<tr><td rowspan="11">任务实操</td><td rowspan="2">问题</td><td colspan="3">答案</td></tr>
<tr><td>A</td><td>B</td><td>C</td></tr>
<tr><td>⑤当客户提出较多需求时，你会怎样做？</td><td>了解客户需求内容并与之沟通，尽量让客户满意</td><td>了解客户需求的内容</td><td>当面拒绝</td></tr>
<tr><td>⑥你对客户带来的第一笔生意的态度是？</td><td>表示感谢</td><td>高兴</td><td>无所谓</td></tr>
<tr><td>⑦当客户与你交流时临近下班，你会怎样做？</td><td>牺牲休息时间，与客户继续交流</td><td>提醒如果继续交流会不会影响客户的时间</td><td>显得不耐烦</td></tr>
<tr><td>⑧在与客户交流时自己的手机响了，这时你会怎样做？</td><td>视电话重要程度，如果确实重要，礼貌地请对方允许自己接听，并表示歉意</td><td>拒绝接听电话，关掉手机</td><td>直接接听</td></tr>
<tr><td>⑨面对客户的投诉，你会怎样做？</td><td>无所谓</td><td>听取</td><td>听取并改进</td></tr>
<tr><td>⑩当客户表现出疑虑时，你会怎样做？</td><td>不理会</td><td>客户咨询时进行解答</td><td>主动询问并予以解答</td></tr>
<tr><td colspan="4">评分标准：
第①、②、⑨、⑩题选择：A.0 分，B.2 分，C.5 分；
第③、④、⑤、⑥、⑦、⑧题选择：A.5 分，B.2 分，C.0 分。
你的得分是（　　）。
如果你的总分超过了 40 分，说明你比较善于运用技巧来留住客户；如果你的总分低于 20 分，说明你需要加强留住客户技巧的训练和水平的提升。</td></tr>
<tr><td colspan="4">客户忠诚度细分与管理</td></tr>
<tr><td colspan="4">案例信息：
A 公司在客户忠诚度调查中发现，有一部分客户因为其他公司的产品价格比 A 公司低 2% 而不去订 A 公司的货。调查人员很气愤，问客户：“是不是我们的额外服务不值 2% 的价格？”该客户一边承认值得，一边却继续给竞争对手打电话订货。
后来 A 公司对不同客户进行了细分，设定了新的标准，为不同的客户提供不同的服务。A 公司将客户分为 A、B、C、D 四类，并安排了相应的服务时间：A 类客户，占总客户比例的 20%，服务时间安排比例为 40%；B 类客户，占总客户比例的 30%，服务时间安排比例为 30%；C 类客户，占总客户比例的 30%，服务时间安排比例为 20%；D 类客户，占总客户比例的 20%，服务时间安排比例为 10%。
在客户分类的基础上，A 公司还依据交易频率及客户对产品和服务的依赖度这两项指标，将客户忠诚度划分为零度忠诚、隐性忠诚、惯性忠诚和高度忠诚四种类型，从而对不同类型的客户采取不同的服务政策，以节省公司的时间成本和人力成本，提升了公司的效益水平和客户的忠诚度。</td></tr>
</table>

续表

	分析项目	分析内容
任务实操	调查人员对客户因竞争对手价格低2%而不订自己公司的货感到很气愤。这有道理吗?	
	A公司将客户分为A、B、C、D四类，并设置相应的服务时间安排比例，你认为这是否合适？为什么?	
	A公司依据交易频率及客户对产品和服务的依赖度，将客户忠诚度划分为四种类型。你如何评价这种细分方法?	
	对零度忠诚、隐性忠诚、惯性忠诚和高度忠诚客户，应该分别采取哪些服务手段?	

考核评价

评价说明：在本次任务完成后，由任课教师主导，采用学习过程评价与学习结果评价相结合，综合运用自我评价、小组评价及教师评价三种方式，由教师确定三种评价方式分别占总成绩的比例，并加权计算出学生本次任务的考核评价分。

任务完成考核评价表			
项目名称		任务名称	
班级		学生姓名	
评价方式	评价内容	分值	成绩
自我评价	任务工单完成情况	25	
	职业态度端正	25	
	对知识和技能的掌握程度	25	
	完成了小组内的任务	25	
	合计		
小组评价	本小组的本次任务完成质量	25	
	本次任务完成质量	25	
	参与小组活动的敬业精神	25	
	合作精神和责任感	25	
	合计		
教师评价	所在小组的任务完成质量	25	
	本次任务完成质量	25	
	所在小组的开放、共享的职业精神	25	
	对本次任务的贡献度	25	
	合计		
总评 = 自我评价 ×20% + 小组评价 ×30% + 教师评价 ×50%			

任务二

实现客户忠诚

任务实施——小组任务

☆任务工单

<table>
<tr><td>任务名称</td><td colspan="4">实现客户忠诚</td></tr>
<tr><td>任务目的</td><td colspan="4">通过本次实训任务，可以进一步了解影响客户忠诚的因素，理解实现客户忠诚的策略，能够根据企业和客户需求设计客户关怀内容，通过客户分类管理提高客户忠诚度。</td></tr>
<tr><td>任务内容</td><td colspan="4">1. 小组讨论选定天猫任意一家企业，对客户开展客户关怀，维护客户关系，提高客户忠诚度；
2. 针对店铺不同等级的客户，设计对应的策略。</td></tr>
<tr><td rowspan="4">第（ ）组</td><td>姓名</td><td>学号</td><td>姓名</td><td>学号</td></tr>
<tr><td></td><td></td><td></td><td></td></tr>
<tr><td></td><td></td><td></td><td></td></tr>
<tr><td></td><td></td><td></td><td></td></tr>
<tr><td rowspan="6">任务实操</td><td colspan="4">客户关怀</td></tr>
<tr><td>类型</td><td colspan="3">内容</td></tr>
<tr><td rowspan="2">节日关怀</td><td colspan="3">收集客户信息，在特定的节假日、客户生日等，提前给客户发送关怀短信，与客户建立和保持长期良好的互动，提升客户对产品和服务的满意度。请参考网络资料，为店铺设计一则关怀短信。</td></tr>
<tr><td colspan="3"></td></tr>
<tr><td rowspan="2">售后关怀</td><td colspan="3">当客户下单付款后，网店客服在发货时通常会给客户发送短信，告知发货时间。请参考网络资料，为店铺设计一则售后关怀短信。</td></tr>
<tr><td colspan="3"></td></tr>
</table>

续表

<table>
<tr><td rowspan="11">任务实操</td><td colspan="2">类型</td><td colspan="2">内容</td></tr>
<tr><td rowspan="2" colspan="2">促销推送</td><td colspan="2">当网店发布新品、日常促销时，客服应及时告知客户活动的相关信息，包括活动时间、参与条件、活动方式等，并提前给客户发送优惠券。请参考网络资料，为本店（公司）设计一则促销推送短信。</td></tr>
<tr><td colspan="2"></td></tr>
<tr><td colspan="4">针对不同客户的应对策略</td></tr>
<tr><td>客户等级</td><td colspan="2">客户特征</td><td>客服应对策略</td></tr>
<tr><td>沉睡客户</td><td colspan="2">有一次购物经历后，很久没有光顾网店</td><td>例如：发送优惠券、提醒上新等，制造机会，唤醒客户对网店的记忆，争取再次赢得客户的信任并实现回购。</td></tr>
<tr><td>潜在客户</td><td colspan="2">已访问网店，但是没有下单</td><td></td></tr>
<tr><td>新客户</td><td colspan="2">近期在网店产生第一笔交易</td><td></td></tr>
<tr><td>老客户</td><td colspan="2">在同一网店有多次购物经历</td><td></td></tr>
<tr><td>大客户</td><td colspan="2">购买次数不多，但是每次的购买数量和金额巨大</td><td></td></tr>
<tr><td>忠诚客户</td><td colspan="2">关注网店上新时间及商品性能，与客服非常熟悉</td><td></td></tr>
</table>

考核评价

评价说明：在本次任务完成后，由任课教师主导，采用学习过程评价与学习结果评价相结合，综合运用自我评价、小组评价及教师评价三种方式，由教师确定三种评价方式分别占总成绩的比例，并加权计算出学生本次任务的考核评价分。

任务完成考核评价表			
项目名称		任务名称	
班级		学生姓名	
评价方式	评价内容	分值	成绩
自我评价	任务工单完成情况	25	
	职业态度端正	25	
	对知识和技能的掌握程度	25	
	完成了小组内的任务	25	
	合计		
小组评价	本小组的本次任务完成质量	25	
	本次任务完成质量	25	
	参与小组活动的敬业精神	25	
	合作精神和责任感	25	
	合计		
教师评价	所在小组的任务完成质量	25	
	本次任务完成质量	25	
	所在小组的开放、共享的职业精神	25	
	对本次任务的贡献度	25	
	合计		
总评 = 自我评价 ×20% + 小组评价 ×30% + 教师评价 ×50%			

任务三

防止客户流失

任务实施——小组任务

☆任务工单

<table>
<tr><td>任务名称</td><td colspan="4">防止客户流失</td></tr>
<tr><td>任务目的</td><td colspan="4">通过本次实训任务，可以进一步了解客户流失的类型和原因，能够针对不同的客户采取不同的挽回策略，同时学会计算客户流失率。</td></tr>
<tr><td>任务内容</td><td colspan="4">1. 计算客户流失率；
2. 阅读情景材料，小组讨论，分析客户流失的原因以及挽回技巧。</td></tr>
<tr><td rowspan="4">第（ ）组</td><td>姓名</td><td>学号</td><td>姓名</td><td>学号</td></tr>
<tr><td></td><td></td><td></td><td></td></tr>
<tr><td></td><td></td><td></td><td></td></tr>
<tr><td></td><td></td><td></td><td></td></tr>
<tr><td rowspan="4">任务实操</td><td colspan="4">防止客户流失</td></tr>
<tr><td colspan="4">客户流失率计算</td></tr>
<tr><td colspan="4">客户流失率的计算有两种方式：
1. 绝对客户流失率 =（流失的客户数量 / 所有客户数量）× 100%；
2. 相对客户流失率 =（流失的客户数量 / 所有客户数量）× 流失客户的相对购买额 × 100%。
计算：
如果一家公司的客户数量从 500 人减少到 475 人，那么它流失的客户数量为 25 人，它的绝对客户流失率为多少？
若流失的 25 位客户的单位购买额是平均数的 3 倍，那么相对客户流失率是多少？</td></tr>
<tr><td colspan="4"></td></tr>
</table>

续表

<table>
<tr><td rowspan="7">任务实操</td><td>客户流失原因和挽回技巧</td></tr>
<tr><td>案例：
王科长所在单位早就在使用小张公司的系统支持业务工作了，可是一直使用的是几年前的系统。公司系统升级换代时，王科长所在单位却没有继续使用小张公司的新系统。眼看着一个客户即将流失，到底是更换了产品还是对提供的产品不满意呢？小张被公司委派与客户进行洽谈。
情景一：王科长："你们的售后服务怎么这么差，给我们的工作带来很不好的影响，下面使用部门对我部门意见都很大！""你们在当地又没有办事处，系统有问题打电话给你们也来不及。你们的产品再好，但谁也不敢保证系统不出问题。出问题正常，关键是维护要做好。没有好的维护，再好的系统，我们也不敢用了。"
情景二：王科长说他们新建了一个机房，要把所做的系统搬到新机房去，想要小张公司派一个技术人员去把把关，顺带帮他们处理相关的软件问题和线路问题。但小张公司领导层说这个项目早就过了维保期，派人过去要收取相关费用。
情景三：有了几次接触洽谈后，王科长称新系统很不错、很全面、很专业，很多他们系统内的人考虑不到的问题，小张公司都考虑进去了，于是对系统配置、价格等问题进行了询问，并且要求小张报预算方案，以便更进一步了解产品。</td></tr>
<tr><td>1. 客户王科长所在单位即将流失的原因是什么？</td></tr>
<tr><td></td></tr>
<tr><td>2. 客服人员小张针对流失客户使用了哪些技巧来挽回？</td></tr>
<tr><td></td></tr>
<tr><td>3. 小组讨论，客服人员还可以运用哪些挽回技巧进行客户挽回？

</td></tr>
</table>

考核评价

评价说明：在本次任务完成后，由任课教师主导，采用学习过程评价与学习结果评价相结合，综合运用自我评价、小组评价及教师评价三种方式，由教师确定三种评价方式分别占总成绩的比例，并加权计算出学生本次任务的考核评价分。

任务完成考核评价表			
项目名称		任务名称	
班级		学生姓名	
评价方式	评价内容	分值	成绩
自我评价	任务工单完成情况	25	
	职业态度端正	25	
	对知识和技能的掌握程度	25	
	完成了小组内的任务	25	
	合计		
小组评价	本小组的本次任务完成质量	25	
	本次任务完成质量	25	
	参与小组活动的敬业精神	25	
	合作精神和责任感	25	
	合计		
教师评价	所在小组的任务完成质量	25	
	本次任务完成质量	25	
	所在小组的开放、共享的职业精神	25	
	对本次任务的贡献度	25	
	合计		
总评＝自我评价 ×20%＋小组评价 ×30%＋教师评价 ×50%			

10

项目十

智能客服

任务一

初识智能客服

任务实施——小组任务

☆任务工单

<table>
<tr><td>任务名称</td><td colspan="4">初识智能客服</td></tr>
<tr><td>任务目的</td><td colspan="4">通过本次实训任务，对比人工客服和智能客服的优势和劣势，进一步理解智能客服出现的必要性。</td></tr>
<tr><td>任务内容</td><td colspan="4">各小组通过讨论选定天猫任一店铺，通过比较分析人工客服和智能客服的优势和劣势。</td></tr>
<tr><td rowspan="4">第（ ）组</td><td>姓名</td><td>学号</td><td>姓名</td><td>学号</td></tr>
<tr><td></td><td></td><td></td><td></td></tr>
<tr><td></td><td></td><td></td><td></td></tr>
<tr><td></td><td></td><td></td><td></td></tr>
<tr><td rowspan="10">任务实操</td><td colspan="4">人工客服和智能客服优劣势比较</td></tr>
<tr><td>优劣势</td><td>人工客服</td><td colspan="2">智能客服</td></tr>
<tr><td rowspan="4">优势</td><td></td><td colspan="2"></td></tr>
<tr><td></td><td colspan="2"></td></tr>
<tr><td></td><td colspan="2"></td></tr>
<tr><td></td><td colspan="2"></td></tr>
<tr><td rowspan="4">劣势</td><td></td><td colspan="2"></td></tr>
<tr><td></td><td colspan="2"></td></tr>
<tr><td></td><td colspan="2"></td></tr>
<tr><td></td><td colspan="2"></td></tr>
</table>

考核评价

评价说明：在本次任务完成后，由任课教师主导，采用学习过程评价与学习结果评价相结合，综合运用自我评价、小组评价及教师评价三种方式，由教师确定三种评价方式分别占总成绩的比例，并加权计算出学生本次任务的考核评价分。

<table>
<tr><th colspan="4">任务完成考核评价表</th></tr>
<tr><td>项目名称</td><td></td><td>任务名称</td><td></td></tr>
<tr><td>班级</td><td></td><td>学生姓名</td><td></td></tr>
<tr><td>评价方式</td><td>评价内容</td><td>分值</td><td>成绩</td></tr>
<tr><td rowspan="5">自我评价</td><td>任务工单完成情况</td><td>25</td><td></td></tr>
<tr><td>职业态度端正</td><td>25</td><td></td></tr>
<tr><td>对知识和技能的掌握程度</td><td>25</td><td></td></tr>
<tr><td>完成了小组内的任务</td><td>25</td><td></td></tr>
<tr><td colspan="2">合计</td><td></td></tr>
<tr><td rowspan="5">小组评价</td><td>本小组的本次任务完成质量</td><td>25</td><td></td></tr>
<tr><td>本次任务完成质量</td><td>25</td><td></td></tr>
<tr><td>参与小组活动的敬业精神</td><td>25</td><td></td></tr>
<tr><td>合作精神和责任感</td><td>25</td><td></td></tr>
<tr><td colspan="2">合计</td><td></td></tr>
<tr><td rowspan="5">教师评价</td><td>所在小组的任务完成质量</td><td>25</td><td></td></tr>
<tr><td>本次任务完成质量</td><td>25</td><td></td></tr>
<tr><td>所在小组的开放、共享的职业精神</td><td>25</td><td></td></tr>
<tr><td>对本次任务的贡献度</td><td>25</td><td></td></tr>
<tr><td colspan="2">合计</td><td></td></tr>
<tr><td colspan="4">总评 = 自我评价 ×20% + 小组评价 ×30% + 教师评价 ×50%</td></tr>
</table>

任务二

人工智能训练师及其团队管理

任务实施——小组任务

☆任务工单

<table>
<tr><td>任务名称</td><td colspan="4">人工智能训练师及其团队管理</td></tr>
<tr><td>任务目的</td><td colspan="4">通过本次实训任务，进一步了解人工智能训练师的工作任务和职业能力要求。</td></tr>
<tr><td>任务内容</td><td colspan="4">小组通过调研分析明确人工智能训练师应该具备的知识、能力、综合素质要求，结合客服行业和职业分析，提出切实可行的个人目标和具体行动计划。</td></tr>
<tr><td rowspan="4">第（ ）组</td><td>姓名</td><td>学号</td><td>姓名</td><td>学号</td></tr>
<tr><td></td><td></td><td></td><td></td></tr>
<tr><td></td><td></td><td></td><td></td></tr>
<tr><td></td><td></td><td></td><td></td></tr>
<tr><td rowspan="11">任务实操</td><td colspan="4">人工智能训练师及其团队管理</td></tr>
<tr><td>行业分析</td><td colspan="3"></td></tr>
<tr><td>职业认知</td><td colspan="3"></td></tr>
<tr><td>初次就业岗位</td><td colspan="3"></td></tr>
<tr><td rowspan="4">智能客服人才需求</td><td>知识要求</td><td colspan="2"></td></tr>
<tr><td>能力要求</td><td colspan="2"></td></tr>
<tr><td>综合素质要求</td><td colspan="2"></td></tr>
<tr><td>职业发展前景</td><td colspan="2"></td></tr>
<tr><td>个人目标
（长期、中期、短期）</td><td colspan="3"></td></tr>
<tr><td>我的规划</td><td colspan="3"></td></tr>
</table>

考核评价

评价说明：在本次任务完成后，由任课教师主导，采用学习过程评价与学习结果评价相结合，综合运用自我评价、小组评价及教师评价三种方式，由教师确定三种评价方式分别占总成绩的比例，并加权计算出学生本次任务的考核评价分。

任务完成考核评价表			
项目名称		任务名称	
班级		学生姓名	
评价方式	评价内容	分值	成绩
自我评价	任务工单完成情况	25	
	职业态度端正	25	
	对知识和技能的掌握程度	25	
	完成了小组内的任务	25	
	合计		
小组评价	本小组的本次任务完成质量	25	
	本次任务完成质量	25	
	参与小组活动的敬业精神	25	
	合作精神和责任感	25	
	合计		
教师评价	所在小组的任务完成质量	25	
	本次任务完成质量	25	
	所在小组的开放、共享的职业精神	25	
	对本次任务的贡献度	25	
	合计		
总评 = 自我评价 ×20% + 小组评价 ×30% + 教师评价 ×50%			

任务三

网店智能客服

任务实施——小组任务

☆任务工单

<table>
<tr><td>任务名称</td><td colspan="4">网店智能客服</td></tr>
<tr><td>任务目的</td><td colspan="4">通过本次实训任务，进一步了解智能客服的特点，了解三大平台智能客户的功能和服务模式，能够设置和优化智能客服的应答话术。</td></tr>
<tr><td>任务内容</td><td colspan="4">小组讨论选定天猫任一店铺中任一产品，为网店智能客服机器人设置议价、智能推荐、退换货的回复话术。</td></tr>
<tr><td rowspan="4">第（ ）组</td><td>姓名</td><td>学号</td><td>姓名</td><td>学号</td></tr>
<tr><td></td><td></td><td></td><td></td></tr>
<tr><td></td><td></td><td></td><td></td></tr>
<tr><td></td><td></td><td></td><td></td></tr>
<tr><td rowspan="10">任务实操</td><td colspan="4">网店智能客服</td></tr>
<tr><td colspan="4">选择的天猫店铺：
产品：</td></tr>
<tr><td>话术类型</td><td>具体情境</td><td colspan="2">回复话术</td></tr>
<tr><td rowspan="6">回复议价</td><td>通用型</td><td colspan="2"></td></tr>
<tr><td>要求改价</td><td colspan="2"></td></tr>
<tr><td>不给优惠就不买</td><td colspan="2"></td></tr>
<tr><td>购买金额没有达到满减条件</td><td colspan="2"></td></tr>
<tr><td>要求提供优惠券</td><td colspan="2"></td></tr>
<tr><td>要求送礼物</td><td colspan="2"></td></tr>
</table>

续表

	话术类型	具体情境	回复话术
任务实操	智能推荐	爆款推荐	
		无货推荐	
		凑单回复	
		搭配推荐	
	退换货	退换货	
		退换货期限	
		不同意退换货	
		同意退换货	
		退货后，已支付的货款如何退回	
		退换货运费问题	

考核评价

评价说明：在本次任务完成后，由任课教师主导，采用学习过程评价与学习结果评价相结合，综合运用自我评价、小组评价及教师评价三种方式，由教师确定三种评价方式分别占总成绩的比例，并加权计算出学生本次任务的考核评价分。

任务完成考核评价表			
项目名称		任务名称	
班级		学生姓名	
评价方式	评价内容	分值	成绩
自我评价	任务工单完成情况	25	
	职业态度端正	25	
	对知识和技能的掌握程度	25	
	完成了小组内的任务	25	
	合计		
小组评价	本小组的本次任务完成质量	25	
	本次任务完成质量	25	
	参与小组活动的敬业精神	25	
	合作精神和责任感	25	
	合计		
教师评价	所在小组的任务完成质量	25	
	本次任务完成质量	25	
	所在小组的开放、共享的职业精神	25	
	对本次任务的贡献度	25	
	合计		
总评 = 自我评价 ×20% + 小组评价 ×30% + 教师评价 ×50%			